開港期 對日關係史研究

開港期 對日關係史研究

趙恒來 著

한국학술정보㈜

序

本 大學校 傘下 工業專門學校에 奉職하고 있는 本人과 師弟關係인 趙恒來君이 「韓末 社會團體史論攷」를 著述한 뒤에 이제 잇따른 그 研究成果를 모아 本書를 上梓하였다. 平素부터 꾸준한 研究業績을 쌓아 온 그 學問的인 態度와 勞苦에 대하여 致賀하려고 하는 바이다.

本書의 內容은 研究篇과 資料篇으로 나누었는데, 研究篇은 우리나라 門戶開放期의 對內外的인 問題의 새로운 樣相을 考察하면서 특히 丙子・庚辰修信使行과 이에 關聯된 對日關係의 顚末을 著者가 發掘한 關係記錄 등의 資料에 의하여 치밀하게 考證하면서 體系的으로 研究하고 있으며, 附錄은 近代史研究의 回顧와 展望을 살펴 본 것이다.

資料篇의 開港期 對日關係 參考史料는 本書 論稿의 研究를 위해 趙君이 史料를 널리 涉獵한 努力의 結晶으로 새로 發掘하여 낸 매우 重要한 參考資料이다.

筆寫原本인 「航韓必携」와 對校金弘集自筆寫本 「朝鮮策略」은 그 內容이 仔細하고 正確하여 역시 다시 없는 貴重한 史料인 것이다. 특히 影印을 하여 收錄한 것은 앞으로 이 方面을 研究하는데 參考되는 바 적지 않을 것이다.

이러한 意味에서 本書는 開港期를 비롯한 近代史의 研究는 勿論이요, 우리 學界에 對하여 寄與하는 바 많을 것을 크게 기뻐하며, 이에 趙君의 非常한 努力에 衷心으로 致賀하여 마지않는 바이다.

1973年 4月 5日

霞城 李 瑄 根

머 리 말

이 책은 1973년 본인이 한국의 開港期研究의 一環으로서 江華島
條約을 체결하게 된 1876년부터 1880년에 이르는 사이에 발표한 對
日關係를 중심으로 한 논문을 모아 엮은 것이다. 그 후 절판이 되어
이번에 한국학술정보에서 다시 간행하게 되었다.

이 책의 내용은 研究篇과 資料篇으로 구분된다.

첫째, 研究篇은「對日修好와 丙子修信使行考」, 「對日修好와 丙子修
信使行考 追補」, 「庚辰修信使와 朝鮮策略의 波紋」, 附錄은 「近代史研
究의 回顧와 展望」 등으로 구성되어 있다.

前 兩者는 江華島條約 이후 渡日한 修信使 金綺秀使行과 이에 관
련을 가진 일련의 問題點에 관해서 이번에 특히 저자가 발굴하여 본
論稿에 참고로 한 航韓必携와 이미 발표된 이 시기의 논문 저서를
對比하여 종래 史料의 뒷받침이 間接的인 데서 疏漏를 면치 못한 부
분까지 考究하여 그 왜곡된 점을 밝혀 본 것이다.

後者는 庚辰修信使 金弘集에 의하여 朝鮮策略이 傳來 紹介된 경위
와 그 策略에 대한 內容의 分析을 통해서 防俄策에 따른 門戶開放을
圍繞한 문제를 중심으로 살펴 본 것이다.

附錄은 1968년도 研究의 問題點을 중심으로 개항에서 日帝强占에
걸쳐 研究業績을 각 분야별로 언급하였다.

둘째, 資料篇의 影印 「開港期 對日關係 參考史料」 航韓必携는 강
화도조약 체결 전후에 있어서 對日關係史의 唯一한 筆寫原本이다.
이는 日本側 基本資料인데, 總冊卷數는 18卷 18冊이다. 그 가운데
이 책에는 金綺秀使行과 관련된 關係事項의 記錄인 1卷에서 9卷까
지의 부분만을 수록하였다. 그리고 對校 金弘集自筆寫本 朝鮮策略은
李瑄根 박사가 다른 수종의 異本과 對照檢討한 자료이다. 이 朝鮮策

略은 金弘集使行과 관련하여 그 내용의 분석을 통한 防俄策의 前提로서의 門戶開放論을 검토하는데 있어 原史料 인용에 신중성을 기할 수 있는 자료이므로 아울러 수록하였다.

여기에 게재한 論稿와 수록한 資料는 보잘 것 없는 著者의 遍歷의 痕蹟 중에서 제시된 하나의 시론이라 생각하면서 미흡한 拙著를 읽어주는 讀者 諸賢의 많은 질정이 있기를 바라는 바이다.

끝으로 이 졸저를 위하여 바쁘신 중에도 賀序를 주신 故 嶺南大學校 總長 霞城 李瑄根 박사와 출판을 적극도와주신 趙奎高 교수께 경의를 표한다. 그리고 이 책을 위해 關係史料를 찾는데 機緣을 마련해 준 故 金義煥 교수와 이 책의 出版을 기꺼이 맡아 준 한국학술정보 편집부 여러분께 感謝의 뜻을 表하는 바이다.

2005年 12月

三聖山下 研究室에서　著者 識

凡　例

一. I. 「對日修好와 丙子修信使行考」는 1969年 大丘史學會 月例發表會에서 「丙子修信使 金綺秀使行考」라고 제하여 발표한 것을 大丘史學 第1輯, 東苑 金益鎬敎授華甲紀念史學論叢 (大丘史學會, 大邱, 1969. 7)에 게재하였던 것인데, 졸저 「韓末社會團體史論攷」(螢雪出版社, 大邱, 1972. 4) 附錄으로 다시 게재하였던 것을 개고 증보한 것이다.

一. II. 「對日修好와 丙子修信使行考 追補」는 「丙子修信使 金綺秀使行考 追補」라고 제하여 惠庵 柳洪烈博士華甲紀念論叢(同委員會, 서울 1971. 4)에 발표하였던 것인데, 역시 졸저 「韓末社會團體史論攷」 부록으로 다시 게재하였던 것을 개고 증보한 것이다.

一. III. 「庚辰修信使와 朝鮮策略의 波紋」은 「黃遵憲의 朝鮮策略에 對한 檢討」라는 제목으로 大邱大學(현 嶺南大學校)論文集 第3輯(大邱, 1962. 3)에 발표하였던 것을 다시 개고 증보하여 韓日研究 第2輯(韓國日本問題研究會, 釜山, 1973. 4)에 게재하였던 것이다.

一. 附錄 「近代史研究의 回顧와 展望」은 亞細亞學報 第8輯 (亞細亞學術研究會, 서울, 1970. 9)에 게재하였던 것을 그대로 수록하였다.

一. 「開港期 對日關係 參考史料」 「航韓必携」 卷之一～卷之九 中 卷之七, 卷之八은 活字體로 저자가 위의 「丙子修信使 金綺秀使行考 追補」에 아울러 수록하였던 것이고, 「對校 金弘集自筆本 「朝鮮策略」」은 活字體로 李瑄根 박사가 「庚辰修信使 金弘集과 黃遵憲著 朝鮮策略에 關한 再檢討」라는 논제와 아울러 東亞論叢 第1輯(東亞大, 釜山, 1963. 11)에 게재하였던 것이다. 이 책에서는 두 資料를 일괄해서 영인과 활자체로 수록하였다.

目 次

‖研 究 篇‖

I. 對日修好와 丙子修信使行考

‖ 資 料 篇 ‖

影印　開港期　對日關係參考史料

‖研究篇‖

I. 對日修好와 丙子修信使行考

1. 序 言

　1876年(高宗 13年)은 韓國 近代化過程(開化運動史上)에 있어서 重要한 契機를 만든 해라고 알려져 있으며 또한 이 契機를 만든 것은 丙子修好條約과 修信使의 對日 派遣이라고 하고 있다. 大抵 丙子修好 交涉後의 對內外關係와 그 意義 및 影響에 對한 이들 一連의 問題에 關하여서는 이미 先學의 硏究1)가 되어 있으나 前記 論題와 聯結되는

---

1) 田保橋潔, 「丙子修信使と その意義」, (『靑丘學叢』 第13號, pp.38~68, 서울, 1933). 同氏의 「丙子修信使の 差送」(『近代日鮮關係の硏究』 上卷, pp. 557~578, 서울, 1940). 渡邊勝美, 「朝鮮修信使の 日本派遣」(『朝鮮開國 外交史硏究』, pp.295~298, 서울, 1941). 李瑄根 「修好條約의 影響」(『朝鮮最近政治史硏究』, pp.32~34, 서울, 1950), 同著의 「修交後의 韓日關係와 그 影響」(『韓國史—最近世篇—』, 所收 pp.401~406, 서울, 1961). pow-Key Sohn 『The Opening of Korea: A Conflict of Traditions』 (Transactions of the Korea Branch of the Royal Asiatic Society 36, pp.101~128, Seoul, 1960). 申國柱, 「金修信使 一行의 渡日과 그 意義」

여기에서 檢討코자 하는 金綺秀의 日東記游2) (修信使記錄 pp.113~
148에 所收된 金綺秀의 修信使日記卷一의 內容은 日東記游와 大同小
異하므로 關聯된 範圍內에는 言及하겠음)는 우리의 注目을 끌게 된
다. 이 日東記游가 申奭鎬 등 諸敎授에 의하여 著述된 經緯 이라든가
그 史料的 價値에 對한 評價3)는 이미 仔細히 言及하였으므로 다시
되풀이 할 必要를 느끼지 않는다. 다만 이에 對한 內容의 解明, 分析
檢討는 韓國 近代化 過程의 樣相을 理解하는데 基礎를 마련하게 되
는 것이요, 또 한편으로는 韓日間의 對外關係에서 나타난 새로운 局
面의 諸關係를 究明하는데도 重要한 示唆를 얻을 수 있다고 생각된
다. 그러므로 이 小論은 前揭한 著書와 論文4)을 參照하면서 그의 日
東記游에 나타난 記錄을 檢討하여 論題가 論議되는 行論에서 그리고
主題와 關聯되는 範圍內에서 對日修好와 修信使의 派遣의 經緯, 修信
使行의 使命, 編成 및 旅程, 視察事項과 日本側의 態度 및 接見을 言
及하고 나아가서 近代化(開化)한 日本의 發展相을 보고 어떤 認識 態

（『近代朝鮮外交史』, pp.83~102, 서울, 1965).

2) 國史編纂委員會(活字本),「日東記游」(韓國史料叢書 第九,『修信使記錄』,
  pp.1~112, 서울, 1958)는 同書 卷末(pp.111~112)에 붙어 있는 後叙에
  의하면 金綺秀가 渡日하였다가 歸國한 翌年 高宗十四年(1877) 二月에
  黃海道 谷山郡守로 在職時에 이것을 整理한 全四卷으로 그 內容은 卷
  一 事會, 差遣, 隨率, 行具, 商略, 別離, 陰晴, 歇宿, 乘船, 停泊, 留館,
  行禮. 卷二 玩賞, 結識, 燕飲, 問答. 卷三 宮室, 城郭, 人物, 俗尙, 政法,
  規條, 代舌, 學術, 技藝, 物産. 卷四 文事, 歸期, 還朝로 되어 즉 한 事
  件을 中心으로 그 始終을 記錄한「記事本末體」의 體裁로서 金綺秀의
  聞見한 記錄이다. 그런데 그 手筆本 原本은 그의 後孫이 所藏하였던 것
  을 現在는 李瑄根博士의 所藏으로 되었으며, 이것을 底本으로 出版한
  國史纂委員會版 活字本과 1962年 釜山大學校 韓日文化研究所에서 李載
  浩,『譯註日東記游』의 譯註 後記(同本, pp.285~287)에 前記「手筆原本」
  과「活字本」과의 差誤對照表 參照.

3) 申奭鎬,「日東記游의 解說」, 前揭書 修信使記錄 卷末尾의 解說.「韓國史
  料解說集」, pp.145~150,「修信使記錄」, 서울, 1964). 李基白,「日東記游의
  書評,『梨大史苑』(梨大史學科) 第1輯, pp.109~112, 서울 1959. 李載浩,
  前揭書,「解說」前揭書, pp.7~8(釜山大 韓日文化研究所刊, 釜山, 1962).

4) 前揭註 1) 參照.

度를 가지고 結論을 내렸는가, 이러한 認識態度와 所見의 近化的인 日本에 對한 첫 觀察(印象)이 우리에게 어떤 結果(意義)를 가져오게 한 것인가 등의 問題를 中心으로 考察하려고 한다.

2. 對日修好와 派使

朝鮮王朝(以下 朝鮮이라고 略하기도 하였음)는 壬辰倭亂(1592) 以後 日本側의 德川幕府의 懇請으로 日本과의 國交(通交)를 再開(宣祖 40年 1607)하고 高宗初年(1868)에 이르기 까지 二百六十餘年間 朝鮮의「通信使」가 日本에 十餘次나 使行을 하고 日本의 使節도 朝鮮에 屢次 來往하여 兩國間에 平和的인 通交(外交)가 繼續 進行되었다.5) (勿論 純祖十一年에 彼此 使行의 煩弊를 덜기 위하여 中間 對馬島에서 通交를 行하는 所謂「易地通信」을 許한 後로 使行을 對馬島까지에만 보내기를 常例로 하였던 것이지만, 田保橋潔「朝鮮國通信使易地行聘考」(近代日鮮關係の研究 下卷 所收, 서울, 1940, 參照) 그러나 日本은 이미 1854年(哲宗五年)에 美國과 修好條約(神奈川條約, 美日和親條約)을 締結하였으며, 그 後에 歐美列强에게도 門戶를 開放하였다. 그리하여 高宗 五年(1868)에는 德川幕府가 쓰러지고 王政을 復古하여 維新政府를 樹立한 後 所謂「明治維新」이 始作되자 韓日間의 國交(外交)問題도 또한 그 樣相을 달리하였다. 이와 같이 日本은 門戶의 開放에다 維新을 하여 歐美列强의 制度와 文物을 吸收하고 封建制度의 舊態에서 벗어나서 資本主義體制에로 發展하였다.

이러한 革新期(變革期)의 日本에는 武士階級의 沒落과 失職이란 政治的 問題뿐만 아니라 原料 供給地와 商品 販賣市場의 獲得이란

---

5) 前揭書,「日東記游」, 卷一『修信使記錄』, p.1 事會. 李相佰,『韓國史－近世後期篇一』, pp.73~81(乙酉文化社, 서울, 1965). 李鉉宗,「己酉條約成立始末과 歲遣船數에 對하여」『港鄕釜山』 第4號 pp.229~312, 釜山, 1964).

經濟的 問題의 難關에 봉착하게 되었다. 이러한 難問題를 解決하기 위하여서는 隣近 諸國에의 侵略이란 問題가 必然的으로 惹起되었던 것이다. 이 侵略地의 對象은 勿論 朝鮮이었고 臺灣이었다. 이 當時 日本의 爲政者들 中에는 對外問題에 關하여 强硬論者와 柔和論者의 二派로 나누어졌는데, 前者는 卽時 外征을 主張하였고 後者는 國內整理를 먼저 해야 한다고 主張한 것이다. 그 後 强硬論者(西鄕隆盛, 江藤新平 등)들의 沒落으로 「征韓論」을 爲始한 外侵政策은 挫折되었으며 國內整理論者(岩倉具視, 木戶孝允 등)가 得勢하게 되었다.6)

한편 朝鮮에서는 大院君이 執權을 하게 되고 丙寅(高宗三年, 1866)・辛未洋擾(高宗八年, 1871)를 치르고 나서 京鄕 各地에 「斥和碑」를 세우고 鎖國策을 썼으니 日本과 通交가 막히고 말았으나, 大院君이 그 執政의 地位에서 隱退하고 高宗이 政務를 親裁하게 되자 閔妃를 圍繞한 閔氏, 趙氏의 外戚勢力은 大院君의 勢道를 꺾은 한 方便으로 從來의 鎖國策의 緩和와 對日策의 更新을 가져와 門戶의 開放을 斷行하게 되었음은 時期의 特色으로 다만 對外事情에 暗昧하여 거의 國際的 色盲인 點은 大院君과 閔妃政權이 크게 差異가 있는바 아니나, 閔妃政權은 大院君의 政敵인 만큼 對內上의 反目이 저절로 對外的인 方面에 까지 서로 反對 行動을 가지게 하였던 것이다. 그러므로 當時 朝鮮의 門戶開放은 「政策」이라기보다 「反目」의 問題라고 하는 것이 妥當할 것이다.7) 이러한 見解는 申國柱도 當時 歐美 諸國의 開國要求에 대해서 强硬히 抵抗한 朝鮮이 日本의 要求에 대하여, 意外에도 쉽사리 屈服한 理由로써, 歐美 學者들은 王妃 對 大院君의 「私怨私鬪」 結果, 閔妃가 大院君의 意志에 反해서 開國政策을 斷行한 것이라고 보고 있다.(Longford, J.H., The Story of Korea. p.308, p.314, London, 1911) 또한 王妃의

---

6) 遠山茂樹, 『明治維新』,(岩波書店, 東京. 1964) 參照. 文定昌, 「近世日本의 朝鮮侵奪史」, pp.25～75(柏文社, 서울, 1964). 盧啓鉉, 『韓國外交史硏究』, pp.97～98(海文社 서울, 1967).

7) 拙稿, 「黃遵憲의 朝鮮策略에 對한 檢討」 『大邱大論文集』 第3輯, p.233, 大邱, 1962).

開國政策은, 開國을 위한 開國이 아니라 오직 大院君과의 勢力 爭奪때
문에 不得已한 開國에 지나지 않고, 開國은 「政策」(policy) 問題가 아
니라 「人」(Man)의 問題라고 (Hulbert, H.B., The passing of Korea.
pp. 120~121, Seoul, 1905)말하고 있다.8) 그리하여 1868年 1月 15日
日本의 新政府는 「王政復古」를 各國 公使에게 正式 通告한 다음 朝鮮
에 對해서도 從來의 關係를 새롭게 하고자 하여 三月에 對馬島 藩主
宗義達을 시켜 自國의 變革을 通告하고, 交隣의 舊交를 修復(繼續) 할
것을, 同年 十二月에 宗義達은 그 國書를 朝鮮에 傳達한 바 그 內容과
文句가 前日의 것과 全然 相異하므로 東萊府의 倭學訓導 安東晙은 이
것을 唯一한 理由로 그 書契조차 接受하지 아니하였다.9) 그後 對馬島
藩이 廢止되고 日本政府가 直接 對韓外交를 折衷키로 決定하고 屢次
使書를 보내어 修好를 繼續하기를 要求하였으나 朝鮮 側에서는 亦是
應하지 아니 하였다. 前記한 바와 같이 이 때문에 日本 國內에서는 한
때 朝鮮을 征伐하자는 所謂 「征韓論」까지 擡頭하였으나, 當時 朝鮮에
서는 佛, 美兩軍을 擊退하고 鎖國主義를 固執하던 大院君이 日本의 이
러한 要求에 쉽사리 應하지 않았으므로 兩國의 交涉은 또한 停頓狀態
에 놓여 있었다. 大院君이 隱退하고 王后 閔氏가 當局하매 日本은 다
시 朝鮮과 國交를 回復하기 爲하여 外務省 官吏 森山茂를 東萊에 派
遣하여 東萊府使 黃正淵가 交涉하게 하였으나 또한 뜻대로 되지 않았
다. 그리하여 그들은 마침내 高宗十二年(1875) 八月에 軍艦 雲揚號를
出動시켜 江華島 附近에서 우리 軍隊와 衝突하게 한 所謂 「雲揚號事

---

8) 申國柱, 『近代朝鮮外交史』, p.74, p.76(通文館, 서울, 1965).

9) 當時 交隣形式上 重大한 問題로 된 書式 文句中 「我邦皇朝聯綿」이 「皇上之
盛意」이니 「奉勅」, 「朝廷」 같은 文句가 있고 다음에는 宗氏의 職衛이 「左近
衛少將」이라 變更되었으며 끝으로 重大한 것은 從來 저들이 使用해 온
圖書(印符, 書契의 押印)는 언제나 朝鮮 側에서 印刻 鑄送한 것을 使用하
도록 되었음에도 不拘하고 自意로 새 印符를 造作, 使用했다는 이 세 가
지 點이 이때의 不接受의 重要한 理由이다(李丙燾, 『國史大觀』, p.503 參
照, 普文閣, 서울, 1959), 『日省錄』 李太王 己己十二月條.

件」을 일으키고 그 翌年 丙子(1876)에는 全權大臣 黑田淸隆과 副使 井上馨을 朝鮮에 派遣하여 雲揚號事件의 責任을 詰難하는체 하고 修 好條約을 締結할 것을 要求해 왔으므로 朝鮮 측에서도 代表 申櫶, 尹 滋承을 江華島에 보내어 서로 會談케 하고 二月二日(陽二月 二十六日, 實際로 調印交換한 것은 다음날이었으므로 本條約 締結日은 二月三日 임)에 韓日修好條規를 締結하였다. 이 條約은 前文과 十二款10)으로 成立 되었으며 朝鮮政府가 諸外國에 對하여 最初로 締結한 條約인 것이다.

이로써 韓國은 近代的인 意味에서의 開國 즉 開港이 最初로 日本과 의 사이에서 이루어진 것이다. 卽 鎖國의 門戶를 開放하였던 것이다. (日本人의 所謂 開國—奧平武彦 「朝鮮開國交涉始末」 p.1~15 參照, 刀 江書院, 東京 1935) 이와 같은 朝日修好條約은 그 交涉 締結에 있어서 日本의 强大한 兵力(武力) 示威에 依해서 調印에는 成功하였으나 本 條約은 Treaty of peace and friendship(修好의 回復)만을 規定하고 있 는데 끝이고 韓美修好通商條約과 같은 Treaty of Amity and comme-rce(修好와 通商)에 關한 具體的인 細則 즉 條約附錄과 通商規則을 締結하지 않으면 안 될 條約을 實行할 커다란 問題 (前揭書, 朝鮮開國 外交史研究, pp.224~225) 등이 남아 있었다. 또한 本 條約 第二條에는

> 日本國政府 自今十五個月後 隨時派使臣 到朝鮮國京城 得親接禮曹判 書 商議交際事務 該使臣駐留久暫 共任時宜 朝鮮國政府 亦隨時派使臣 到日本國東京 得親接外務卿 商議交際事務 該使臣駐留久暫 亦任時宜

이라 하여 批准後 十五個月을 經過하면 隨時 日本國 公使를 京城(漢 城, 현 서울)에 駐劄시킬 수 있게 되어 있고, 第十一條에는

---

10) 丙子修好條約 原文에서는 「韓日修好條規」로 되어 있으나 「韓日修好條約」 또는 「丙子修好條約」이란 用語를, 條約 條文에 있어서도 原文에서는 모 두 「第一款」, 「第二款」 등을 使用하였으나 「款」을 「條」로써 代置하여 便 宜上 通俗的 用語를 使用키로 하겠다.

　　兩國旣經通好　須另設立通商章程　以便兩國商民　且倂現下議立各條款
中　更應補添細目　以便遵照條件　自今不出六個月　兩國另派委員　會朝鮮
國京城　或江華府商議定立

이라 하여, 今後 六個月 以內에 兩國政府는 따로 委員을 任命하여
漢城이나 江華府에 會同하여 修好條約附錄과 朝日通商章程(貿易規
則)을 商議할것이 規定되어 있었으므로, 當時 日本政府는 過去 八年
間의 經驗한 바에 依하여 修好條約附錄과 通商章程의 交涉에 當하여
兩國의 國情 相違로 朝鮮 측이 異論을 主張하게 되면 앞으로의 交涉
에 적지 않은 困難이 惹起될 것이라 豫想하고 그와 같은 困難을 除
去하고 交涉을 圓滑히 進行시키기 爲해서는 이 兩條約에 關한 商議
開始에 앞서 먼저 朝鮮政府의 代表的인 人物을 日本國으로 派遣케
하여 새로운 日本의 「文明開化」를 實地로 見聞시키는 것이 가장 有
效한 手段이라고 생각하였다[11]

　그리하여 修好條約 調印後 殘務整理이라는 名目으로 江華府에 殘
留하게 된 日本國 全權隨員 外務大丞 宮本小一・同權大丞 野村靖・外
務四等書記生 浦瀬裕(最助)・同六等書記生 荒川德滋(金助)(다 같이 通
譯官)는 日本 正副全權大臣의 內命을 받고 朝鮮 측 接見大副官 申
憲・尹滋承을 會見하고 今般 我國에서 지금 兩大臣(日本 正副全權大
臣)을 派遣한데 對하여는 貴國에서도 早速한 答禮의 使節을 我國에
派遣할 것을 勸告하였다. 다시 그들은 再次 申憲과 會見하고 對等의
禮로 貴國도 宜當 回禮使를 보낼 것과 大抵 交隣之道는 風俗을 詳察
한 然後에야 可히 疑惑을 打破할 수 있을지니 物情을 詳察한다면 我
國이 今次의 條約을 爲하여 얼마나 心力을 虛費하였는가 可히 짐작
할 수 있을 것이며 疑心(群疑)도 풀릴 것이요. 따라서 細目講定 時에
는 다시 詰難할 憂慮가 없을 것이다. 使儀는 極히 簡略에 따르고 그

---

11)　前揭書, 『靑丘學叢』, pp.38~39.　前揭書, 「近代日鮮關係の硏究」 上卷,
　　　p.557.

時期는 可能한 限 六個月 後 通商章程을 商議하기 前이면 我國의 事情도 바야흐로 짐작할 것이요, 我國政府의 誠意도 諒解될 것이다12). 라고 하여 朝鮮 측의 日本國 使節(臣) 派遣의 必要性을 慫慂하고 同時에 使臣을 派送하게 한다면 日本國이 釜山까지 火輪船(蒸氣船)의 便宜라도 보아줄 뜻을 暗示하였다. 前記한 日本의 江華條約 締結에 關한 方式은 1853年(美國 使臣 perry 浦賀에 來함). 1854年(美日和親條約 締結) 兩年間에 美國 艦隊가 日本에 遠征하여 美日條約을 締結하고 美國政府가 1860年 「美日修好適商條約」 批准時에 美國이 日本國 外交當局을 實地로 美國에 視察할 機會를 준 招待外交의 그 前例를 日本이 模倣, 踏襲한 것이다.13) 이와 같이 修信使의 日本國 派遣, 勸告가 政治的으로 重要한 意圖가 있음을 朝鮮政府는 전혀 알지 못하고 從來의 通信使나 또는 親善文化使節과 같이 認識하고, 日本의 要請에 對하여 申憲은 이에 同意를 表하고 往年의 通信使는 크게 儀節을 떨쳐야 했기 때문에 頻數히 派送할 수 없는 遺憾이 있었으나 이제 모든 舊例를 革除하고 多幸히 弊를 兩國에 끼침이 없이, 今後 我國 使節이 貴國에 감에 있어 諸般 事務에 貴國 大臣이 잘 周旋하여 齟齬 없게 할 것을 바라는 바이라고 對答하였다.14)

이 日本國의 修信使 派送 要請에 關하여 判府事 申憲, 副摠官 尹滋承은 景福宮 修政殿에서 高宗께 謁見 復命하였다. 高宗은 이에 關心을 보여 日本 全權 大臣의 人物評論 等에 對하여 聽聞한 後에 使節 派送의 性格 等에 對하여서도 申憲에게 具體的 說明을 求하였다. 거기서 申憲은

不拘品秩帶例 只以解事人送之云 從此彼我使 並除禮弊 致彼給房貰
而居接 買飯供吃喫 此與信使不同矣

---

12) 前揭書, 『靑丘學叢』, pp.39～40. 前揭書, 『近代日鮮關係の硏究』 上卷, pp.557～558. 朝鮮史編修會編, 『朝鮮史』, 第六編, 四卷, p.401(朝鮮總督府, 서울, 1938).
13) 前揭書, 『靑丘學叢』, p.39.
14) 前揭書, 『靑丘學叢』, p.40, 『日省錄』, 李太王 丙子 二月條.

라고 하여, 新使節(修信使)의 通信使와 相異한 것을 直截簡明하게 上奏하고 이어서 申櫶은 日本國의 武器가 심히 精銳하고, 大量으로 生産되며 그 價格도 低廉하다고 見聞한 바를 말하고 되도록 使節을 日本에 派送하여 그 武器의 製造와 其他 그 國內의 開化事情을 視察함은 有益하다[15]고 아뢰고 끝으로 當時의 國際情勢에 對하여서도 다음과 같은 그의 所見을 開陳하였다.

　　臣今待罪御營　正兵無多　禁營亦如之　訓局雖稍大　若出正兵　亦無幾多
外方則又無節制之兵　以此用兵　雖有智者　何以爲將　兵力之不振　已在虜
目中　臣武將也　旣見可虜　不以實陳　臣罪萬死　顧今天下大勢　各國用兵
前後受侮　亦已屢矣　兵力之如此　若或打之各國　臣未知其所護侮　臣實甚
憂　兵志攻則不足　守則有餘　天下寧有以其國不守其國者乎　所以滕薛之小
亦一以**事大交隣**　一以備禦守國備禦守國　亦能全保於戰國之世伏祝殿下
以三千里封疆　亦豈無守禦之良方乎　此所謂不爲也　非不能也　伏願殿下奮
發聖志　亟降備虜之處分　則軍國幸甚　臣已耄且昏　不足比數於將兵之列
躬閱目見有不能自己者　敢此冒悚仰達矣[16]

라고 하여, 「事大交隣」과 「備藥守國」의 策을 强調하였다. 이 申櫶의 啓言이 高宗의 關心을 끌었음은 「卿言甚當矣」[17]이라 한 것으로 알 수 있다. 이에 感動된 高宗은 日本 측의 答禮도 하고, 期待도 저버리지 않기 위한 「回謝의 뜻」[18]으로 派遣되는 修信使의 派行이면서도 最近 日本의 國情을 視察하기 위한 卽 「物情詳探」을 위한 欲求는

15) 菊池謙讓, 『近代朝鮮史』 上卷, p.408, (鷄鳴社, 서울, 1939). 前揭書, 『靑
　　丘學叢』, p.41. 『近代日鮮關係の硏究』 上卷, pp.558~559.
16) 前揭書, 『近代日鮮關係の硏究』 上卷 p.559, 『日省錄』 李太王 丙子 二月
　　初六日條. 前揭書, 『朝鮮史』, pp.401~402.,
17) 「日省錄」, 李太王 丙子 二月初六日條.
18) 「鄰人來時 只承命回謝春間貴价之行 以修舊信而已(前揭書 「日東記游」卷二,
　　『修信使記錄』, p.45 問答條).
　　「今番之行 專爲回謝春間之禮 修信之義 豈在乎此」(前揭書, 「日東記游」
　　卷二, 『修信使記錄』, p.45 問答條).

緊切한 것이었다.

그러나 「詳探彼中之物情 是緊事也 須善爲探知可也」이라 하고, 또한 「凡諸可聞之事亦須不漏一一錄來也」[19]이라고 吩咐을 하고 있었지만, 이 使行의 性格이 計劃的인 日本의 開化實情을 視察할 目的으로 한 使行이 아니었으므로 廣範한 視察, 聞見이 不可能하였고, 物情詳探의 欲求를 充足시키는데 스스로 限界가 있었던 것이다. 그러므로 이 使行이 單純한 回謝만이 아니었다 하더라도, 物情詳探을 위하여 具體的인 計劃의 實行에는 아직 時間을 要하고 있었던 것이다. 이러한 使行의 使命아래 日本에 修信使를 派遣할 것을 決定하고 修信使의 人選을 서둘렀다. 그리하여 丙子 二月二十二日 弘文館 應敎 金綺秀를 加資하여 通政에 올리고 禮曹參議에 結銜하여 修信使에 差下(任命)하고 이어서 別遣堂上譯官 玄昔運과 李容肅 등을 隨行케 하고 그 以下 軍官 隨從員 등은 修信使의 推薦으로써 決定하였던 것이다.[20]

3. 使行의 編成과 旅程

이상에서 대체로 對日修好와 修信使의 派遣 經緯를 可能케 한 몇 가지 要因을 살펴보았는데, 이 修信使 一行(使節團)의 編成과 旅程 등을 좀더 仔細하게 살펴보겠다.

金綺秀가 修信使에 任命된 것은 丙子 二月 二十二日이었는데, 한편 東萊府使 洪祐昌으로 하여금 三月 二十五日 單簡으로 修信使 金綺秀가 四月 二十五日 釜山浦를 出發할 豫定이라는 것을 倭館公館長

---

19) 高宗의 物情詳探 慾求는 修好條約 締結後 申櫶의 啓言으로도 緊切하여 지고 있었으며(『日省錄』 李太王 丙子 二月初六日條 및 前揭註 15), 註 16) 參照). 修信使 金綺秀의 復命時에 高宗이 「詳探彼中之物情 是緊切事也 須善爲探知可也」이라 한 것에도 나타나고 있다. (『日省錄』 李太王 丙子 四月初四日條 및 前揭書, 「修信使日記」 卷一, 『修信使記錄』, pp.129~135 參照.)

20) 前揭書, 『朝鮮史』, p.406. 前揭書, 「日東記游」 卷一, 『修信使記錄』, pp.1~3 差遣・隨率條.

代理 山之城祐長에게 通告하고 外務省에 傳達할 것을 依賴하였다.
同日 訓導 玄昔運은 條陳書와 修信使 名單을 公館長代理에게 提示하
였다. 通告을 받은 山之城 公館長代理는 外務書記生 尾間啓治를 東
京에 보내어 東萊府使의 單簡을 進達하고 玄昔運과의 交涉 要領을
報告케 하였다.

　報告에 接한 日本 外務省 當局은 卽時 準備에 着手하고 迎接 任務
를 맡은 外務少錄 水野誠一 等은 修信使의 乘船으로 定해진 日本 汽
船 黃龍丸으로 四月 二十日 釜山浦에 到着하였다.21) 外務少錄 水野
誠一은 外務省 訓令을 山之城 公館長代理에게 傳達하고 山之城과 水
野가 協議한 後 四月 二十一日 同 二十四日 玄昔運을 招致하여 修信
使 節目을 商議한 結果 外務省 訓令대로 異議 없이 確定되었다. 合
議된 修信使 節目은(1)日船 黃龍丸을 無償으로 修信使가 乘船하도록
提供할 것. (2)修信使 一行의 旅館도 日本政府가 無償으로 供與할
것. (3)乘船中에 食事는 便宜上 修信使 迎接係에서 調理 支給할 것.
(4)黃龍丸은 下關 神戶 兩港에 寄港하나 修信使는 船中에서 宿泊할
것. (5) 修信使 一行은 橫濱에서 下船 鐵道 便으로 上京(東京 筆者
註)할 豫算으로 外務省으로부터 다시금 迎接官을 橫濱까지 미리 差
遣, 出張케 하여 前導케 할 것, 이밖에 迎接使로서 水野 外務少錄
等을 派遣, 通譯官으로서 荒川德滋, 尾間啓治 兩外務六等 書記生 및
朝鮮語 留學生을 從屬시킬 것 等이다22).

　이에 앞서 二月 二十四日 高宗은 禮曹 戶曹에 命하여 圖書(書契)
을 起案케 하고 修信使 一行의 盤纏(路資=旅費), 禮物 等을 갖추게
하고 三月 二日에는 通信使의 前例에 따라 修信使 入送(派遣)을 淸禮
部에 咨報하였다.23) 그리하여 四月 四日에는 大闕에 가서 陛辭之時

---

21) 前揭書, 『靑丘學叢』, pp.43~46. 前揭書, 『近代日鮮關係の硏究』 上卷,
　　pp.561~563.
22) 前揭書, 『靑丘學叢』, p.46, 前揭書, 日東記游 卷三, 『修信使記錄』, pp.71~72,
　　規條一倭館書.
23) 前揭書, 『朝鮮史』, p.407.

에 高宗은 修信使 金綺秀를 康寧殿에 召見하여 修信之義와 「詳探彼
中之物情 是緊事也 須善爲探知可也」라 하고 「凡諸可聞之事 亦須不漏
一一錄來也」[24]이라 吩咐하고 萬一 滯在의 期限이나 旅程의 變更 等
緊急事項이 있을 때는 途中에서 狀啓할 것을 下敎하였다. 그리고 修
信使 一行은 禮曹判書, 禮曹參判으로부터 日本 外務卿, 外務大丞에게
보내는 書契, 禮物을 가지고 그날 서울을 出發하여 使行의 길에 올랐
다.[25] 한편 當時 朝鮮의 政情은 修好條約에 對한 不滿이 沸騰하여
物情이 騷然한 바가 있었다. 特히 民間에서는 對日 反感이 强하고 政
府의 宥弱 對日外交에 抗議하여 各地의 儒生들이 上京하여 高宗께
斥倭論을 上疏하고 修好를 反對하였는데, 이 沸騰하는 與論은 손쉽게
抑制할 수 없는 形便이었다. 그러나 高宗은 이를 制壓하고 親히 修信
使 派遣을 決定할 程度이었다[26]. 또한 떠나기에 앞서 修信使 一行의
覺悟와 日本에 對한 態度를 들어봐도 實로 감출 수 없는 疑懼와 함
께 悲壯한 氣色도 多分하였다. 修信使 金綺秀 自身의 所述한 것을 봐
도 渡海赴日에 對하여 「斷髮文身 目所未覩也 驚波駭浪 足所未涉也」
이라 하여 悲壯한 覺悟를 表明하고 또 그 家廟에 參拜하여 告別할
때에도 「雖復肝腸如鐵 亦難免淚如荳也」라고 斷腸의 느낌이었음을 吐
露하였다. 뿐만 아니라 그의 使行을 慰勞하고 餞送하는 人士(特別한
主見도 없이 開國論에 加擔한 爲政者들의 思考方式이나 斥邪論에 젖
어 對內外의 情勢 變化에 어둡고 傳統的인 儒敎思想에 사로 잡혀서
밖의 것을 받아들이는데 있어서 絶對하는 鎖國 保守의 儒林)中에는
「倭則洋之茅也 鬼而倀也 賊而諜也」이라 하여 操心하라고 付託도 하
며 「忠信篤敬蠻貊可行」이니 아무쪼록 言忠信하고 行篤敬하여 使行을
完遂하라고 注意도 喚起하였다. 그러나 渡海赴日의 使命을 自覺하고

---

24) 前揭註, 19), 『日省錄』 李太王 丙子 四月初四日條.
25) 前揭書, 『朝鮮史』, p.407, p.410, 前揭書, 「日東記游」. 卷一, 『修信使記錄』,
    別離條(p.6)－高宗의 吩咐 餞別項, 同 卷四, p.83 文事條－書契.
26) 前揭書, 『近代朝鮮外交史』, p.85.

修信使側 一行에서는 修信使 金綺秀, 堂上譯官 李容肅, 玄昔運, 上判事 玄齊舜, 高永喜 列席, 浦瀨裕 外務三等書記生의 通譯으로써 簡單한 外交的 辭令을 交換한 後 修信使 金綺秀는 禮曹 書契와 別幅을 各卿 및 宮本大丞에게 手交하고 곧 別室에서 茶果를 饗應하여 懇談을 가졌다.31) 五月 九日에는 宮內省을 訪問하여 宮內權大丞 中山讓治, 小丞 津田信弘을 面會 修信使로 부터의 獻上品(禮物)32)을 傳達하였으며 五月 十日(陽 六月 一日)에는 修信使는 儀仗을 整齊하여 隨員을 引率하고 赤坂離宮(赤阪假皇居)에서 明治天皇을 接見하고 五月 十二日에는 太政大臣 三條實美의 招待로 延遼館의 公宴(下船宴)에 參席하고 翌日 十三日 黑田淸隆 參議, 井上馨 議官을 訪問하여 一但 修信使 一行의 外交禮儀上의 外務省이나 各 要路의 訪問 等 公的 任務를 끝내었다. 이와 같이 그 사이에 修信使 一行은 公的 宴會가 두 번이고 私的 宴會가 여섯 번이라는 隆崇한 接待에 滿足도 하였다.33)

이에 앞서 修信使 渡日의 通告를 받은 日本政府는 곧 關係 各 官省間에 事前 協議를 가져 이 機會에 新興 日本의 軍事的 經濟的 實力을 誇示하고 이로써 日本에 對한 修信使의 認識을 새로이 할 方針아래 大大的인 準備를 갖추었다. 卽 陸海軍 各隊 各種 兵學校 軍事工場, 生産工場, 學術團體에 이르기까지 指示해서 作成된 修信使 一行의 視察 日程은 빈틈없이 꽉 차 있었다. 그 主要한 것을 보면 陸軍省 管內에서는 (1)陸軍練兵, (2)近衛步兵營, (3)士官學校, (4)戶山學校, (5)砲兵本廠, 海軍省 管內에서는 (6)海軍調練, (7)橫須賀造船所,

---

31) 前揭書, 『靑丘學叢』, pp.50~52. 前揭書 「日東記游」 卷一, 『修信使記錄』, p.8 歇宿條, 同 卷二, pp.44~46 問答條, 同 卷四, pp.83~86 文事條 書契, 前揭書, 「修信使日記」 卷一, 『修信使記錄』, pp.113~114.

32) 修信使呈日本國 私禮單物目─前揭書 「靑丘學叢」, p.53. 前揭書 日東記游 卷四, 『修信使記錄』 pp.85~86 文事條.

33) 前揭書, 『靑丘學叢』, pp.49~57. 前揭書 「日東記游」, 卷二, 『修信使記錄』, 問答條. 燕飮條. 同 卷四, 文事條 書契. 前揭書, 『修信使日記』, 卷一, 『修信使記錄』, 該條 參照.

(8)軍艦東 (9)兵學寮(海軍兵學校 前身).

內務省 管內에서는 (10)博物館, (11)淺草文庫(現在 內閣文庫에 合倂), (12)勸業寮出張所植物園, (13)衛生局司藥所, (14)石川島懲役場, (15)上野國富岡製絲場, (16)市ヶ谷囚獄所, (17)橫濱製鐵所, (18)和泉國堺紡續所, 工部省 管內에서는 (19)工業寮 (後에 工部大學校, 東京帝國大學工學部 前身), (20)赤羽製作所.

文部省 管內에서는 (21)書籍館(帝國圖書館 前身), (22)師範學校 (23)女子師範學校(東京女子高等師範學校 前身), (24)英語學校, (25)外國語學校, (26) 開成學校(東京帝國大學 前身), (27)醫學校附屬病院 (東京帝國大學醫學部附屬病院).

大藏省 管內에서는 (28)紙弊寮, (29)活版局(印刷局) (30)驛遞寮郵便取扱, (31)大阪造幣寮 司法省 管內에서는 (32)東京裁判所.

警視廳 管內에서는 (33)消防卿筒調練.

開拓使 管內에서는 (34)北海道物産博物園.

이밖에 宮內省 管內의 吹上御苑, 濱離宮, 太政官 所管의 元老院議事堂 等34) 이었는데, 五月 十二日 遠遼館(延遼館)에서 宴會(下船宴)를 待接받고 돌아오는 길에 博物院(館)을 觀覽한 것을 爲始하여 外務省에서 迎接官(接待官)으로 派送된 宮本小一, 森山茂(이들은 一次 朝鮮에 派遣된 바 있어 朝鮮 事情에 밝음) 等은 이상의 豫定된 日程에 따라 連이어 修信使 一行의 視察을 再促하였으나, 修信使 一行은 이에 容易하게 應치 않았다. 그리하여 修信使 一行의 全員이 快諾한 것은 日比谷練兵場에서의 步兵, 騎兵, 砲兵聯合小演習 程度이고 그 밖에 修信使가 不得己 勸誘에 依하여 參觀(視察)한 것은 海軍省 管內의 兵學寮, 陸軍省 管內의 近衛步兵營. 砲兵本廠, 工部省 管內의 赤羽製作所, 文部省 管內의 書籍館, 開成學校, 女子師範學校, 大政官 所管의 元老院議事堂 等에 不過하였다.35) 그러나 修信使 金綺秀가 不得已 勸

---

34) 前揭書, 『靑丘學叢』, pp.60~61. 前揭書, 『近代日鮮關係の硏究』 上卷, pp.574~576.

誘에 못 이겨 視察, 遊覽, 聞見한 事項이라고는 하지마는 日本 측의 隆崇한 待接에 滿足도 하고 日本 天皇의 爲人됨, 日本人의 風俗이나 凡節, 人品 또는 電信, 鐵道의 架設이며 軍艦, 大砲의 製造를 爲始한 軍事, 機械, 學術, 敎育 等의 羨望에 찬 施設을 視察 聞見하므로 歡服도 禁할 수 없게 된 채 五月二十四日에 延遼館에 가서 上船宴(餞別宴)을 待接받고, 五月 二十六日에는 告別하기 위하여 外務省을 禮訪하고 五月二十七日 東京을 떠나 一路 歸國36)하게 되었으니 떠날 때 比하여 日本에 對한 그들의 認識이 달라진 것만은 事實이었다.37)

이 밖에 直接 間接으로 接見한(面識을 맺은) 日本의 人物(人士)을 든다면 視察(觀覽)한 官省이나 機關의 長들과 政府要員들이 大部分이었다. 이를 前揭書「日東記游」卷二, 結織條에서 整理하여 보면 다음과 같다.38)

三條實美(太政大臣), 寺島宗則(外務卿), 伊藤博文(工部卿, 法制長官), 山縣有朋(陸軍卿), 鮫島尙信(外務大輔), 黑田淸隆(陸軍中將, 開拓長官), 森有禮(外務大輔) 井上馨(議官), 宮本小一(外務大丞), 森山茂(外務權大丞), 宗重正(前外務大丞, 對馬島主), 古澤經範(外務權小丞), 水野誠一(外務省官), 奧義制(外務省官), 野村汀(前外務大丞, 現 橫濱縣令), 石幡貞(外務省官), 尾間啓治(外務省官, 初迎接官隨員, 終護送官) 荒川德滋(前名金助, 傳語官, 外務省書記生), 浦瀨裕(前名最助, 傳語官, 外務省書記生), 中野許多郞(外務省書記生), 岩田直行(外務省書記生(伴接官)), 石川守道(外務省書記生(伴接官)), 島田修海(海軍中軍醫(護行軍醫)), 實吉安純(海軍中軍醫(護行軍醫)), 鳥谷保(艦長(黃龍丸)), 大木喬任(司法卿), 防

---

35) 前揭書,『靑丘學叢』, pp.61~63. 前揭書「近代日鮮關係の硏究 上卷」, p.576. 前揭書「日東記游」卷一,『修信使記錄』, pp.7~9 歇宿條, 前揭書 卷二 pp.25~32, 玩賞條, 前揭書「修信使日記」卷一『修信使記錄』, 該條 參照.
36) 前揭書,「日東記游」卷一, pp.9~10, 歇宿條.
37) 前揭書, 韓國史, p.405, 前揭書「日東記游」卷二, 玩賞條・燕飮條.
38) 前揭書,「日東記游」卷二,『修信使記錄』, pp.32~44 結識條와 함께 燕飮條에 接見한 人士들의 事項이 仔細히 言及되어 있다.

城峻政(式部頭), 大隈重信(大藏卿), 萬里小路博房(宮內大輔), 川村純義
(海軍中將兼海軍大輔), 寅戶磯(敎部大輔), 林友幸(內務少輔), 九鬼隆一
(文部大丞一 等法制官), 大島文九(開成學校儒生), 加納久宜(中視學), 北
畠治房(大審院判事), 吉井正澄(工部大丞), 林淸康(海軍大佐), 平賀國八
(海軍大佐), 武秀行(海軍秘書官), 末松謙澄(工部權小丞, 井上馨書記), 中
村正直(東京女子師範學校攝理), 藤澤次謙(權大書記官), 富士谷成典
(工部大錄), 掘秀之(敎部省書記官), 鹽田三郎(前外務大丞), 田邊太一(前
外務大丞), 栗本鋤雲(安藝守, 舊幕府), 淺田宗伯(漢醫), 增田貢(善詩), 龜
谷行(善詩), 松田柳亭(善書畵), 中島杉陰(善書畵), 管野晴林(善書畵), 廣津
弘信(從六位官位), 池原大深(善書善詩), 關雪江(善書善詩), 福島柳圃(善
畵), 空澤雪庵(善畵), 芳谷女史(善畵), 宮本金作(小一의子), 宗義和(重正의
父, 舊對馬島主), 源張甫(長門州山口縣官), 神田孝平(兵庫縣令) 等이다.

그 밖에 駐日英國公使「파아크스」駐日伊太利國公使「도스데아니」
와 同席하기도 하였는데, 더욱이 前年(1875) 10月에 平安道 義州人
李元春이란 者가 바다 가운데 漂流하여 困厄한지 數日만에 偶然히
英國船「遠須加惟留號」가 救出한, 遭難한 李元春의 送還을 爲하여
英國公使는 日本 外務省 當局을 거쳐 修信使 金綺秀에게 引渡하며
間接으로나마 親切한 好意를 베풀었다. 이 일로 日本 外務卿 寺島宗
則이 修信使 金綺秀에게 보낸 照會文中에

今將該漂民 送附貴下 爲望貴下 其諒此意 以領還焉 且英國政府 厚
誼所在 便知貴下 亦應有所謝於英官之辭也[39]

이라는 것으로 보아 當時의 英國公使는 한번 修信使 金綺秀와 面
會하기로 要望하였던 것 같으나 歐美諸國 使節과의 接觸을 一切 拒
否한 것이 修信使 金綺秀였다. 이상에서 본 바와 같이 修信使 金綺
秀 一行이 視察, 聞見한 事項은 모두 羨望에 찬 것들이었는 듯 擧皆

---

39) 前揭書,『靑丘學叢』, p.62. 前揭書,「日東記游」卷四,『修信使記錄』, pp.89～91.

가 好評이요. 讚揚이라 아니할 수 없다고는 하지 마는40) 前記한 바
와 같이 日本 측은 이 使行의 重大性과 그 影響의 比重을 생각하여
修信使 一行을 對하는 態度는 決코 疎忽히 하지 않았다는 것은 이를
반드시 友好的인데서만 나왔다고는 볼 수 없을 것이며 오히려 그 背
裏에는 政治的 利害關係가 더 크게 作用하고 있었음이 事實이라고
볼 수 있다는 것이다.

5. 日本의 見聞事項

前記한 바와 같은 日本 측에서 마련해 준 所謂 火輪船 黃龍丸(艦)41)
을 搭乘(乘船)하는 그날부터 渡日하여 視察, 聞見한 것들이 修信使 金
綺秀를 놀라게 한 것은 한둘이 아니었음은 勿論이지마는 그 中에서
特히 우리의 注目을 끈은 몇 가지 點을 提示하여 보겠다.

1) 科學技術의 發展相

金綺秀가 乘船하였던 火輪船에 對하여「乘船之日 大張威儀 出草梁
之津 望見一大船 立中流 夾板雙帆 帆間煙筒 可謂夢想之所不到也」이
었다고 하고 이어서

　　　　大抵一船 皆是機關 一機繡澁 一船不動 故船中 行船御船 各有所任
　　　而別有幾人 人各有一壺油一條巾 時時塗抹 時時拭淨 凡銅椽鐵絚 類皆
　　　光瑩可鑑 聞彼人言非直行船之時 則無事閑擊之日 亦且不住塗抹 不住拭
　　　淨 不如是 船不可行 有船不如無船也 船兩頭夾底 又夾長百尺者 高可
　　　二十尺者 十餘尺直沈水然後 可免傾覆之患 盖他船底平臨水 水多風順

---

40) 前揭書,『韓國史』, p.406.
41) 汽船 黃龍丸은 前揭書,「日東記游」에서만 黃龍艦이라 하였고 餘他論著
　　에서는「黃龍丸」이라 하였음.

揚帆而去 猶如齊閣者 而此則不然 直如以刀割物 船爲刀而水爲物也 荀
非大風 有風亦行 無風亦行 一船之力 專借石炭 石炭火發 機輪自轉 而
船行如飛 而船體則 常搖搖不止 雖順風飽帆之時 操毫臨紙 不由不多
作幾點也 艙裏設架 架架住人 每架兩層 上層下層 皆有臥榻 亦必雕闌
鏤戶 玲瓏璀璨 盥盤承注 唾壺懸弭 琉璃掛燈 水晶貯瓶 繡氈支脚 文闥
界枕 又復眉安問時之鍾 壁坎照身之鏡 金碧奪目 纈皇眩轉 直欲勞五官
而迷七性也 船貴過半浸水 故載輕則多貯沙石 少得安穩而行 船必須轉輪
轉輪必須石炭 故有行必須計程載炭 遇無炭處 程有餘而 炭不足 無寧回
船也 艙外謂之甲板 板隔密比 灰縫無罅 加漆着油 雨水不滲 四設鐵欄
欄上兩邊 各掛二小船 舷以上下據船之腰 左右各有鐵梯 亦舷以下之泊船
梯板 攝衣而上 可四五丈 梯隨身動 如鳥附葉 俯視波濤 神爲之眩也 船
腰穴艙 梯以出入 圓盖盖穴 亦設板扉 掩盖合扉 宛然封鎖 腰上腰下 亦
復有穴 上穴平盖 四旁設牕 銅櫺力金 傳以玻瓈 直當艙屋 爲通明也 下
穴平盖 並無牕櫺 去盖雖明 盖之則暗 此爲艙中徒隸所處 愈下而穴盖又
如前 則一船機輪之所聚也 類而視之 直見艙底 圓者 方者 圭而椉者 半
月形者 斜而尖者 小齟齬者 大齟齬者 紡車轉者 篩輪往來者 憂之卿卿
而聲 滿地油 方鼎中之水淺而沸也 終不見熱炭之所 煙竃之旁 又有風
袋 有時而鳴 如深山半夜 聞鬼嘯聲 船尾置大砲一坐 傍設影表 形如仰
霄俯墜 船頭有屋 艦長處之 屋前有臺 高可數丈 梯而上 上設子午盤 艦
長之所措點行船者也[42]라고 하는 이 火輪船의 複雜한 機關(船制, 船行
速度, 船內構造, 甲板, 輪船構造 등)들의 近代的인 機械와 그는 橫濱
에서 新橋까지 가는데 火輪車를 탔는데 火輪車(汽車))와 鐵路(鐵道)에
對하여

　　有一長廊 可四五十架者在道傍 余問車何在 曰此叩車也 見之俄認以
長廊者 乃車也非長廊也 車制前四架 一車有火輪 前駕輪而後載人 其餘
每車三架有半 三架爲屋 半架爲軒 鐵鉤連之 一車連于一車 以至四五車
十車而不已 則可三四十架 四五十架 軒以上下 屋以坐也 外粧文木 內
飾以韋毳之屬 兩隆如椅 中低平據坐兩將 一屋可六人或八人 兩旁皆瑠璃

---

42) 前揭書,「日東記游」卷一,『修信使記錄』, pp.11~12, 乘船條.

橘 粧飾玲瓏欲奪目也 車車皆有輪 前車火輪一轉 而衆車之輪 隨而皆
轉 雷馳電 掣風顚雨狂 一時刻可三四百里云 穩無少擾動 但見左右山
川 草木 屋宅 人物 前閃後爍 不可把玩 一烟茶頃 已達新橋 卽九十
五里也

이라 하고 이어서

火輪車之行 必由鐵路 路無甚高低 低者補之 高者平之 兩邊當輪處
鋪以片鐵鐵 外仰內俯以輘轢過之不脫方軌也 路不一直 時有回旋 而轉灣
抹角 亦無窘礙也[43]

이라 하여 놀라움을 表示하고 있다. 또한 陸軍省 精造局記에서 「飯
于亭上 飯畢 散步至一處 穹然屋前 有烟筒甋築 高可際天 仰視之 神
爲之眩」이라 하였고 그 精造局의 內部에서 車輪과 皮革帶에 依하여
움직이는 宏壯한 機械들은 보고 「余噫曰 技至此乎 一火輪 而天下之
能事畢矣 技至此乎」[44]이라 하여 그의 驚嘆을 짐작할 수 있다. 그리
고 工部省에서

製造兵器 農器 各樣器械 瞥眼看過 不可殫記 所謂電線者 諦視之 亦
不可狀 曾聞人說 電線之萬里傳信 彼此只憑一盤 盤中有針 四圍有字
針旋指字 隨指隨錄 遂爲一幅書 如指元指亨指利貞 以知元亨利貞之類也
此邊此針旋時 彼邊此時針亦旋也 予以謂此法 不可信 盖針體雖疾 一旋
一字 以至百十字之多 而時刻亦已多也余於工部省見之 電信之線 其端入
于屋中 如我國舌鈴索之入屋者 下垂于床 床上設機 機傍有器如櫃 櫃中
有電 手敲其機 電生于櫃 閃閃爍爍 直上于線 傍又一器 如我國攻木者
墨繩之筒 筒中有杠 杠轉而傍 又有片紙圓堆者 一端直上于杠而圍之 紙
上有字 傍又布紙 紙有字 爲此報彼之書也 而圍杠片紙之字 則機傍布紙

43) 前揭書, 卷二, pp.26~27, 玩賞條.
44) 前揭書, 卷四, pp.102~103, 文事條－附觀陸軍省精造局記.

> 之字 一字一字波勒無別 有誰移寫 忽焉在彼前 而據視之 片紙之未上杠
> 初無有字 纔上杠而隨有字焉 而此杠此紙 亦不與線相關也 則此皆吹雲之
> 事也 此時 彼邊不計千里萬里 電線之入于彼之屋者 線忽生電而筒中之杠
> 轉 杠轉而片紙之圍者解而下也 下而有字卽此邊圍杠之紙之字也 彼邊之
> 事 固不當見 而以此推彼 想亦如是也 此所以萬里傳言只爭一時也 電線
> 聯絡之柱 在在道路 直木何三四丈者 上施磁杯卽見于新聞紙者 線施于杯
> 一柱之線 其數不一 此邊彼邊 處所非一 而或多或少 遠近亦非一 此又
> 不得不然之事 遇山野高之低之 惟意爲之 以至遇大海 直沈于水底而過之
> 云 此皆我之所見與所聞 聞亦詳細 見實丁寧 而不敢辭其誣也[45]

이라 하여 兵器 農具 各種 器械의 製造하는 것은 잠간 동안에 보아
넘겼으므로 다 기억할 수는 없으나, 電信機의 精妙함은 모두 나의
본 바와 들은 바이므로 들은 것도 또한 詳細히 듣고 본 것도 實相
丁寧히 보았으니 敢히 그것은 거짓이라고 말할 수 없다는 것이다.

2) 軍隊의 調練相

陸軍 內에 마련된 一大場(練兵場) 에서

> 步軍伍伍什什 按行而立 一隊必有隊長 手持標旗 又有一騎將 往來指
> 麾 節以一角 角聲一作 旗爲之應 旗角纔動 衆軍纔動 進則齊進 退則齊
> 退 坐作進退 拔劍揷劍 擧銃植銃 無一先者無一後者 左出右入 右出左
> 入 前者後而後者前 或走而過之 或圍而裏之 如常山之蛇 腰腹受賊 而
> 頭尾皆爲之來救也[46]

이라 하여 近代化한 新式軍隊卽 陸軍步兵의 秩序 整然한 行動을 하
는 모습을 描寫하고 있다, 그는 이어서

---

45) 前揭書, 卷二, pp.30~31, 玩賞條.
46) 前揭書, 卷二, pp.28~29, 玩賞條.

　　　馬軍 卽 騎兵의 馬皆腰短項長 脛瘦題濶 竦其雙耳 有萬里之勢 軍皆
壯健矯捷腰劒手戟 飛身上馬脚鐙一夾 **馬走如飛** 緣茸茸芳草地上 只見
四馬蹄 轉燈翻盞而已 而一前一却 一無違令 一如步軍47)

이라 하여 騎兵의, 馬走如飛의 날랜 모습과 車戰卽 戰車에 對하여

　　　戰車兩輪 駕以駟馬 上坐一將 前後戎御車 而後又有小車 鉤鎖連之
連之斷之 可惟意也 前置大砲 後有藥筒 皆銅造也 一番馳逐 一時放砲
砲隨所指 **聲震大野** 又有馬載砲隨之 臨放下砲于地 一齊砲放 無少參差
惟令前却 一如馬車 但其陣法 一是長蛇捲地之勢48)

이라 하여 戰車의 聲震大野와 海軍省에서 大砲 卽 艦砲 쏘는 것을
관람하였는데,

　　　呼吸之間 諸砲幷發 聲震山海 兩耳爲之茫然也

이라든가 또한 水礧砲 쏘는 관경을 관람하였는데 모두 感嘆을 하고
있다는 것이다.49)

3) 經濟의 發展相

　　日本의 經濟的 發展相에 對하여 다음과 같이 말하고 있다. 卽 그는

　　　一國之都會不直一二 而就其江戶也 橫濱也 神戶也 赤間關也 皆所目
擊是白乎所 閭閻之盛 市肆之豊 初見而壯之 容或無怪 而屢見中國之

---

47) 前揭書, 卷二, p.29, 玩賞條.
48) 前揭書, 卷二, p.29, 玩賞條, 前揭註 47) 參照.
49) 前揭書, 卷二, pp.29~30, 玩賞條, 前揭書,「修信使日記」卷一, pp.122~123.

人 亦以謂殷富過於中國云 自新橋至江戶一十五里 江戶四距一二十里外
閭閻市肆撲地櫛比 無一閒地博物之觀 淺草之寺 殷彝周鼎 奏軌漢甄 珍
禽怪獸 奇花異草 亦無物不有 其殷富可謂無比50)

이라 하여 閭閻이 殷富하고 市肆가 豊盛함이 中國보다도 낫다고 하
였고, 이어서 그는 高宗에게 復命時에

上曰 其國人品 率皆務强 而其軍容亦頗强耶 使曰 軍容强壯 操鍊甚
熟矣 以外樣觀之 則雖徒知利之一字 而凡厥民人 人各有業 動不遊食
路無流丐矣51)

이라 하여 日本 國民이 各己 職業이 있어서 부지런 하고 놀고먹지
않으며 길에는 乞人이 없다고 하였다. 또한 그는

君臣上下 孜孜爲利 以富國强兵爲急先務 盖其政令 似出於衛勒遺法
是白齊52)

이라 하여 君臣上下가 부지런하게 利를 위하고 富國强兵으로써 急先
務를 삼고 있음을 强調하고 이어서

其所謂富强之術 專事通商 商不專利 必有去來 此去商彼 彼來商此
則今日本 通商各國 厥數甚夥53)

이라 하여 그들의 所謂 富强之術이란 通商을 오로지 함에 있다고 하
였으며 歐美 列國과의 盛한 貿易相을 짐작할 수가 있다는 것이다.

50) 前揭書, 卷四, p.109, 還朝條－附行中聞見別單.
51) 前揭書, 「修信使日記」 卷一, p.130. 李能和, 「朝鮮基督敎及外交史」 下編,
    p.182(서울, 1928). 「增補文獻備考」, 一百七十九 交聘考九(古典刊行會本(下)
    p.82, 서울, 1964). 「日省錄」, 李太王 丙子 六月 初一日條.
52) 前揭書, 「日東記游」 卷四, p.108, 還朝條－附行中聞見別單.
53) 前揭書, 卷四, pp.109～110, 還朝條－附行中聞見別單.

4) 國際情勢에 關한 問題

當時 國際情勢에 對하여서는 그 記事가 極히 적다. 特히 國際的인 問題에 對한 日本 측의 主張이 注目되는데 日本은 帝政 Russia의 極東 進出을 두려워하여 朝鮮으로 하여금 그 어떠한 政策으로 이에 對抗할 것이냐 하는데서 그 方略을 井上馨과 金綺秀와 意見을 交換한 露國 動兵說의 內容을 살피면 다음과 같다. 井上馨은

> 謂余曰 露西亞之有動兵之漸 吾於沁都 已有言之者 而我國之人 每往彼地 見其日造兵器 多積糧于黑龍島 其意將何爲 貴國須先事而備 繕器械練兵卒 以爲防禦之策可也 彼或來時 愼無砲放 未知其來意之爲何 而遽先砲放 貴國之失也

이라 하였다. 이에 對하여 金綺秀는

> 此不過島卒之無知妄動耳 豈或長如此也 然戒旣至此 感謝感謝 但禦彼之道 必利其器 而便其服 武靈之變其衣 工倕之巧其制 未始不可學 而鄙國素規 非先王之言則不言 非先王之服則不服 一副傳守 且五百年 今雖死耳 亡耳 不願爲奇技淫巧與人爭長 公亦庶幾知之矣

이라 하였다. 또한 이에 대하여 井上은

> 不然 鄙國素規 初亦如此 及長門 薩摩之戰 耐不得敗亡之勢 不得已爲此 此豈所樂爲也 勢不得已也 所以勤勤以此 告貴國者 願貴國之先事而謀 俾無他日之悔也 幸先生去必申勤致語于貴朝廷 無負此至意區區之望也

이라 하였다. 이에 對하여 金綺秀는 「感謝感謝 當一一歸告我朝廷也」이라 하였고, 井上馨宅 赴會에서도 같은 內容의 露國 警戒를 井上馨이 말하기를

　　日昨申告之事　公非有心人耶　露西亞之注心貴國　吾已言之縷縷　吾非
疾風傷性之人　苟無所見　則何必不憚煩至此也　公之歸去　須勿弁髦我言
力告于貴朝廷　早自爲備可也　仍出地球全圖一軸曰　以此奉贈　携歸去　時
時觀察一度　度各有程里　以此推之　露西亞之距貴國幾里　亦可知也54)

이라 하여 再强調하여 朝鮮의 國際的 地位를 말하고 朝鮮으로 하여
금 이에 對抗할 수 있는 同盟國의 地位에 놓고자 力說하였던 것이
다. 또한 이러한 井上馨의 見解는 修信使 金綺秀의 回便에 申櫶判府
事에게 보낸 回信에도

　　馨　熟視宇內之勢　殆有爲貴國　口不忍言者　徵之輿地圖上　北望曠野有
一物　勢甚獰猛　呑筮之氣日長　是旣閣下所悉知　今之爲計則　宜通各國之形
勢　以建獨立之方法　多結同盟　以保宇內之權衡耳　云云

이라 하여, 帝政 Russia에 對備할 것을 말하고 東京에 留學生을 派遣
하여 各國의 事情을 探知케 할 것을 勸告한 見解55)에서도 表明되고
있다. 이상에서 近代化한 日本의 發展相을 近代科學文明, 新式軍隊,
經濟, 國際的인 問題 등 몇 가지 點을 提示하여 살펴보았는데 金綺秀
自身의 主觀이나 批評 보다는 視察, 聞見한 事項의 內容을 事實대로
記述한 程度이고, 그의 眼目이나 卓見을 보여 주는 記錄은 거의 볼 수
없다. 뿐만 아니라 여기에서 日本의 發展相 그 中에서도 科學技術文
明에 對한 豫備知識이 없었기 때문에 科學的으로 보다 精妙하고 보다
現實的인 利用價値에 대하여는 잘 理解하지도 못하고 그저 驚嘆의 讚
辭를 아끼지 않고 있음은 當時 金綺秀 自身의 科學技術文明의 知識에
對한 沒理解와 貧困性을 잘 나타낸 것이라 할 것이다. 그것은 當時 우
리 爲政者들을 비롯하여 識者들의 思考 方式이라든가, 새로이 接하는
日本의 近代 開化文明 나아가서 西洋文化(西洋 科學技術)에 對한 認

----

54) 前揭書, 卷二, pp.51~52 問答條. 前揭書「修信使日記」卷一, pp.122~123.
55) 申基碩, 『東洋外交史』, p.173(東國文化社. 서울, 1955).

識態度와 眼目의 限界性(後進性)을 그대로 나타내고 있는 것이라 할 것이다. 結局 全般的으로 볼 때 日本의 發展相을 「富國强兵」이라는 말로써 要約하였다고 볼 수밖에 없다는 것이다.

6. 對日認識과 그 意義

이상에서 近代化한 日本의 發展相이나, 國際情勢에 關한 問題에 對하여 視察, 聞見한 事項의 內容(樣相)을 金綺秀는 어느 程度의 認識과 批判의 所見을 가지고 結論을 내렸는가? 이러한 認識과 所見의 첫 觀察의 結論이 어떠한 結果를 가져오게 한 것이며 또 그 意義는 무엇인가를 살펴보겠다.

1) 認識과 所見

修信使 金綺秀의 使行의 使命이

　　修信者 講舊修好 敦申信義 辭命以導之 威儀以濟之 不激不隨 莊愼
　　自持 苟不辱君命 庶幾其可耳56)

이라 하였고, 그러기 때문에 처음 釜山浦에서 乘船하였을 때

　　船制諦視之 亦不可辭 況余持重 不可恣意探翫57)

이라 하였는데, 이 「莊愼」 「持重」이야 말로 그가 渡日하여 始終如一하게 가진 態度였다. 金綺秀 一行이 東京에 到着한 翌日 外務省을 禮訪하여 手交한 朝鮮國 「禮曹書契」에서 使行의 使命을

---

56) 前揭書, 「日東記游」 卷一, p.4 商略條.
57) 前揭書, 卷一, p.11 乘船條.

　　朝鮮國禮曹判書金尙鉉　呈書日本國外務卿閣下…准我聖上　深念舊好之
續修　特派禮曹參議金綺秀前往　庸寓回謝之義…

이라 하였고 또

　　朝鮮國禮曹參判李寅命　呈書日本國外務大丞閣下…今奉朝命　特派禮曹
參議金綺秀　以寓修謝之義…

이라 하였다. 또한 外務省「回書契」에서는

　　今以禮曹參議金氏　爲修信使　派遣本邦　續修舊好　倂寓向者我特命全權
辦理大臣前往貴國之回謝等之事項　具照領矣…明治九年六月十七日　大日
本國外務卿寺島宗則…

이라 하였고 또

　　…本年我辦理大臣　前往貴國　重修舊交　建立新盟　貴國亦速派遣信使
以寓修謝之意…明治九年六月十七日　大日本國外務大丞宮本小一…58)

이라 하였다. 그리고 金綺秀 自身이 懇談 席上 등에서 말한 것을 보
아도 역시

　　鄙人來時　只承命回謝春間貴价之行　以修舊信而己59)

이라 하였고 이어서 外務省 大丞 宮本小一이

　　遠涉滄溟　良亦勞止　休養幾日　可能從容相會也　余(金綺秀)曰　今番之
行　專爲回謝春間之禮修信之義　寔在乎義　實無他件公幹　則不得不遄歸

---

58) 前揭書, 卷四, pp.83~87 文事條－書契・回書契. 前揭 註 31) 參照.
59) 前揭書, 卷二, p.44 問答條. 前揭註 18) 參照.

而暫歇幾時 亦可得從容奉誨矣[60]

이라 하고 또

今此之行 奉我主上之命 直詣貴外務省 謝春間之體 以修舊信而己未聞有他省歷謁之命 則擅行他禮 鄙人之所不敢也」[61]

이라 하였고 또한

今此之行 奉我主上之命 直詣貴外務省 謝春間賷价之行而己 未聞有他省歷謁之命 則今此擅行他禮 鄙人之所不敢也[62]

이라 하였다. 그러므로

所以今番之行 只以修信爲重 一切遊學 欲待他日 此意須諒會焉[63]

이라 하고 또한

鄙人無才 實不可卒乍有得於遊賞之際矣

이라 하면서

今茲之行 奉命專對 以修兩國之好 行止之不可以不審愼也 威儀之不可以不矜持也 所以玩賞一事不可恣我 亦不可以徇彼 止於彼之再四邀請 不可恝然處 强而應之而已 亦惟其制度器械之間 苟然從事 故於樓觀市肆之勝 山川風景之賞 足到而目不到處 槩不能存一焉 [64]

---

60) 前揭書, 卷二, p.45 問答條. 前揭註 59) 參照.
61) 前揭書, 卷二, p.47 問答條.
62) 前揭書, 「修信使日記」卷一, p.114, p.116.
63) 前揭書, 「日東記游」卷二, p.51 問答條. 前揭書 「修信使日記」卷一, p.121.

이라고 하였다. 이러한 記錄으로 보아 알 수 있듯이 金綺秀 自身의 使行의 使命이 朝命을 받들어 韓日兩國의 國交를 修好하려는데 있으며, 「回謝의 뜻」으로 派遣되었기 때문에 行動擧止를 조심하지 않을 수 없으며 다만 修信하는 것으로써 重點을 삼고 一切 遊學關係는 뒷날로 미루고자 하오니 이 뜻을 양해하기 바란다든가, 自身은 본래 재주가 보잘 것 없어 遊賞을 하여도 얻을 것이 없고 玩賞하는 한 가지 일도 내 마음대로 할 수는 없고 또한 마지못하여 應할 뿐이라고 하면서, 日本에서 본 近代的인 諸施設에 對한 觀察을 『遊學』이니 『遊賞』이니 『遊覽』이니 『玩賞』이란 題目 下에 쓰고 있는 것으로도 그의 使行의 使命과 視察, 聞見事項의 內容을 認識하는 그의 態度는 짐작이 된다. 또한 金綺秀가 東京에 留宿하고 있는 宿泊所에 처음 들어간 날에 傳語官(通譯官)이

> 以小木牌四五十枚 綴以繩 面書館所在坊曲第號者來示之 謂我給隨行下隷人 一意恣意出入 藉此標 別可無迷路阻礙之弊云

이라 하였다. 그러나

> 余受而置之床頭 出館之日 擧以還之 塵滿牌 牌面之書 不可辨也[65]

이었다고 말하고 있다. 그리고 森山茂는 말하기를

> 旅館苦寂寂 何不出而游 少紓鬱懷也

이라 하거늘 그는 말하기를

> 鄙人性本習靜 實不知我苦心[66]

---

64) 前揭書,「日東記游」, 卷二, p.25 玩賞條. 前揭書「修信使日記」卷一, p.120.
65) 前揭書, 卷一, p.18 留館條.

이라고 對答하였던 것이다. 그러나 그는 單純히 이러한 消極的인 認識, 態度에만 그친 것이 아니었다. 그는 오히려

　　造船局發船之時　見船上立一人　似洋夷　未見其下而遽收纜擧碇　探知其直爲洋人　傳語護送官曰　此雖日本船　今日之役　專送我行　則我未下船之前　是我船也　我之船　何爲乎洋之人也　亟下之勿留也

이라 하니 護送官은 말하기를

　　良是良是　然此亦外務省　爲善信使　委送洋人者則至今進退　亦不得由我也　盖我人行此船　尙不及此人　每有遠行　資一洋人　受其指使然後萬全無一敗也　此行此人亦以此也　而信使之意　旣如此　第當飛報外務省　待其回示　當惟命也　到此始來言　外務省回文　今纔來到云　遂下洋人[67]

이라 하여 歸路 途中 船上에서 西洋人 機關士가 있는 것을 探知하고 抗議하여 下船시킨 것이라든지 또한 그는

　　近制之衣服宮室　皆洋制…吾且仰嘲可乎…前言戲耳[68]

이라 하여 日本人이 洋服 宮室이 모두 洋製인 것을 嘲弄하였다. 심지어 帝政 Russia의 南侵을 막기 위하여 富國强兵策을 쓸 것을 勸告하는 井上馨에게 그는

　　鄙國素規　非先王之言則不言　非先王之服則不服　一副傳守　且五百年今雖死耳亡耳　不願爲奇技淫巧　與人爭長[69]

---

66) 前揭書, 卷二, p.49 問答條.
67) 前揭書, 卷一, p.15 停泊條.
68) 前揭書, 卷二, p.48 問答條.
69) 前揭書, 卷二, p.51 問答條. 前揭註 54).

이라 하여 비록 죽고 亡하는 限이 있더라도 그에게는 過度한 淫巧를 만들어 남과 競爭하기를 願하지 않는다고 하였던 것이다. 그리하여 金綺秀가 前記 視察, 聞見한 事項의 樣相을

　　子之所不語也 吾不欲觀之矣이라 하고 이어서 曩之阻余遊者是 勸余遊者不是 而余不得從其是者 然則余之遊 其不是與 奇技淫巧 亦惟曰是將利用而厚生 利用厚生 學之可也 況觀之乎 則余之遊 其是與 余惟曰 彼之觀我遊 固不反道 而我之遊 無自我先而已也

이라고 하면서 高宗에게 올린 行中聞見別單의 末尾의 結論을 보면

　　況無技不巧 無藝不精 奪盡造化 無復餘地 外樣觀之 莫富莫强 如右所陳諸條而陰察其勢 亦不可謂長久之術是白齊[70]

이라 하는 것이었다. 이상과 같은 金綺秀의 消極的인 認識 態度, 近代科學文明을 奇技淫巧로 밖에 보지 않은 態度, 威嚴을 假裝하는 態度는 前記한 바와 같이 非但 金綺秀 한 사람만이 생각하는 態度는 아니었다. 이는 當時 朝鮮의 政情이 修好條約에 對한 不滿이 沸騰하여 物情이 騷然하는 輿論은 손쉽게 抑壓할 수 없는 形便이였으나, 高宗은 이를 抑壓하고 親히 修信使의 派遣을 決定할 程度이었고, 金綺秀 自身의 所述한 바 悲壯한 覺悟와 斷腸의 느낌을 表明, 吐露하고 있는 것이라든지, 그의 使行을 慰勞하고 餞送하는 人士들 中의 그에 對한 注意를 喚起한 內容[71]으로도 그의 這間의 事情을 짐작케 할 수 있다는 것이다. 그런데 山邊健太郎은 그의 著 『日韓倂合小史』 p44(岩波書店, 東京, 1966)에서 「이 修信使 一行이 國王(高宗-筆者註)이 希望한 日本의 制度文物의 視察은…國王이 期待한 것과 같은 使命을 充分히 完遂하지 못하여

---

70) 前揭書, 卷四, p.110 還朝條－附行中聞見別單, 同 卷四, p.103 文事條－附觀陸軍省精造局記. 前揭註 44) 參照.
71) 前揭, 註 26), 註 27) 參照.

第二回의 使節(庚辰 金弘集修信使－筆者註)을 派遣하게 된 것이다」라고 하였다. 그러나 이 修信使行은 그 性格上 計劃的인 新文明 視察을 目的으로 한 使行이 아니었으므로 廣範한 視察, 聞見이 不可能하였고, 物情詳探의 要求를 充足시키는 데는 限界가 있었던 것을 考慮하지 않으면 안 될 것이다. 뿐만 아니라 斷片的이나마 散在된 記錄을 보아 알수 있듯이 金綺秀 自身의 그 나름대로 認識의 所見이나 批判의 內容이極히 常識的인 것에 不過하였으나 그에 대한 識見이 엿보이기도 한다. 이와 같은 近化한 日本의 實情을 斷片的이나마 修信使 金綺秀의 復命에 의하여 高宗과 閔妃 그리고 戚臣과 朝臣들 中에는 開化와 詳探要求에 커다란 興味와 關心을 가지게 하였다는 點에서 高宗의 物情詳探의 要求에 加一層의 刺戟이 될 수 있을 것이다. 이를 契機로 日本에 對한 認識을 새롭게 하여 近代化한 日本의 開化 實情을 알아보기 위하여 第二次로 修信使 金弘集을 派遣한 것이지 修信使 金綺秀가 使命을 充分히 遂行하지 못하여 派遣한 것이라고는 볼 수 없을 것이다.

여기서 金綺秀의 消極的인 認識態度, 近代 科學技術文明을 奇技淫巧로 밖에 보지 않은 態度, 威嚴을 假裝하는 態度에 對하여 論者의 見解에 따라 論議의 餘地가 있다손 치더라도 이 修信使 一行이 歸國한 後부터 文明 開化가 무엇인가도 上下에 알리게 된 것이고 大國 또는 中華라고 일컬어 온 淸國의 文物 以外에도 놀랄만한 文化가 있고 施設이 있다는 것을 비로소 證言할 수 있었던 것이니 이 만큼이라도 認識을 하고 識見을 充足시킬 수 있었던 事實을 過少 評價는 할 수가 없다는 것이다.

2) 認識과 意義

그런데 前記한 바와 같은 修信使 金綺秀의 認識態度와 所見에 對하여 田保橋潔은 修信使 金綺秀의 使行의 意義를 「國步 艱難에 苦悶하던 半島(朝詳－筆者註)의 大臣卿宰는 修信使의 復命에 의하여 日本

의 開化가 理解되어 李太王(高宗－筆者註)과 그 左右의 新人이 國內
守舊派의 激烈한 反對를 排除하여 이로서 明治十七年(高宗 21年,
1884) 甲申政變에 미친 先驅를 이룬 바를 생각하면 修信使 金綺秀
및 首譯 李容肅은 그 幾多의 過失이 있었다고 하더라도 善使였다」[72]
고 한 것은 修信使의 「過失」을 認定하면서도 오히려 「善使」였다고
結論을 내리고 있다. 또한 申國柱는 修信使行의 意義를 「日本 要路에
直接 接近하여 日本의 國情이나 對韓策의 眞諦를 探索함에는 積極的
으로 努力하지 않고 日本 視察에서 얻은 그 聞見은 日本이 配置했던
對馬島人 韓語學生의 喉舌을 빌어서 알았으며 또 日本의 對韓政策에
對해서는 日本 外務省의 接待役인 通譯官에 의해서 그 情勢를 判斷
한 程度였다. 金綺秀 一行의 復命書 및 見聞記 中에서 日本은 이미
十七個國과 通商貿易을 하고 있으며, 이 日本의 富强策은 전혀 通商
때문이다라고 하여 朝鮮의 富强策도 日本과의 通商促進에 있다고 强
調했으며 또 隨員 李容肅 譯官은 日本 軍隊는 東京 陸海軍省의 養兵
및 地方을 合치면 六, 七十萬은 될 것이다 등의 報告는 얼마나 市井
雜話를 모아 報告했던가가 엿보인다. 이 修信使 一行 七十五名中, 日
本語를 解得하는 사람은 겨우 三名에 지나지 않았고 이와 같은 名單
으로 修信使의 任務를 十二分 遂行하기에는 전혀 無理였다. 該國의
말도 모르는 修信使 一行에 過大한 期待로써 日本 國情과 그 對韓政
策을 探索시키는 使命을 준 當時 朝鮮의 爲政者의 失策은 大端히 컸
다고 할 수 있다」고 하였고 이어서 「이에 對照的인 것은 日本이다.
日本은 이미 幕末부터 歐美列强에 의하여 不平等條約을 强要 당해서
充分히 그것을 體驗하였고 明治 初年부터 釜山의 日本公館을 通해서
直接 朝鮮 國內의 情勢를 探索하고 이에 따라 着着 朝鮮에 對한 進
出政策을 遂行하고 있었다. 이러한 日本 進出의 進出情勢下에서 修信
使 一行의 復命報告가 當時 對日認識이 不足한 朝鮮 政府의 對日政

---

72) 前揭書,「靑丘學叢」, pp.67~68.

策을 그르치게 한 것은 重大한 것이었다」고 하였다.

그리하여 「이 過程에서 朝鮮 政界는 分裂 抗爭하고 그 結果 朝鮮의 國威를 汚損하였으며 國益을 犧牲하는 不幸한 運命으로 引導하였던 것이다. 따라서 이 金修信使의 任務야말로 「惡使」라고 해도 過言은 아닐 것이다.」73)라고 하였는데 以上 兩氏의 見解는 當時 朝鮮의 政情에 對하여 認識이 不足하였다고 할 수밖에 없으며, 修信使行의 意義와 對日認識의 所見과 批評까지도 正確히 把握하였다고는 할 수 없다. 修信使 金綺秀의 使行은 「善使」도 「惡使」도 아니었다는 것이다.

前記한 바와 같이 單純한 「回謝」만이 아니었다 하더라도 計劃的인 新文明 視察을 目的으로 한 使行이 아니었으므로 그들의 見聞은 그 性格上 廣範한 視察이 不可能하였고 더욱 物情詳探 要求를 充足시키는데는 限界가 있었던 것을 考慮하지 않으면 안 될 것이다. 더욱이 開港을 前後하여 世界大勢 가운데서의 開國의 必要性을 認識하고 이를 支持하여 努力한 小數의 知識人의 開化運動의 性格과 意義74)에서 살펴보아도 兩氏의 見解에는 這間의 事情에 對하여 認識이 不足하였다고 할 수밖에 없다는 것이다.

이상 要컨대 當時 朝鮮의 爲政者들을 비롯하여 識者들의 思考方式이라든가 새로이 接하는 近代的인 日本의 開化文明, 나아가서 西洋文化에 對한 認識 態度와 眼目의 限界性에 비추어 金綺秀 自身의 主觀이나 批評보다는 視察 見聞한 事實을 記述한 程度이지만 이 만큼이라도 認識과 識見을 充足시킬 수 있었던 事實을 過小 評價할 수는 없다는 것이다. 이와 같은 修信使 金綺秀 一行의 復命書로서 高宗과 閔妃 그리고 戚臣과 朝臣들 中에는 開化에 커다란 興味와 關心을 가지게 하였다. 이를 契機로 日本에 對한 認識을 새롭게 하여 뒤에 開化 實情을 알

---

73) 申國柱, 「金修信使 一行의 渡日과 그 意義」(前揭書, 『近代朝鮮外交史』, pp.98~100).
74) 金義煥, 「우리나라의 開化運動攷」(『우리나라 近代化史論攷』, pp.123~135, 서울, 1964).

아보기 위하여 高宗十七年 庚辰年 第二次로 金弘集 修信使75)와 高宗
十八年 辛巳年 紳士遊覽團76)을 派遣하는 契機가 된 것도 事實이었다.
이러한 見解는 李相佰의「韓國近代化의 基本性格」, 千寬宇의「韓國近
代化의 諸 問題」에서도 表明되고 있다. 卽 李相佰은「韓國近代化의 基
本性格」에서「普通 歷史大家들은 大體로 李朝開國 485年 西紀 1876年
에 江華島에서 釜山 外 二港을 外國 通商地로 開放한다고 日本에게 約
束한 江華條約을 近代化의 契機로 들고 있는 것 같다」고 하고 그러므
로 나는「이 點에 特히 異論을 提起하지 않고 이 通論에 따라 우리나
라의 近代化過程과 그 近代化過程에 따르는 基本性格」을 解明한다고
말한 바 있는데 여기서 이 丙子修好條約을 通한 日本과의 接觸 卽 丙
子修信使 金綺秀使行의 意義를「近代化의 契機」임이 强調되어 있고77)
千寬宇는「韓國近代化의 諸 問題」에 對하여 장황한 論述을 展開하고
近代化의 起點(契機)이 될 可能性이 있는 時點으로「丙子修好條約, 高
宗十七~九年의 改革, 甲申政變, 甲午更張, 獨立協會運動, 乙巳保護條
約 前後 等에서 찾아보고 그러면 그중의 어느 곳에 一線을 그어야 하
느냐 하는 것은 아직 結論을 내릴만한 準備가 되어 있지 않고 다만 이
런 試論을 提起해 본데 그치고자 한다」고 하였는데 이에 의하면 李相
佰과 같은 見解인 修好條約과 關聯하여 修信使行의 意義를「그것이 곧
近代化는 아닐지언정 近代化의 契機가 되었다는 點에서 큰 意義를 갖

---

75) 庚辰年 第二次 修信使行과 그 意義에 關한 硏究로는, 李瑄根,「庚辰修信
使金弘集과 黃遵憲著 朝鮮策略에 關한 再檢討」(『東亞論叢(東亞大)』 第1
輯, pp.211~262, 釜山, 1963). 金時泰,「黃遵憲의 朝鮮策略이 韓末政局
에 끼친 影響」(『史叢(高麗大 文理大)』 第 8輯, pp.62~89, 서울, 1963).
拙稿,「黃遵憲의 朝鮮策略에 對한 檢討」(『大邱大論文集』 第3輯 pp.23
1~247, 大邱, 1962).

76) 紳士遊覽團에 關한 硏究로는 鄭玉子,「紳士遊覽團考」(『歷史學報』 第27輯,
pp.105~142, 서울, 1965).

77) 李相佰,「韓國近代化의 基本性格」(震檀學會 및 東亞文化硏究所 共同主
催 第一回 東洋學심포지움 速記錄, 韓國의 近代化問題, 『震檀學報』 第
23號, pp.195~200, 서울. 1962).

는다고 아니 할 수 없다고 말하였다.」78) 이상 兩氏가 近代化의 基本性
格과 近代化의 諸 問題를 解明하면서 丙子修好條約과 修信使行의 意義
를 近代化에 연결시키고 있다. 그러나 高柄翊은 이 丙子修好條約과 修
信使行의 意義를 「近代史」의 始點으로 설정하게는 할지언정 「近代化」
의 起點으로까지 位置 附與할 수 있게 하는가에는 의문이 없지 않다」
고 하고 이어서 「近代化라고 할 적에는 거기에는 主體的인 意識이 작
용해야 하는 것이며 近代的인 것을 지향해서 발전하려는 意慾이 나타
나는 현상이라야 한다. 그것이 政府 當局者들에 의해서이든 또는 在野
의 指導層에 의해서든지 또 아래로부터 올라오는 民衆의 慾求에서이든
간에 그것을 正當視하고 目標視하고 課題視하는 세력에 의한 움직임이
어야 한다. 이런 意識이 전연 결여되어 있을 적에 밖으로부터 강요된
條約 체결은 近代化에 있어서는 여러 계기 중의 하나의 계기 밖에 안
되는 것이며 그것도 순전한 外的 契機에 머무는 것이라고 해야 할 것
이다」라고 前提하고 「우리 역사상의 가능한 여러 起點, 氏가 言及한
丙子修好條約, 高宗 十七, 八, 九年의 對內外問題와 關聯된 몇 가지 改
革, 高宗 21年의 甲申政變, 東學亂이나 甲午更張, 獨立協會나 또 乙巳
條約 前後의 近代化 機運이나 그리고 三一運動 까지도 어느 하나도 단
절 없는 줄기찬 近代化 運動으로 持續되었다고 보기 어렵기 때문에 여
기에서 과연 起點을 어떻게 찾을 수 있을 것인가는 그것 자체가 문제
를 던지는 것이라 하겠다」79)라고 하여 結論을 내리고 있으면서도 「日
本과의 丙子條約을 이렇게 近代化의 契機라고 設定하는데 對해서 아직

78) 千寬宇, 「韓國近代化의 諸問題」(前揭書 pp.208~212). 이러한 見解는 同
　　氏가 「甲午更張과 近代化」(『思想界』 第9號, pp.8~39, 서울, 1954). 「내
　　가 보는 韓國史의 問題點들」(『思想界』 第117號, pp.236~242, 「또 무엇
　　이 問題인가」(『新東亞』 第24號, 韓國史의 論爭點, pp.207~214, 서울,
　　1966), 李相佰, 『韓國史－近世前期篇－』, pp.23~24(乙酉文化社, 서울
　　1964) 등에서도 表明되고 있다.
79) 高柄翊, 「近代化의 起點은 언제인가」(『新東亞』 第24號, 韓國史의 論爭
　　點, pp.154~159, 서울, 1966).

은 아무런 異論이나 反應은 없었던 것 같이 생각된다」하고 「사실 舊來의 朝鮮社會가 近代的인 國際條約으로서는 最初인 이 條約을 契機로 해서 近代的인 國際 갈등 속에 말려 들어가게 되고 通商貿易과 外交關係 樹立을 通하여 外國商品 外國人 外國文化와 접촉을 가지게 되며 이 것이 國民生活과 國家社會의 전반 면에 걸쳐서 重大한 變化를 점차로 가져오게 된다는 점에서 이 조약은 획기적인 일이라고 하지 않을 수 없다고」80)한 것이라든지 前記한 李相佰・千寬宇의 見解 卽 여기에서는 丙子修好條約을 통한 日本과의 接觸의 시작이 곧 朝鮮王朝로서는 「近代化의 새로운 道標를 찾게 된 것」이라고 하여 丙子修好條約에다가 획기적인 線이 그어져야 한다고 주장되고 있으며 이 條約이 「近代化의 契機」임이 强調되고 있고81) 千寬宇는 더 자세하게 「그것이 곧 近代化는 아닐지언정 近代化의 契機가 되었다는 點에서 큰 意義를 갖는다」 라고 하였고 이어서 「近代化의 起點으로 想定할 수 있는 前記한 몇 가지 史實이 勿論 밖으로부터 强要된 條約 締結은 近代化에 있어서는 여러 契機 中의 하나의 契機 밖에 안되는 것이며 그것도 순전한 外的 契機에 머무는 것이라고 하지만 모두 近代化를 위한 努力이고 運動이었으나 近代社會의 事實上 形成의 動力이 된 것은 丙子의 開國이라 아니할 수 없다.」82)라고 하였다.

또한 이러한 見解는 孫寶基에 의해서도 主張되고 있다. 卽

Once Korea had been opened by the Japanese, strict adherence to Confucianism ‒ a product of exclusive bureaucratic Yangban society ‒ had to wither away. and when the Japanese embraced western industrialization, their superiority over Korea was assured. Cultural transmission after this mission was from Japan to Korea, not in the reverse as formerly. China also lost its cultural superiority over Japan. Modern diplomatic relations had come

---

80) 前揭註, 79) 參照.
81) 前揭註, 77), 註 78) 參照.
82) 前揭註, 78), 註 79) 參照.

into being ; the old style exchange of missions in terms of confucian friendly relationship vanished from history. <u>The Turning point</u> in Korean-Japanese relations was not a simple one ; it provided the stimulus for the breakdown of the class structure of the Conservative Yangban society[83]

라고 하여, 朝鮮王朝가 日本에 의하여 門戶를 開放한 것이 近代化의 「Turning point」임이 强調되고 있다.

그리고 또한 朴性鳳에 의해서도 이러한 見解는 表明 되고 있다. 即 「이 무렵(19世紀 末葉) 以後 20世紀 初까지의 舊韓國對外關係의 歷史는 우리의 未熟한 事情으로 因하여 우리나라의 主體的인 外交의 歷史가 되기에 앞서 곧잘 列强의 侵略上 要式行爲의 歷史가 되었으며 대개 事後의 民族的 反抗運動 誘發의 歷史가 되었기 때문에 自主的인 近代化의 한 部分으로서 云謂되기조차 어려운 一面이 있는 것이다」라고 하면서도 「우리나라의 對外交涉史는 19世紀 末葉 近代 列强과 外交關係를 맺은 以後부터 새로운 局面에 접어든다. 그것은 非但 對外史만이 아니라 韓國史 全般에 있어서도 흔히 時代區分의 基準이 될 만큼 重要한 歷史的 轉換을 가져오기 始作한 것이었다.」[84]라고 하였다. 要는 近代化라는 槪念을 어떻게 잡고 무엇을 標準으로 하느냐에 따라서 意見이 얼마든지 다를 수 있지만[85] 丙子修好條約으로 因한 門

83) 앞의 글, 『The Opening of Korea: A Conflict of Traditions』(Transactions of the Korea Branch of the Royal Asiatic Society 36, pp.127~128).

84) 朴性鳳, 「舊韓國對外關係資料의 整備와 그 問題點」(『慶熙史學』, 第1輯, p.132, 서울, 1967).

85) 近代化의 槪念에 關한 硏究로는 李海英의 「Levy의 中國社會觀—그 近代化의 問題와 關聯해서 (乙酉文化社, 『李相佰博士回甲紀念論叢』, pp.587~607, 서울, 1964), 梁秉祐, 「近代化의 槪念」(『歷史學報』 第33輯, pp.81~97, 서울, 1967), 그리고 1965年 6月 28日~7月 3日 사이에 高麗大學校 創立 60周年 記念을 맞이하여 同校 亞細亞問題研究所 主催로 「Asia에 있어서의 近代化 問題」라는 國際學術會를 갖고 近代化 問題가 오늘날 Asia 諸民族의 共通간 觀心事이기 때문에 Asia의 後進國으로서 世界 여러 先進民族이

戶의 開放과 修信使 金綺秀의 使行은 韓國史에 있어서 時代區分의 基準이 될 만큼[86] 重要한 歷史的 轉換을 가져오기 始作한 것이었다. 이로써 世界의 進運에 盲目이었던 朝鮮王朝가 外勢의 强要에 의하였다고는 하나 비로소 外界에 張目하게 되는 한 契機가 된 것은 否認할 수가 없을 것이다.

7. 結 言

이상에서 疏漏하나마 考察하여 온 小論은 朝鮮王朝가 丙子修好條約에 따른 回謝의 뜻으로 近代的인 外交 使節로서 金綺秀를 最初로 派遣하였는데, 物情詳探을 위한 具體的인 計劃의 實行에는 아직 時間을 要하고 있었지마는 修信使의 派遣이 單純한 回謝만이 아니었음은 修信使 金綺秀의 復命時에 高宗의 詳探彼中之物情의 欲求는 條約 締結 後 申櫶의 啓言으로도 緊切하여 지고 있었다. 그러나 그것은 그 性格上 廣範한 視察, 聞見이 不可能하였고 또한 修信使의 認識態度와 所見에서도 詳探의 要求를 充足시키는데는 限界가 있었던 것이다. 그리고

걸어온 各樣各色의 近代化過程과 앞으로 Asia 各國의 志向해야 할 方向을 歷史的 및 理論的으로 分析 比較, 硏究하여 보다 적은 희생으로 보다 짧은 時日 內에 近代化를 이룩할 수 있는 길을 모색해 보려고 한 것, 金俊燁, 「Asia에 있어서의 近代化問題」－國際學術會議를 마치고－(『思想界』 通卷 151卷, pp.158～163, 서울, 1965) 등이 있다.

86) 1860年代를 내세우는 李瑄根博士의 所論 即 「近代化의 起點에 對하여」－韓國近代史硏究의 方向－(新人間社, 『新人間』 7月號(通卷 256卷), pp.46～51, 서울, 1968), 「韓國最近世에 있어서의 思想界의 變遷」(亞細亞學術硏究會, 『亞細亞學報』 第5輯(東洋思想 特輯號), pp.74～87, 서울, 1968), 「朴齊炯의 近世朝鮮政鑑과 大院君時代硏究의 再檢討」(『芝陽申基碩博士華甲記念學術論文集』, pp.21～32, 1968)와 韓國經濟史學會主催 討論 「韓國史의 時代區分」(『新東亞』 第47號, pp.346～374, 서울, 1968) 등에서 몇몇 다른 主張의 見解가 있었지만 이미 앞에서 言及한 諸論著의 見解와 오늘날 많은 韓國史의 槪說書, 時代區分論儀(1965年 文敎部主催 國史敎育專門委員會에서 決議한 統一案)에서는 學皆가 여기에 屬하고 있다.

修信使 一行의 視察, 聞見事項의 內容은 常識的인 것에 不過하였으나 그에 對한 識見이 近代化한 日本의 實情을 斷片的이나마 金綺秀의 復命에 의하여 高宗과 閔妃 그리고 戚臣과 朝臣들 中에는 開化와 詳探 要求에 커다란 興味와 關心을 가지게 하였다는 點에서 高宗의 詳探要求에 加一層의 刺戟이 될 수 있었을 것이다. 이를 契機로 日本에 對한 認識을 새롭게 하여 日本의 開化實情을 알아보기 위하여 第二次 庚辰年 修信使 金弘集의 使行에 의하여 高宗이나 政府 要路의 思考에 變革의 契機가 되고 이리하여 開化實情을 알아보기 위한 物情詳探이라는 時代的 要請에 따른 自體內의 自覺에서(勿論 對日關係에서 刺戟은 받았지만) 이루어진 辛巳年 紳士遊覽團을 派遣하는 契機가 된 것도 事實인 것을 미루어 알 수 있는 것이다. 이로써 世界의 進運에 盲目이었던 朝鮮王朝가 外勢의 强要에 의하였다고는 하나 비로소 外界에 張目하게 되는 한 契機가 된 것은 否認할 수가 없을 것이다.

II. 對日修好와 丙子修信使行考 追補

1. 序　言

　　拙稿「丙子修信使 金綺秀使行考」[1]에서 丙子修好 交涉後의 對內外 (韓. 日)關係와 그 意義 및 影響에 對한 이들 一連의 問題에 關하여서 先學의 硏究(本文 3. 硏究業績管見)를 參照하면서 論題와 關聯된 韓國側 基本史料인 『日東記游』에 나타난 關係記錄을 分析 檢討하여 考究한 바 있으나 筆者의 寡聞으로 이에 關한 日本側 基本史料인 『航韓必携』(本文 2. 航韓必携의 內容解說)를 直接 引用치 못하고 故 田保橋潔의 論考(本文 3. 旣發表된 硏究業績管見)에서 間接的으로 關係事項을 參照하였던 바 그 후(1970. 12) 『航韓必携』 18卷 (18卷 18冊) 이 釜山市立圖書館에 所藏되어 있다는 것과 이 所藏本이 唯一한 原本이라는 것을 金義煥 敎授에 의하여 알게 되어 關係記錄을 『日東記游』와 對比하였던 바 이로써 金綺秀使行의 顚末이 모다 仔細하게 들어나게 되었으므로 이에 論文의 均衡에는 不調和를 이루는 一面도

---

1) 拙稿,「丙子修信使 金綺秀使行考」,『大丘史學』第1輯, pp.63～98(大丘史學會, 螢雪出版社, 大邱, 1969. 7).

있지마는 前稿에서 疏漏하여 繹然치 않았던 몇 가지 點을 添加해서 追補해 보려고 하며, 아울러서 「資料篇」에 本稿의 引用 基本史料 중에 核心을 이루는 航韓必携(卷之一~券之九) 原文을 收錄하는 바이다.

2. 航韓必携의 內容解說

이 航韓必携(以下, 本書라고도 하였음)가 編述된 經緯이라던가 그 史料的 價値에 對한 評價는 이미 金義煥 敎授에 의하여 言及[2]된 바 있으나 金敎授의 所論에서 未盡하였던 것을 筆者는 書誌的인 解說과 收錄內容을 中心으로 그 一端을 添加해 보기로 한다.

1) 書誌的 解說

本書의 冊크기(冊大)는 縱橫 26.3×18.1cm(糎)이고 表紙는 橫線 紋樣이든 日本紙(和紙)이다. 本書의 冊名은 表題와 內題가 있는데 表題(表紙 左上側)는 「航韓必携 一 二 三…」이라 되어 있고 內題(第一面右上側: 卷之一만은 凡例 總標目(卷之一~卷之十八) 다음에 있음)는 「航韓必携 卷之一 卷之二 卷之三…」이라 되어 있으며 表紙에는 表題外에 表紙 上中에 每卷 目次에 該當되는 것이라고 할 수 있는 內容이 있고 內題가 있는 第一面에는 內題外에 「標目」(卷之一만은 凡例 總標目 다음에 標目이 있음)이라는 것이 있는데, 이는 本書 每卷의 目次에 該當된다고 볼 수 있다. 本書의 用紙(紙質)는 美濃紙(和紙)이며 이에 罫綜 10行이 있고 版心에는 「外務省」이란 3字가 印刷되어 있다. 本書의 書體(字體)는 毛筆로 筆寫한 日本文字의 楷書로서 精密하게 쓰여져 있고 一面이 10行 1行이 200字씩 記入되어 있어 一面의 字數가 200字 原稿紙와 一致된다고 볼 수 있다. 本書의 總冊卷數는 十八

2) 金義煥, 『圖書解題』, pp.179~18l(釜山市立圖書館所藏貴重本, 同館, 釜山, 1969 8. 25).

卷十八冊이며 每卷의 張數는 大略 40枚 內外이다. 또한 本書의 所藏 經緯를 밝힐 수 있는 參考事項을 本書에 捺印된 印章의 考察을 通해 서 본다면 本書 每卷 第一面 標目 右上(卷之一만은 凡例 右上)에 있 는 圓形印과 左上에 있는 角形印은 모두 朱色印章으로 捺印되어 있 는데 圓形印은 『大日本管理之官章駐釜山』이라는 그 中心部에 『菊花 紋』이 들어 있는 것을 보면 本書는 그 후 줄곧 駐釜山日本領事館에 所藏되어 있었음을 알 수 있다. 『釜山府立圖書館藏書』라는 글자가 들 어 있는 角形印은 後記하는 바와 같이 釜山府立圖書館에 移管된 후 에 捺印된 것이라 볼 수 있다. 그리고 本書 每卷 第一面 標目 右下側 欄外(卷之一만은 역시 凡例 右下側 欄外)에 있는 靑色고무印으로『昭 和十一年十月二十日釜山府會計ヨリ引繼』라고 捺印되어 있는 것을 보 면 역시 日帝侵略에 의한 韓國强占(所謂 1910年 韓日合邦) 후에는 釜 山府(現 釜山直轄市)에서 保管하고 있다가 1936年(昭和 11) 10月 20 日 釜山府立圖書館(現釜山市立圖書館)으로 移管되었음을 알 수 있다. 本書 每卷 第一面 標目과 表題사이에 揷入된 間紙(白紙) 中上에 靑色 楕圓形으로 된 두個의 印章이 捺印되어 있는데, 이 印章中 左便의 印 章에 『釜山府立圖書館, 圖書登錄番號』라는 그 中心部에는 『昭 12. 4. 1和』이라는 本書登錄日字와 『8719(卷之一)~8736(卷之十八)』이라는 本書 登錄番號가 들어 있는 것을 보면 1936年 10月20日에 釜山府에 서 移管된 후 1937年(昭和 12) 4月 1日에 釜山府立圖書館 圖書台帳 에 正式으로 登錄되었음을 알 수 있고 이때 前記한 本書 第一面 右上 에 있는 角形印章이 捺印된 것이라 볼 수 있다. 前記한 右便의 印章 에는 『釜山市立圖書館, 圖書登錄番號』라는 그 中心部에는 『65年 12 月 18日』이라는 登錄日字와 『100878(卷之一)~100895(卷之十八)』라 는 登錄番號가 들어 있는 것을 미루어 보면 1965年 12月 18日 現 釜 山市立圖書館所藏 貴重本圖書台帳에 再登錄된 것을 알 수 있다.

2) 收錄內容

前稿에서 本書의 間接的인 引用이나마 關係事項의 記錄의 內容이 言及되어 여기서는 本書가 編輯, 編纂한 動機 目的이 어디에 있었으며, 그 收錄된 內容은 어떠한 것이었던가를 本書의 凡例文과 總標目을 通해서 全般的인 面에서 一瞥해 보는데 그치고자 한다. 먼저 本書 卷之一의 凡例文을 보면 다음과 같다.

凡 例

『今玆 明治九年五月 朝鮮ノ 修信使 禮曹參議 金綺秀以下ノ 各員來朝土宜ヲ 獻シテ

天皇陛下ニ 謁シ奉リ

龍頭ヲ 拜ス

叡感 斜ナラス 特別

寵遇ヲ 蒙リ 院省寮廳回覽ヲモ 許サレ 數日滯京 本國ニ 歸航ス 爾後勅シテ 外務大丞 宮本小一ヲ 理事官ト 爲シ 韓國ニ 發遣セラル 因テ 一時 携帶ノ 爲 此書ヲ 編纂ス 解纜切迫 夜ヲ日ニ繼キ 來朝 記錄數部ヲ 點檢シ 其樞要ヲ 抄錄 漸ク 稿ヲ脫スルニ 至リ 督促 嚴密再校ノ 餘暇ナケレハ 誤謬 必ラス 多タルベシ 信使滯京中 筆譚ヲ 載セシハ 締盟國名及公使 領事ノ 列名 公私雇外國人員等ノ 事アレハナリ

皇韓修好條規 本省職制事務章程等モ 編載シテ 滯韓ノ中 供ス

朝鮮(使鮮, 本書 券之十六 使鮮日記 참조)日記 竹島顚末 琉球封藩事略 殊號事略等セ 一帙中ニ 修メテ 一部中トス,

明治九年六月

外務大錄 坂田諸遠 輯』

이라고 하였는데, 要컨데 金綺秀가 丙子修好條約 締結후 修信使로 渡日한 것을 契機로 日本은 外務大丞 宮本小一을 理事官으로 하여 韓國으로 派遣하게 될 때 對韓政策 遂行에 參考로 하기 위해 携帶用으로 編纂한 것이다. 日本 外務省의 命令으로 編輯되었는데, 編輯責

任은 당시 外務省 外務大錄인 坂田諸遠이었다. 時日의 餘裕가 없어 大端히 早急히 編纂된 것도 아울러 알 수 있는 것이다.

이 같은 編輯, 編纂한 動機와 目的을 가진 本書의 收錄內容을 總標目 卽 總目次(本書 卷之一)에서 보면 다음과 같다.

總 標 目

卷之一

  ○ 修信使前報　○ 前報上申　　○ 迎艦上申　○ 艦內規則

  ○ 示註違罪目　○ 信使同伴指令　○ 旅館上申

卷之二

  ○ 着京上申　○ 信使一行列名　○ 迎官復命　○ 迎引次第

  ○ 迎官心得　○ 旅館分課

卷之三

  ○ 參內順路　○ 內謁見式　○ 獻品　○ 賜品　○ 舞樂

  ○ 省寮拜觀　○ 遊覽箇處3)

卷之四

  ○　贈品受否申議 ○ 贈品 ○ 謝品

卷之五

  ○ 禮曹判書往復　○ 禮曹參判往復　○ 信使往復　○ 理事官辭令

  ○ 理事官發遣告知

卷之六

  ○　筆譚－締盟國名　各國公使領事列名　開港開市場　奧羽巡狩還幸之期4) 德川氏之近狀5) 公私雇外國人員

卷之七

  ○ 信使滯京日記 乾

---

3) 『航韓必携』卷之三, 表題(表紙) 目次에는 「遊覽箇所」이라 되어 있다.
4) 『航韓必携』卷之六, 內容에는 「奧羽行幸還御之期」이라 되어 있다.
5) 前揭書, 內容에는 역시 「德川近狀」이라 되어 있다.

卷之八
　　○ 同　坤
卷之九
　　○ 日本朝鮮修好條規　　○ 本省職制及事務章程　　○ 草梁公信
　　○ 測量心得
卷之十
　　○ 韓洋戰爭
卷之十一
　　○ 隣好斷續 乾
卷之十二
　　○ 同　坤
卷之十三
　　○ 竹島顚末　○ 同 通航一覽抄錄　○ 日光參詣
卷之十四
　　○ 琉球封藩事畧 乾
卷之十五
　　○同　坤
卷之十六
　　○ 使鮮日記 乾
卷之十七
　　○同　坤
卷之十八
　　○殊號事畧

위에서 본 本書의 編輯, 編纂한 動機와 目的, 收錄된 內容으로써 本書 18卷은 丙子修好交涉(1876) 前後의 韓日關係史의 日本側 基本史料가 된다는 것을 알 수 있다. 本書 18卷 中 더욱이 卷之一에서 卷之九까지는 丙子修好交涉後의 修信使로 派遣되었던 金綺秀使行에 關

한 直接的인 關係事項의 記錄이라는 것을 알 수 있다. 本稿에서도 이 卷之一에서 卷之九까지의 關係記錄의 몇 部分을 主로 引用하여 追補하고 있다는 것이다.

3. 旣研究業績 管見

前稿에서 丙子修好 交涉後의 對內外關係와 그 意義 및 影響에 對한 이들 一連의 問題에 關한 先學의 研究業績6)의 그 論題名만을 紹介한 바 있었는데 本稿에서는 그 論題名中 航韓必携의 關係事項의 記錄을 引用한 論題에 限定시켜 그 論旨에 對한 未盡하였던 部分을 좀 더 言及해 보고자 한다.

1933年 故 田保橋潔는 日本 帝國學士院 補助費로써 靑丘學叢 第13號(同誌, pp.38~68, 서울刊)에서 「丙子修信使と その意義」이라 題하여 修信使의 起原, 修信使의 發遣, 修信使의 公的任務, 修信使의 文化的任務, 結語의 內容順으로 된 이 論考에 對한 論旨의 歪曲矛盾된 見解는 前稿에서 言及하였는데, 이는 同氏의 後日(1940) 成冊한 「近代日鮮關系의 研究」(上·下卷, 서울刊)中 「丙子修信使의 日本差遣」(同書, 上卷, pp.557~578)의 一節을 形成하였다.

1933年에서 1937年에 걸쳐 當時 釜山府의 經費로 釜山府立圖書館 內에 釜山府史編纂室을 마련하여 前 京城帝國大學(現 서울大學校) 敎授 小田省吾의 監修下에 都甲玄卿이란 者가 編纂한 「釜山府史原稿」7) 中 第5冊 10卷 所收 「開港編(後期)」에서도 本史料 航韓必携의 關係事項의 記錄을 引用하여 釜山 開港前後의 樣相이나 韓日間의 對外關係에서 나타난 새로운 局面의 諸關係를 究明한 것 같이 보이나 이는 오히려 內容的으로 歪曲된 矛盾點을 적지 않게 內包하고 있어 우리의 立

---

6) 前揭 拙稿, 「丙子修信使 金綺秀使行考」, 『大丘史學』 第1輯, p.64 註 2) 參照.
7) 이 「釜山府史原稿」은 6冊 14卷으로 된 프린트版의 日本文의 原稿인데 現在 釜山市立圖書館에 全帙이 所藏되어 있다.

場으로서는 肯定치 못할 여러 가지 더 考究하여야 할 問題點을 남긴
채 解放을 맞이하였다. 이러한 問題點에 着眼하여 우리 측의 基本史
料인 「日東記游」의 關係事項의 記錄을 引用하여 前記한 日本人들이
引用한 論文과 著書(主로 田保橋潔의 硏究)에서 航韓必携의 原史料를
間接的으로 조심성 있게 再引用, 參照하면서 問題點을 把握 하려고
하였다. 前記한 바와 같은 歪曲, 矛盾된 見解를 正確하게 把握하기 위
한 作業이 우리 측에 의하여 企圖되었다. 卽 1960年 孫寶基 博士에
의하여 Royal Asiatic Society Vol. XXXVI(同誌 pp.101~128, 서울,
「The Opening of Korea: A Conflict of Traditions」와 1961年 李瑄
根 博士의 韓國史-最近世篇-(同書, pp.401~406, 震檀學會, 乙酉文
化社, 서울)에서 「修交後의 韓日關係와 그 影響」 및 1965年 申國柱
博士의 近代朝鮮外交史(同書, pp.83~102, 通文館, 서울)에서 金修信
使 一行의 渡日과 그 意義」 등 論文과 著書에서는 이와 같은 問題點
에 關한 本質的인 要因의 焦點을 把握하려는 接近에 對한 硏究로서
는 높이 評價할 만하다는 것도 前稿에서 言及하였다. 그러나 原史料
를 間接的으로 再引用한데서 오는 不可避한 限界點은 再論되어야 할
問題點을 남기고 있었다.8) 이 밖에 本稿와는 直接的인 關係를 가진
것은 아니기는 하나 1966年 金義煥 敎授가 「朝鮮對日交涉史硏究」(通
文館, 서울)에서 우리측 立場에서 본 論考에서는 처음으로 航韓必携
의 原本을 直接 引用하여 그 論旨에서의 問題點을 把握할려고 하였
다. 그러나 前 拙稿를 脫稿할 때까지는 金敎授의 著書는 미처 알지
못하였다. 1969年 筆者가 大丘史學 第1輯(同誌, pp.63~89)에서 「丙
子修信使 金綺秀使行考」이라 題하여 前記한 論文과 著書를 參照하면
서 金綺秀使行의 直接的인 關係記錄인 日東記游를 中心으로 檢討하

---

8) 前揭 拙稿 「丙子修信使 金綺秀使行考」, 『大丘史學』 第1輯에서도 『航韓
 必携』의 原史料에 의하여 釋然치 않았던 關係事項의 記錄이 좀더 仔細
 히 드러나게 되어 未盡하였던 部分을 本稿에서 若干 追補해 보려고 한
 것도 이 같은 問題點 때문인 것이다.

여 對日修好와 修信使의 派遣經緯, 使行의 編成과 旅程, 視察事項과 日本측의 態度 및 接見을 言及하고 나아가서 近代化(開化)한 日本의 發展相을 보고 어떤 認識 態度를 가지고 結論을 내렸는가 이러한 認識態度와 所見의 近代的인 日本에 對한 첫 觀察이 우리에게 어떤 結果(意義)를 가져오게 한 것인가 등의 問題를 中心으로 考察하였는데, 要컨데 修信使 金綺秀의 使行은 朝鮮朝가 丙子修好條約에 의하여 回謝의 뜻으로 近代的인 外交使節로서는 처음으로 派遣되었는데, 物情詳探을 위한 具體的인 計劃의 實行에 의한 派使에는 아직 時間을 要하고 있었지마는 修信使의 派遣이 單純한 回謝만이 아니었음은 金綺秀의 復命時에 高宗의 詳探彼物情의 慾求는 條約 締結 後 申櫶의 啓言으로도 緊切하여지고 있었다. 그러나 그것은 그 性格上 廣範한 視察, 聞見이 不能하였고 또한 金綺秀의 認識態度와 所見에서도 詳探의 要求를 充足시키는데 限界가 있었던 것이다. 그러면서도 修信使 一行의 視察聞見事項의 內容은 常識的인 것에 不過하였으나 그에 對한 識見이 近代化한 日本의 實情을 斷片的이나마 金綺秀의 復命에 의하여 高宗과 閔妃 그리고 戚臣과 朝臣들 中에는 開化와 詳探要求에 커다란 興味와 關心을 가지게 하였다는 點에서 高宗의 詳探要求에 加一層의 刺戟이 될 수 있을 것이다. 이를 契機로 日本에 對한 認識을 새롭게 하여 日本의 近代化한 實情을 알아보기 위하여 第二次 庚辰年 修信使 金弘集의 使行에 의하여 高宗이나 政府 要路의 思考에 變革의 契機가 되고 그리하여 開化=近代의 實情을 알아보기 위한 物情詳探이라는 時代的 要請에 따른 自體內의 自覺에서 이루어진 辛巳年 紳士遊覽團을 派遣하는 契機가 된 것도 事實인 것을 미루어 알 수 있는 것이다. 이로써 世界의 進運에 盲目이었던 朝鮮朝가 外勢의 强要에 의하였다고는 하나 비로소 外界에 張目하게 되는 한 契機가 된 것은 否認할 수가 없을 것이다라고 하였다.

4. 使行의 隨員과 渡日滯留日程

前稿 3. 使行의 編成과 旅程에서 修信使 一行은 修信使 金綺秀를 비롯하여 同隨員이 總 75名이라고 한 바 있었다. 그러나 航韓必携 卷之一,『信使前報』에 丙子三月十五日字 訓導 玄昔運「條陳書」內容을 보면「一行人員爲八十人」이라 한 그 人員은 다음과 같다.

修信使禮曹參義	金 綺 秀	正三品
別遣堂上嘉善大夫	玄 昔 運	上上官
上判事前參奉	玄 濟 舜	上官
副司勇	高 永 喜	上官
別遣堂上嘉義大夫	李 容 肅	上上官
書寫官副司果	朴 永 善	上官
畫員司果	金 鏞 元	上官
軍官前郎廳	金 汶 植	上官
前判官	吳 顯 耇	上官
伴倘副司果	安 光 默	上官
前郎廳	金 相 弼	上官
書記 二人上官		
中官 四十九名		
下官 十八名		

그리고 航韓必携 卷之二,『信使一行列名』에 나타난 修信使 一行의 名單은 다음과 같다.

朝鮮國修使一行姓名[9]

修信使禮曹參議	金綺秀	正三品
別遣堂上嘉善大夫	玄昔運	上上官
上判事前參奉	玄濟舜	上官
副司勇	高永嘉[10]	同
別遣漢學堂上嘉義大夫	李容肅	上上官
書記副司果	朴永善	上官
畵員司果	金鏞元	同
軍官前郎廳	金汶植	同
前判官	吳顯耉	同
伴倘副司果	安光默	同
前郎廳	金尙弻[11]	同
禮單直	廬命大	次官
使好子	漢金[12]	中官
	漢甲	同
一行好子十一名	列名末リ見エタリ	
卿書記[13]	金漢奎	次官
	邊宅浩	同
	姜益洙	同
通引	洪致肇	中官
	朴永浩	同

---

9) 朝鮮國修使一行姓名은 『航韓必携』의 文脈上으로 봐서 修使는 誤字인 것 같고 修信使로 생각된다.

10) 高永嘉는 『航韓必携』 卷之一, 信使前報에서는 高永喜, 「日東記遊」 卷一, 『修信使記錄』,(國史編纂委員會, 1958) 隨率條에서도 高永喜로 되어 있는데, 이 兩書를 對比해 보면 高永嘉는 高永喜로 생각됨.

11) 金尙弻은 前揭書 『航韓必携』 卷之一에서는 金尙弼, 「日東記游」 卷一 역시 金尙弼로 되어 있어 이는 역시 金尙弼이 漢字이고 金相弼로 생각됨.

12) 使好子 漢金은 前揭書 「日東記游」 卷一에서는 漢釗라 되어 있음.

13) 卿書記는 前揭書, 「日東記游」 卷 一에서는 東萊府所定 鄕書記로 되어 있을 뿐 아니라 여기에서는 卿書記가 誤字이고 鄕書記로 생각된다.

小童	朴 文 燦	同
	李 章 昊14)	同
通事	金 福 奎	同
	金 應 祺	同
	朴 淇 宗	同
	金 采 吉	同
及唱奴	得 尹	
	今 石	
刀尺奴	章 五	
	敬 五	
日傘直奴	鶴 尹	
節鉞手	朴 日 成	
	趙 文 哲	
巡令手	陳 業 伊	
	朴 正 奉	
喇叭手	朴 化 俊	
	梁 致 雨	
後陪使令	奎 以 宗	
	金 明 植	
	朴 用 安	
	姜 光 玄	
乾粮馬徒	金 弘 基	
廚房使嗅	方 成 玉	
	朴 同 伊	
	李 宗 伊	
	金 大 業	
	宋 萬 宗	
	尹 桂 安	

14) 李章昊는 前揭書, 「日東記游」 卷一에서는 李章浩라 되어 있다.

	金 性 信
熟牛15)	朴 永 五
樂工	李 云 伊
	朴 俠 伊
	柳 尙 用
	陣 長 命
	李 鐘 明
	金 弗 伊
轎軍十名	金 道 明
	徐 啓 化
	邊 永 執
	金 光 甫
	金 士 賢
	金 德 伊
	洪 聖 洛
	李 平 心
	趙 元 默
	朴 孫 儉
一行好子十一名	韓 仲 錄
	劉 永 出
	雀 孫 伊16)
	張 漌 吉
	張 漢 五
	李 吉 伊
	金 景 石
	李 福 伊

15) 熟牛는 前揭書,「日東記游」卷一에서는 熟手로 되어 있을 뿐만 아니라
　　여기에서는 熟牛가 誤字이고 熟手로 생각된다.
16) 雀孫伊는 崔孫伊 誤字인 것 같이 생각된다.

洪 昔 伊
倉 順 得[17]
金 順 得

위에서 본 바와 같은 航韓必携 卷之一, 信使前報의 條陳書에서는 修
信使 一行의 渡日에 앞서 豫定된 一行의 人員 卽 修信使 金綺秀를
비롯한 同 隨員이 80名이라는 것을 말한 것이고, 航韓必携 卷之二,
信使一行列名의 朝鮮國修使一行姓名에서는 實際로 渡日한 修信使一
行의 名單이라는 것을 알 수 있다. 이 名單이 보다 仔細하고 修信使
金綺秀를 비롯한 同 隨員이 總 76名이라는 것도 알 수 있다. 이같이
仔細한 內容을 가지고 있는 航韓必携 역시 앞서 본 航韓必携 卷之
一, 凡例에서「督促 嚴密再校ノ 餘暇ナケレハ 誤謬必ラス 多タルベ
シ」라고 한 바와 같이 携韓必携 卷之二,「信使一行列名」에서도 誤字
가 적지 않다는 것은 앞에서 指摘한 바와 같다. 따라서 前稿에서 日
東記游 卷一, 隨率條와 田保橋潔의 前記 論考[18])에서의 間接的인 原
史料의 再引用에서 論證한 推論을 訂正하는 바이다. 이는 田保橋潔
의 前記 論考에서 修信使 一行에 대해서 中下官 以下의 姓名은 省略
하였을 뿐만 아니라 實際로 航韓必携 卷之二, 信使一行列名의 朝鮮
國修使一行姓名을 引用하고 航韓必携 卷之一, 信使前報의 條陳書는
參酌하는 程度에 끝이고 있으면서도 그 引用脚註 10에서는 航韓必
携 卷之一로 註解한 것은 原史料 引用에 있어서 愼重을 기하지 못하
여 間接的인 原史料 再引用에 있어서 誤謬를 犯하게 하는 結果를 가

---

17) 倉順得은 金順得인 것 같이 생각되나 다음에 金順得이란 同一名이 나
    오므로 그렇게 생각하면 同一名이 2名이 될 것이고, 同一名이 重複되
    었다고 생각하면 一行奴子 十一名의 人員數가 맞지를 않아서 筆者로서
    는 後考를 要한다.

18) 前揭 拙稿,「丙子修信使 金綺秀使行考」,『大丘史學』第1輯, p.75 註 28).
    前揭書,「日東記游」卷一, pp.2～3 隨率條, 前揭書,「日東記游」卷一,
    pp.2～3 隨率條, 前揭書,『青丘學叢』pp.47～49 參照로 脫字된 것을 訂
    正한다.

져오게 한 것이라 볼 수 있다. 또한 渡日旅程 역시 前稿에서 前記한 日東記游 卷一, 歇宿條(同書 pp.7~10)를 引用하여 修信使 一行이 丙子(1876) 4月 29日 乘船釜山浦하여 5月 7日 橫濱入港 同日 東京 到着일로부터 5月 27日[19] 東京을 떠날 때까지 20日間 滯留하였다가 閏 5月 7日 還泊釜山浦 때까지의 日程을 言及한 바 있었다. 여기에 該當하는 日本側 基本史料는 航韓必携 卷之七, 信使滯京日記 乾과 航韓必携 卷之八, 信使滯京日記 坤인데 이 航韓必携 卷之七, 信使滯京日記 乾은 修信使 一行이 橫濱入港 前日인 同年 陽曆 5月 28(陰曆 5月 6日)로부터 6月 8日까지의 日程과 航韓必携 卷之八, 信使滯京日記 坤은 6月 9日로부터 6月 25日 修信使 一行이 馬關 出港 때까지의 日程을 記錄한 內容으로서 우리측 基本史料인 日東記游보다 더욱 仔細하게 收錄되어 있고, 日東記游가 太陰曆으로 記錄되어 있는데 對하여 이 信使滯京日記는 太陽曆[20]으로 記錄되어 있을 뿐만 아니라 이 信使滯京日記의 內容을 一瞥해 봐도 여기에서 于先 計劃的인 日本의 Schedule에 의한 修信使의 招待外交의 全貌를 볼 수 있다. (資料編: 航韓必携 卷之七 信使滯京日記 乾과 航韓必携 卷之八 信使滯京日記 坤 本文 參照)

5. 使行의 聞見記類에 나타난 見聞事項

前稿 4. 視察事項과 日本側의 態度에서 修信使一行이 渡日 滯留日程에 있어서의 聞見할 內容이나 實際로 見聞한 事項을 直接으로 提示하지 못하고 田保橋潔의 前記 論考(前揭書 靑丘學叢 第13號, pp.59~

---

19) 前揭 拙稿, 「丙子修信使 金綺秀使行考」, 『大丘史學』 第1輯, p.75 上 10行 五月二十六日은 五月二十七日의 誤植이다. 그리고 p.77 下 一行 五月二十三日은 五月二十四日로, p.78 上 1行 五月二十五日은 五月二十六日로, 同上 2行 五月二十六日은 五月二十七日로 各 其 誤植임을 訂正한다.

20) 日本은 明治5年(1872) 太陽曆의 採用으로 이후 年月日에는 太陽曆으로 記錄되어 있다.

65)에서 航韓必携 卷之三, 『省寮拜觀』의 聞見할 內容과 航韓必携 卷之七・八, 『信使滯京日記 乾坤』의 見聞한 事項의 日程을 引用하여 그 大要만을 言及한 것을 間接的으로 再引用한 바 있었다. 本稿에서는 諸聞見言記類의 보다 具體的인 內容과 項目을 提示하여 前稿의 疏漏하였던 部分을 역시 言及해 보고자 한다.

먼저 聞見할 豫定의 具體的인 內容이라 볼 수 있는 航韓必携 卷之三, 「省寮拜觀」을 보면 日本 外務省에서는 修信使 金綺秀 一行이 東京 到着에 앞서 同年 5月 26日 大大的인 準備와 더불어 外務卿 寺島宗則이 滯日中 「海陸軍調練」을 비롯하여 「諸省寮之體裁 幷兵營等ヲ巡視爲致 且公園其他處々遊覽セシメ 候儀幷陳候處右御指令中但書ヲ以テ 諸省ヘハ追テ 御達相成候條巡視之都合等 更ニ上陳可致旨御指令有之右ハ 巡視之場處ニ依リ 其技術モ目擊爲致候ハ、 大ニ被レカ見聞ヲ開ク之楷梯ニテ 我情勢ヲモ熟知致スベクト存候」(下略)이라는 趣旨의 聞見日程을 作成上申하여 同月 5月 31日(明治 9年 5月 31日) 太政大臣 三條實美의 決裁를 받은 『修信滯京並歸國途中誘導之爲ノ一覽可爲致見込之箇所書 但省廳轄內之分』[21]의 項目은 다음과 같다.

宮內省轄內
　一 吹上禁園
　一 濱離宮
陸軍省轄內
　一 陸軍練兵　　　　　　　一 軍馬局
　一 同局厩　　　　　　　　一 同局蹄鐵製所
　一 近衛步兵營　　　　　　一 同局箱馬場運動
　一 士官學校　　　　　　　一 同營兵數整頓泛
　一 同校理化學器械幷石版摺　一 同校敎場

---

21) 前揭한 바와 같이 修信滯京은 修信使滯京으로 使字가 脫字된 것으로 생각된다.

一 戸山學校　　　　　　　　　一 同校 體操場
　　　　　　　　　　　　　　　　　　　 體操技術場
一 同校射的　　　　　　　　　一 同校擊劍術
一 砲兵本廠　　　　　　　　　一 同廠木工
一 同廠火工　　　　　　　　　一 同廠銅分折
一 同廠鑄物　　　　　　　　　一 同廠大砲小銃
一 同廠見本器械　　　　　　　一 同廠鞍具製造
一 同廠銃器製造　　　　　　　一 同廠園庭

海軍省轄內

一 海軍調練　　　　　　　　　一 同省中練砲場發砲
一 橫須賀造船所　　　　　　　一 東艦
一 越中島鐵板發彈試驗跡　　　一 兵學寮
一 同寮帆前調練

內務省轄內

一 博物館　　　　　　　　　　一 淺草文庫
一 勸業寮出張所植物園　　　　一 衛生局司藥所
一 石川島懲役場　　　　　　　一 上州富岡製絲場
一 市ケ谷囚獄所　　　　　　　一 橫濱製鐵所
一 泉州堺紡績所

工部省轄內

一 工學寮　　　　　　　　　　一 同寮敎場
一 同寮理化學器械幷蒸氣船雛形等 一 同寮風船
一 同寮博物　　　　　　　　　一 同所鑄物
一 赤羽根製作所

文部省轄內

一 書籍舘　　　　　　　　　　一 同舘孔子其他木像及釋奠器
一 師範學校　　　　　　　　　一 同校敎場
一 女子師範學校　　　　　　　一 同校敎場

一　英語學校

一　同校教場幷理化學器械

一　同校西洋樂器並解剖圖

一　同校教場幷理化學器械

一　外國語學校

一　同校教場幷理化學器械

一　開成學校

一　同校電氣

一　同校博物

一　小石川植物園

一　同校製作教場

一　同校解剖幷治療器械顯微鏡等

一　醫學校附病院

大藏省轄內

一　紙幣寮

一　同寮銅版彫刻

一　同寮版摺幷紙截

一　同寮製肉

一　同寮女工職

一　同寮所轄王子抄紙局

一　活版局

一　同局活字鑄造

一　同局版摺幷製本

一　同局石版

一　驛遞寮郵便取扱

一　大坂造幣寮

司法省轄內

一　東京裁判所

警視廳轄內

一　消防ポンプ調練

開拓使轄內

一　北海道生産博物園

一　勸業試驗場

右之箇所取調置候尤使臣滯在日數及彼之都合ニ寄リ往見ヲ不願場所モ
可有之依テ右之箇所必ス往見可致取極ニハ無之候事

　　　明治九年五月廿六日

驛遞寮郵便取扱ヘ內務省ニ屬スヘキモノト存候仍テ同省ノ部ヘ加入シ
御達相成候條此旨申入候也.

　　　五月三十一日　　　　　　　　　　　　史官

　　　　　　　外務大少丞

丙子五月 三十一日

內 務 省
大 藏 省
陸 軍 省
海 軍 省
文 部 省
工 部 省
司 法 省
宮 內 省
開 拓 使

朝鮮國修信使滯京中各廳及ヒ寮ノ體裁ヲ始メ別紙ノ箇所一覽爲致候條
日限等外務省ヨリ及通知候ハ、　不都合無之樣可取計此旨相達候事　明
治九年五月三十一日　太政大臣　三條實美　라고 위에서　明記되어 있는
바와 같은　航韓必携 卷之三, 省寮拜觀에서는　修信使 金綺秀의　公式
的인　使行의　使命 以外의　日本側의　計劃的인　事前　渡日　滯留日程에
있어서의　聞見할 內容 卽　田保橋潔이　言及한　所謂　視察日程이　보다
仔細하게　밝혀졌다고 볼 수 있다. 따라서　前稿의　所論22)에　未盡하였
던 그　全貌를 더욱　具體的으로　알 수 있다는 것이다.

　다음으로 이와 같은　渡日　滯留日程에 있어서의　事前에　聞見할 豫
定인　內容이　實際로　修信使　金綺秀一行이　渡日하여　見聞한　事項은
前稿에서　間接的으로　引用한　航韓必携 卷之七, 信使滯京日記 乾, 航韓
必携　卷之八, 信使滯京日記 坤 以外에　航韓必携　卷之三, 『遊覽箇處』를
들 수 있다. 本稿에서는　前稿에서　引用치　못하였던　遊覽箇處의　見聞
한　事項과　對比할 수 있는　前揭 信使滯京日記 乾坤의　見聞한　事項의
關係 該當 本文을　抄記하여　對照 比較해 보면 다음과 같다.

---

22) 前揭 拙稿, 「丙子修信使　金綺秀使行考」, 『大丘史學』 第1輯, pp.76～77의
　　　所謂 視察日程 參照.

朝鮮國修信使滯京中一覽可爲致箇所幷日割 ○印ハ到ハモノ無ハ不到

第一
○ 一 廷遼舘
○ 一 濱離宮
　右饗應ノ節刻限ノ前後ヲ
　見計縱覽之事
　第二 午前
○ 一 博物館①

　　　　　　同　　午後
○ 一 書籍舘
　　一 師範學校
○ 一 女子師範學校②

① 航韓必携 卷之七, 信使滯京日記 乾
　五月 三十一日字에 宮內省戻リ懸
　ヶ 玄濟舜幷中官兩人ヲ 同道致シ
　博物館一見爲致候所 甚感心驚駭
　ノ趣正使ニモ委細申語リ候旨申出
　歸路東京裁判所前ヲ經テ 旅館へ
　歸ル 이라 하였고 前揭 航韓必携
　卷之七, 六月三日字에 信使延遼舘
　ヨリ 濱離宮拜見 歸路博物館へ宮
　本大丞 同道ニテ到リ 一覽了テ午
　後六時過歸館이라 되어있다. 또한
　前揭 航韓必携 卷之七, 六月四日字
　에 同上判事 高永喜外二人 信使名
　票ヲ 配當ノ爲メ 井上議官 黑田參
　議宅へ參リ 歸路博物館一見罷歸事
　이란 것도 보인다.

② 航韓必携 卷之八, 信使滯京日記
　坤 六月十四日字에 午後四時信
　使…書籍館ニ到ル…大成殿ニ於
　テ 信使始メ 屬官イツレモ 鞠躬
　肅拜了テ 一覽 元講堂ニ於テ 茶

菓及酒肴ヲ 差出セリ 夫ヨリ女子師範學校一覽茶菓アリ 開成校ニ到リ 復茶菓アリ 二校生徒教習之狀ヲ一覽 尤開成校ニテ 電機等ノ經驗アリ 午後八時歸館之事 이라 하였다.

第三 午前
○ 一 紙幣寮③
一 活版局
同 午後
一 東京裁判所
一 消防ポンプ調練

③ 前揭 航韓必携 卷之七, 六月五日字에 訓導 玄昔運始メ 拾八人彼 方ヨリ 參リ候事ニ相 成リ 馬車貳輛用意致シ 上官以上ハ馬車 余ハ人力車ニ乘セ 森山幷 奧 荒川其他生徒等 先ツ 紙幣寮夫ヨリ 上野公園幷 淺草本願寺 續テ觀音境內象ノ觀物花屋敷及 廣瀨ノ電氣器械一覽事ニ 物々驚駭ノ體別ニ 紙幣寮幷廣瀨器械ニ 感心ノ由 이라 하였다.

第四
一 吹上禁園 但 茶菓ヲ出シ④
一 髓董 大軒店 大坂屋
第五 午前
○ 一 上野公園幷不忍池弁天
○ 一 淺草本願寺
○ 一 淺草觀音幷奧山

④ 前揭 航韓必携 卷之七, 六月一日字에 謁見 相濟吹上御庭拜見 被仰付 西丸大手ニテ 何レモ下乘供廻リ幷 與車ハ悉ク 半藏御門內吹上裏門前ニ 差廻シ夫ヨリ 宮內省出張ノ 案內ニテ 三角ニ參リ候處 使節步行 難相成困難ノ 趣申出候 得共段々紅楓離宮迄參候處 森山外務權大丞 扣居暫時椅子ニ依テ 休息瀧見離宮ニ至テ 午飯ヲ取賄 時午後一時ナリ 이라

一 電機器城 廣瀬⑤
　 但シ廣小路住屋ニ而午
　 餐 ヲ了
一 骨董 諏訪町 富山
一 淺草文庫
一 喜世留 米澤町 村田

第六 魚十二早メニ午飯
一 順天堂病院⑥
一 神田社
一 湯島天神

하였다.

⑤ 前揭 ③ 參照.

⑥ 前揭 航韓必携 卷之七, 五月三十日
　 字에 午後 中官兩人金宇宗, 朴正鳳
　 不快ノ由申出候ニ付　順天堂醫師
　 呼寄治療爲致候事 이라 되어있고
　 또한 前揭 航韓必携 卷之七, 六月
　 五日字에 中官四人 病氣ノ趣申出
　 順天堂へ申遣候處 大瀧某診察トシ
　 テ來候 이란 것이 보이고 또한 前
　 揭 航韓必携 卷之八 六月十六日字
　 에 使員中病者有之 順天堂ヨリ 醫
　 師大瀧參候處 書員朴永善ト談次
　 種痘ノ事ニ及ヒ　終ニ大瀧ト同行シ
　 テ 順天堂ニ至リ 種痘法ヲ傳習シテ
　 歸レリ 朴永善 ト書員トアレ 氏恐ラ
　 ク 醫ヲ兼ルモノト 見得タリ 藥品ノ
　 貯モ有之也 이라하였다.

○ 一 砲兵本廠⑦
　一 小石川植物園

第七
○ 一 陸軍練兵⑧

第八
　一 海軍調練⑨

⑦ 前揭 航韓必携 卷之八, 六月十二日 字에 午前八時 平賀陸軍大尉馬車 ヲ牽ヒテ 信使ヲ迎ヘ 九時過出門 直ニ近衛兵營夫ヨリ 砲兵本廠 但 ツ 同廠ニ於テ 午餐取賄有之 午 後工學寮ヨリ赤羽根製作所一覽 이라 하였다.

⑧ 前揭 航韓必携 卷之七, 六月六日字 에 午前 八時三十分 信使一行 上下 六十六人 出門九時過 櫻田外練兵 場ニ至リ候處 森山權大丞待受居 信使上官ニ至レ迄 椅子ニ 依ラセ 夫ヨリ 步兵 騎兵 砲兵共三段ニ 調 練有之一同拜見 이라 하였고 또한 이어서 接伴掛ノ 評ニ此憤激ハ 調 練場ニ於テ 英公使パクス幷 伊太利 公使 フェー面會致ツ 不備ヨリ 生 シタル事ナラン 但シ 英尹兩公使 モ 調練拜見ニ 來リ居リ 何歟ノ 都 合ヨリ 不意ニ 引會候事ニ 相成タ リ 이란 것도 보인다.

⑨ 前揭 航韓必携 卷之七 六月八日字 에 午後一時 午前ヨリ出門ス 使節 刻ノ因循ニテ延ヘキ如 セリ 及議官出門 海軍省兵學寮ニ至リ 大砲空發幷 火矢水雷其學校敎場等見 閱 六時頃 井上議官宅ニ至リ 午後九 時四十分過歸館ノ事 이라 하였다.

第九 牛込割烹店ニテ午飯

○ 一 竹橋近衛兵營⑩　　　　⑩ ⑪은 前揭 ⑦ 參照.

一 士官學校

一 戸山學校

第十

一 書畫日本橋 赤松

一 書林 北畠茂兵衛

一 筆文房具 日本橋 文魁堂

一 漆器　　日本橋 黑江屋

一 墨　　　日本橋 古梅園

一 西洋裁縫 吳服町 鈴木

一 西洋秤座 乘物町 森谷

　但シ　賣茶亭ニ而午餐ヲ了

　　　　精養軒シカルヘシ

○ 一 赤羽根製作所⑪

一 芝山內德川墓所

第十一

一 巢鴨植木屋　長太郎　粂次郎

一 飛島山幷王子抄紙所

　但シ扇屋ニテ午餐ヲ了

一 川口ノ 鑄物師

一 千住屠午場

第十二 午前

一 陶器 今川橋 今利屋

一 三ツ井洋館

一 吳服及絲店 越後屋

　　同　午後
　一　工部省中製絲所
　一　愛宕山
　一　北海道物産搏物
　一　獨乙博物
　一　瓦斯燈製造所　芝金杉
　　　但シ神明前日陰町通リ
　　　分歸ル
　　第十三　午前
○　一　兵學寮⑫　　　　　　　　　　｜　⑫　前揭　⑨　參照.
　一　蒔繪漆器　竹川町　工商
　　　會社
　　　同　午後
　一　醫學校幷病院
　一　司藥場
　　第十四　午前
　一　軍馬局
　　　同　午後
○　一　開成學校⑬　　　　　　　　　　｜　⑬　前揭　②　參照.
　一　外國語學校
　一　英語學校
　　第十五　午前
○　一　議事堂⑭　　　　　　　　　　　｜　⑭　前揭　航韓必携　卷之入　六月十五日
　一　工學寮　　　　　　　　　　　　　　　　字에는　午前十時　信使並屬官等出
　　　同　午後　　　　　　　　　　　　　　　門　元老院ニ至リ　議事堂一覽　이라
　一　　藥種及外科道具　本町　　　　　　　하였다.
鰯屋
　一　吳服　大丸

一　金物屋　大門通リ

一　筆及文房具　大傳馬町
高木

一　刃物　油町　炭屋

一　錦繪　横山町　蔦屋

一　漆器細工所　元濱町　荒井

一　玩弄物　照降町　宮川

　第十六　午前

一　擬氈紙　四日市　竹屋

一　烟草入　羊羹　四日市　竹屋

一　郵便取扱振　驛遞寮

一　國立銀行

一　日報社　銀座

一　時計　銀座

　　　同　午後

一　陶器師　高田

一　招魂社

　第十七

一　深川八幡

一　洲崎弁天

　　　但シ此間猿江材木并石

　　　置場ヲ看過ス

一　龜井戸

　　　但シ橋本ニ而午餐ヲ了

一　柳島妙見

一　蒔繪物　油堀　肥前屋

　第十八

一　堀切菖蒲

一　製革場　土手下タ

一　墨隄花屋敷

　　但シ八百松ニ而午餐ヲ了

一　佐竹園庭

一　瓦燒　本所太平町

一　金魚　石原

　第十九

一　目黑不動

一　目黑火藥庫　但外見

　　但シ屋ニ而午餐ヲ了

一　池上本門寺

　第二十　午前

一　橫濱縣廳

一　燈臺寮

一　瓦斯製造所

　　但シ　ニ而午餐ヲ了

　同　午後

一　稅關波戸場荷物ノ　出入

一　收稅手續

一　各國商館ニ三ケ所

一　製鐵所

一　山手邊一覽

　　但　橫濱ニ止宿

　第二十一　午前

○　一　橫須賀造船場⑮

　　但シ橫濱分船ニテ到ル

　　同　午後

一　鎌倉ニ一泊　橫須賀分

⑮ 前揭 航韓必携 卷之八 六月十九日字에 正午十二時前 玄昔運下官壹人ヲ 召連レ 浦瀬同行造船處ニ來リ 遠武秘書官ニ 面シテ 回禮ヲ陳へ

舟行

　第二十二

一　幡宮

一　大佛

一　建長寺幷圓覺寺

一　繪島島本本院

　但シ午餐ヲ了

一　　弁天社等一覽人力車ニ

而神奈川邊戻ル鐵道分歸京

　第二十三

一　越中島鐵板打拔試驗場

一　東艦

　　但平淸ニテ午飯

　第二十四　午前

一　市ケ谷囚獄

　同　午後

一　石川島懲役所

　第二十五

一　上洲富岡

　　但シ一泊

　第二十六　午前

一　製絲場

　　但シ午餐ヲ了

一　中小坂鐵山

　　但シ一泊

　第二十七　午前

一　桐生織物

　　但シ一泊

赤松少將モ　先刻罷歸侯旨ニテ　面接

アリ　茶及枇杷實ヲ差出シ遠武及其

他案內ニテ　造船ノ　場所　天城迅鯨ニ
　　　　　　　　　　　　　艘製アリ

幷　各處經覽　午後二時　過歸館之事

但シ　玄昔運　頻ニ枇杷實ヲ賞翫ニ

付　船中ヘモ　送遺侯事이라　하였다.

　　第二十八
　一　日光
　　　但シ一泊
　　第二十九
　一　日光見物了テ出立
　　第三十
　一　東京ニ歸ル
　　第三十一
　一　堀內妙法寺
　　第三十二
　一　四ツ谷勸業寮出張
　一　靑山勸業試驗場　開拓使
　外ニ
　一　魯公使館
　一　英公使館
　一　打球
　一　競馬
　一　角觝
○一　太神樂⑯　旅館ニ於テ見ル
　一　能狂言

⑯　前揭　航韓必携　卷之七　六月二日字에　太神樂丸一權ノ　進來リ　使節へ　見物ヲ　勸メ侯處諾致シ　庭中屛外ニ於テ演技　使節ハ庭中ニテ　椅子ニ依リ　尤屛ノ板　兩三板ヲ放ナシ　其間ヲリ一覽　其他ハ　屛外ニ出テ一見　使節殊ノ外　與ニ入リ　喜悅ノ事 이라 되어있다.

○一　角兵衛獅子⑰　於テ見ル
　一　花火

⑰　前揭　航韓必携　卷之八　六月十六日字에　古澤權少丞來リ　出帆前ノ　手順

一 奏樂
一 三曲
一 中村樓三曲サヲヒ
一 劇場
○ 一 手品⑱ 旅館ニ於テ見ル

如例議セリ 其間偶然 角兵衛獅子門外
ヲ 通行 致候處 信使ヘ一覽 可然ニ決
シ 呼入信使ヘ一覽爲致候事 이라 되
어 있다.

⑱ 前揭 航韓必携 卷之七 六月四日字에
午後六時過 手品師柳川蝶齊來イ 同
七時過ヨリ 演技九時過終曲 이라 되
어있다.

이 밖에 前揭 航韓必携 卷之八 六月十五日字에 金鏞元ヨリ 懇望ニテ
雲龍水幷 龍吐天龍水 鐵砲 器械一個ノ雛形 横山町壹丁目 岡崎某ヘ注
文致置候處 彼ヨリ 持來候ニ付 韓人他行中依テ 明朝更ニ參リ候 樣相
達器械受取置候事 이라 하였고, 同 六月十六日字에는 横山町壹丁目 岡
崎ナル者 來候ニ付 金鏞元ニ引會ハセ 實地經驗ノ上 代金拾四圓六拾錢
爲相拂候事 이라 하였다. 이어서 金鏞元ノ 望ニテ鉎鉛ニ板並ハンダ 其
他燒小手及 鉎鉛繼合セ用 鹽酸買入差遣候事 이라는 등 이었다.

위의 遊覽箇處와 信使滯京日記乾坤에서 본 바와 같이 修信使 金綺
秀 一行이 渡日 滯留日程과 아울러서 聞見日程의 主要 見聞事項을
一目瞭然하게 볼 수 있다. 그러나 田保橋潔의 前記 論考(前揭書, 靑
丘學叢, pp.61~65)에서 前記 信使滯京日記胡乾坤만을 引用하고 聞
見事項의 또 하나의 基本原史料라고 볼 수 있는 遊覽箇處는 이에 對
比하여 引用參照치 않았다는 것이다. 勿論 信使滯京日記乾坤은 遊覽
箇處와 比較하면 月日字別로 보다 具體的으로 見聞事項을 仔細히 알
수 있는 史料라 할지라도 遊覽箇處를 이에 對比하여 引用參照하는
것을 全혀 度外視하였다는 것과 또한 그 脚註에 있어서 航韓必携 卷
之一, 信使前報, 卷之二, 迎官復命, 卷之三, 朝鮮國修使內謁式. 卷之
五, 禮曹判書參判往復, 旁之九, 草梁公信 등으로 註解를 하면서도 航
韓必携 卷之七 信使滯京日記乾, 航韓必携 卷之八 信使滯京日記坤의

脚註에 있어서는 漠然히 信使滯京日記乾坤이라 註解한 것은 間接的
인 原史料를 再引用함에 있어서 航韓必携 以外에 信使滯京日記라는
다른 史料가 있는 것 같은 疑訝心을 갖게 할 수 있다고 본다. 이는
그 脚註에 있어서 航韓必携 券之七, 信使滯京日記乾, 航韓必携 券之
八, 信使滯京日記坤이라 註解하였더라면 筆者 뿐만 아니라 다른 再
引用者에게 있어서도 보다 誤謬를 犯하게 하는 結果를 가져오게 하
지 않은 註解가 될 수 있다고 생각이 된다. 이 같은 航韓必携에서
修信使 金綺秀 一行이 不得己 勸誘에 못 이겨 見聞한 事項 및 日程
에 나타난 遊覽箇處나 一見, 拜見, 一覽, 見閱, 歷覽, 經覽 등의 關係
記錄과 이와같은 航韓必携의 直接 基本史料를 引用할 수 없었던 前
稿에서는 便宜上 通俗的으로 視察事項[23)]이라고 한 것을 比較檢討해
보면 筆者로서는 見聞事項 및 日程이라고하는 것이 보다 妥當한 見
解라고 생각한다. 그러나 前揭 航韓必携의 見聞事項 및 日程에서 引
用한 田保橋潔의 前記 論考에서는 修信使の 文化的任務이니 視察日
程(勿論 勸誘, 誘引에 의한 拜觀一見, 見學, 參觀, 一覽, 視察遊覽이
란 用語를 쓰고 있지마는)이니 하는 用語를 쓰고 있는 것은 역시 使
行의 使命이 計劃的인 新文明視察이 아니었다는 點도 아울러 考慮하
지 못한 見解에서 온 것이라고 밖에 볼 수 없다. 따라서 前稿의 視
察事項이라고 하는 見解를 見聞事項으로 訂正하는 바이다.

끝으로 이 같은 航韓必携의 關係事項의 記錄은 見聞한 事項이나
日程 그 事實 自體의 事項이 置重한데(資料篇: 航韓必携 卷之七 信
使滯京日記 乾과 航韓必携 卷之八, 信使滯京日記 坤 原文 參照) 反
하여 우리측 基本史料인 日東記游는 그 見聞한 事項의 內容을 보다
具體的으로 仔細하게 記述하고 있다는 것이다. 이는 前稿 日本의 見
聞事項, 對日認識과 그 意義 등에서 言及한 대로이다.

---

23) 前揭 拙稿, 「丙子修信使 金綺秀使行考」, 『大丘史學』 第1輯, p.75 註30 參照.

6. 結 言

이상에서 考察한 것처럼 前稿인 「丙子修信使 金綺秀使行考」에서 우리 측 基本史料인 「日東記游」의 檢討와 關聯하여 關係記錄을 分析 檢討하여 考究한 바 있으나 筆者의 寡聞으로 이에 關한 日本側 史料인 「航韓必携」를 直接 引用치 못하고 田保橋潔의 「丙子修信使と その意義」에서 間接으로 關係事項을 參照하였는데, 그 後 이 航韓必携가 釜山市立圖書館에 所藏되어 있다는 것을 金義煥 敎授에 의하여 알게 되어 未盡하였던 點을 日東記游와 對比하였던 바 金綺秀使行에 關한 顚末이 보다 仔細하게 드러나게 되었다. 이에 本稿는 前稿에서 疏漏하여 釋然치 않았던 點을 添加해서 追補하였는데, 于先 本稿의 引用史料인 「航韓必携」는 總冊卷數가 18卷 18冊이며 收錄 內容은 丙子修好交涉 前後에 있어서 對日關係史의 唯一한 筆寫原本으로 그중에서 1卷에서 9卷까지는 金綺秀使行의 直接的인 關係事項의 收錄 內容인 것을 밝혀 볼 수가 있었다. 또한 本稿의 論題와 關聯을 가진 이 關係의 旣發表된 論文과 著書는 이 같은 問題를 分析 檢討함에 있어 田保橋潔의 前記 論考는 原史料인 航韓必携를 直接 引用함에 있어 愼重을 기하지 못하였을 뿐만 아니라 이 밖에 論者는 史料의 뒷받침이 田保橋潔의 前記 論考에서 間接으로 再引用한데서 오는 不可避한 限界點은 再論되어야 할 問題點인 疏漏를 면치 못한 部分을 밝혔다. 이어서 修信使 金綺秀를 비롯한 隨員 76名의 個個 編成名單과 滯留 日程을 日字順으로 收錄하고 있어 여기에 未盡하였던 것을 解明하고 이 같은 使行의 全日程이 日東記游가 太陰曆으로 記錄되어 있는데 對해서 航韓必携는 太陽曆으로 記錄되어 있으며, 아울러 日本의 計劃的인 Schedule에 의한 招待外交의 全貌 역시 밝혀 볼 수가 있었다. 그리고 航韓必携는 使行의 聞見記類에 나타난 見聞한 事項이나 그 日程事實 自體의 事項에 置重한 데 反하여 日東記游는 그 見聞한 事項의 內容을 보다 仔細하게 記述하고 있다는 것을 밝혔는데, 이는 前稿 「丙子修信使行考」의 日本의 見聞事項, 對日認識과 그 意義 등에서 言及한 대로이다.

Ⅲ. 庚辰修信使와 朝鮮策略의 波紋

1. 序 言

1880年(高宗 17) 庚辰修信使 金弘集 (初名은 宏集이라 하였다가 후에 弘集이라 改名하였다) 使行에 의하여 傳來, 紹介된 黃遵憲著『朝鮮策略』[1](以下 黃氏의 策略 또는 策略이라고도 略함)은 分明히 門戶開放論을 圍繞한 韓末政局에 波紋을 일으킨 有力한 論據中의 하나임에는 틀림이 없다. 그의 策略은 不過 몇 張 內外의 簡略한 冊子이지마는 그 內容體制는 當時 東亞政局에 있어 一大恐怖와 不安을 느끼게 한 것은 저 虎視耽耽한 帝政露西亞의 南下이었는데, 帝政露西亞의 極東政策이 바야흐로 豆滿江 沿岸을 엿보게 될 때 朝鮮은 그 어떠한 政策으로 이에 對抗할 것이냐 하는 데서부터 그의 策略은 于先 帝政露西亞의 世界的 強國임을 紹介하고 다시 極東政策의 由來를 說明하여 對露政策 卽 防俄策을 取하되「親中國 結日本 聯美國」[2]의 策을 主張하여 그 具體的인 方略을 諸項에 對하여 詳細한 論難을 提示한 朝鮮의 國祭的 地位를 論하고 그 對外策을 示唆한 것인 바 記錄인 外交意見

---

1) 國史編纂委員會,『修信使記錄』, pp.160~171,「朝鮮策略」(韓國史料叢書 第九, 서울, 1958), 原冊子名은 廣東 黃遵憲『私擬朝鮮策略』이라고 되어있다.
2) 前揭書,『修信使記錄』, 修信使日記 卷二, p.161.

書인 것이다. 그러므로 그의 策略의 韓末政局이 있어서의 態度나 理論
的인 根據를 理解하는데 있어 한 重要한 資料가 아닌가 생각된다. 이
問題에 關해서는 이미 本稿에 적지 않은 示唆를 준 研究3)에서 言及되
어 있다. 그리하여 庚辰年 金弘集使行과 朝鮮策略의 波紋에 對한 그
輪廓은 大體로 들어나 있다고 할 것이다.

　이 같은 論究를 參照하면서 本稿가 究明코자 하는 바는, 金弘集使
行과 策略이 傳來 紹介된 經緯와 關聯하여 그 分量으로 보아 얼마
되지 아니하는 策略의 局限된 內容의 分析을 通해서 防俄策의 前提
로서의 門戶開放論을 檢討하는데 視角의 焦點을 두고, 아울러서 策
略의 波紋에서 본 저렇듯 滔滔와 같은 鬪志로서 一貫된 衛正斥邪運
動의 推進力의 本質은 무엇이고 그 所在는 어디에 있었으며 그리고
開化風潮相은 어떠한 것이었는가 등 主題와 關聯되는 範圍內에서 言
及하고자 한다.

2. 使行과 策略의 傳來紹介

　大院君이 그 執政의 地位에서 隱退하고 高宗이 政務를 親裁하게
되자 閔妃를 圍繞한 閔氏와 趙氏의 外戚勢力은 大院君의 勢道를 꺾

---

3) 李瑄根博士著, 『朝鮮最近政治史』(正音社, 서울, 1950) pp.231~238에서
　言及되어 있고, 이것을 다시 同 博士의 著書인 『韓國史－最近世篇－』
　(震檀學會, 乙酉文化社, 서울, 1961) pp.426~434에서 增補하였는데, 筆
　者는 前兩書를 主로 參照하면서 「黃遵憲의 朝鮮策略에 對한 檢討」(『大
　邱大(現 嶺南大)論文集』, 第3輯, pp.231~247, 大邱, 1962)라는 論題로
　서 發表하였는데, 그 後 李瑄根博士는 「庚辰修信使 金弘集과 黃遵憲著
　朝鮮策略에 關한 再檢討－金弘集 自筆寫本 朝鮮策略을 보며－」(『東亞論
　叢(東亞大)』, 第1輯, pp.211~259, 釜山, 1963)를 金時泰는 「黃遵憲의
　朝鮮策略이 韓末政局에 끼친 影響－革新的인 政築面을 中心하여－」(『史
　叢(高麗大)』, 第8輯, pp.62~89, 서울, 1963) 發表하였다. 本稿에서는
　특히 李瑄根博士 研究論文에 敎示된 바 적지 않아 前揭 拙稿 「黃遵憲
　의 朝鮮策略에 對한 檢討」의 論題를 改題하여 그 未洽하였던 點을 若
　干 補完하려고 하는 바이다.

은 한 方便으로 從來의 鎖國保守의 斥邪策의 緩和와 對日策의 更新
을 보게 되었음은 이 時期의 特色으로 韓末政局(韓末政治史)에 깊이
留意할 바다. 다만 對外事情에 暗昧하여 거의 國際的 色盲인 點에
이르러는 大院君과 閔妃가 크게 差異있는 바 아니나 閔妃는 大院君
의 政敵이니 만큼 對內上의 抗爭이 저절로 對外的 外交方面에까지
서로 反對的 行動을 가지게 하였던 것이다. 그리하여 日本과의 江華
島條約(高宗 13, 1876)을 締結한 후 丙子年에 第一次로 禮曹參議 金
綺秀 修信使 一行을 日本에 派遣하였다. 金綺秀 修信使 一行의 復命
書로서 高宗과 閔妃 그리고 戚臣과 朝臣들 中에는 開國主義에 커다
란 興味와 關心을 가지게 되었다.4) 한편 日本政府는 花房義質을 辨
理公使로 派遣하여 數次의 交涉끝에 1879年 西大門 밖 淸水館(天然
亭)을 假公使館으로 定하고 常駐케 되었다. 그리하여 花房公使를 내
세워 元山津을 開港케 한 다음 서울의 咽喉인 仁川의 開港까지 强要
하여 굽히지 않고 그 밖에도 釜山의 關稅賠償이며 米穀禁輸의 解除
까지 提起하여 難處한 問題가 한두 가지가 아니었다. 朝鮮政府는 이
러한 問題 등을 折衝하고 日本政府의 眞意와 開化實情도 探索해 보
기 위하여 第二次로 禮曹參議 金弘集 修信使 一行을 日本에 派送하
였던 것이다. 第二次 修信使로서 金弘集 一行이 서울을 떠난 것은
高宗 17年 庚辰 5月 28日의 일이었다. 日本 汽船 協同商社船 千歲
丸으로 釜山浦를 離發한 것은 6月 25日이었다. 이 當時의 一行은 修
信使 禮曹參議 金弘集에 別遺漢學堂上 李容肅, 堂上官 折衝將軍 李
宗懋, 上判事前奉事 金允善, 上判事行訓導 卞鍾夔, 軍官前中軍 尹雄
烈, 軍官前郎廳 崔元榮, 書記司憲府監察 李祖淵, 書記前郎廳 姜瑋,
別軍官前縣監 金箕斗, 別軍官出身 尙稷鉉, 別軍官閑良 林泰慶, 伴倘
前郎廳 池錫永, 同 金順哲, 鄕書記 吳麟燮, 同 朴祥植, 禮單庫直 張

---

4) 前揭書,「日東記游」,「修信使日記」, 卷一.『修信使記錄』, 朝鮮史編修會編,
   『朝鮮史』, 第六編, 第四卷,(서울, 1941) 高宗 十三年 丙子. 拙稿,「丙子
   修信使 金綺秀使行考」,『大丘史學』第1輯, pp.63～99 (大邱, 1969).

漢錫, 通事 朴仁淳, 同 河奇鉉, 別將 朴琪淙 以外 從人, 使喚, 轎軍
등 39名까지 合해서 總人員 58名으로 高宗이 金弘集 修信使 一行을
日本에 派遣함은 懸案의 外交問題와 日本의 物情詳探이 그 主要한
目的이었으므로 一行의 總人員도 이같이 大使節團을 이루었던 것이다.
丙子年 第一次 修信使 때나 다름없이 堂堂한 陣容이었고, 日本 政府
側의 接待하는 節次와 態度도 前日이나 다름없이 相當한 優遇였다.

    日本 東京에 나타난 金弘集 修信使 一行은 新橋驛으로부터 登城行
列로 宿所인 淺草 木願寺로 들어갔다. 이 行列 앞에는 큰 깃발을 들
고 胡弓喇叭을 羯鼓銅羅에 맞추어 불고 笙과 笛의 소리로 八音이 調
和된 가운데 가마에 탄 寬帶長袖의 儀冠을 整然히 한 修信使 一行이
徐徐히 行進하였다. 이렇듯 東京에 나타난 金弘集 修信使는 外務省
을 禮訪하는 同時에 約 1個月 餘間에 걸쳐 政界를 爲始하여 教育
財界 等 各 方面의 人士들과 交歡하였고, 한편 一行은 各各 日本政
府의 各 機關과 施設을 視察하였다. 當時 朝鮮은 아직 歐美諸國 특
히 美國과의 朝·美修交條約을 締結하지 않았던 때라 駐日 美國使節
은 井上馨 外務卿을 通하여 金弘集 修信使에게 通商條約의 締結을
要請한 것도 이때 일이었다. 金弘集은 東京 滯留中 淸國公館에서 駐
日 淸國公使 何如璋과 參贊官 黃遵憲 등과 筆談을 자주 交換하였
다.5) 當時 黃遵憲은 朝鮮의 開化策을 獻議하였다. 그의 所論은 俄羅
斯의 侵略을 막기 爲하여 朝鮮·淸國·日本 그리고 美國과 緊密히
聯結하여 自强策을 確立하라는 것이었다.6) 즉

---

5) 前揭書, 『韓國史－最近世篇－』, pp.426~429, 前揭 論文, 「庚辰修信使 金
   弘集과 黃遵憲著 朝鮮策略에 關한 再檢討」 參照. 前揭書, 金弘集의 「修信
   使日記」 卷二, pp.149~160 및 淸使와의 筆談은 『修信使日記』, 卷二,
   pp.171~190 「大淸欽使筆談」. 前揭書, 『朝鮮史』, 高宗 十七年 庚辰 參照.
6) 前揭註 5) 參照. W.E.Griffis, 『Corea the Hermit Nation』(New York,
   1904)에 의하면 黃遵憲은 淸國公使의 顧問이라고 하였다. 어쨌든 後述
   하는 諸事項으로 미루어 보아 그의 人物됨을 살피건대 駐日 淸國公使
   館員으로 國際 知識에 相當히 通曉하였던 貌樣이다.

> 朝鮮一士 實居亞細亞要衝 爲形勝之所必爭 朝鮮危則中東之勢日函
> 俄(亞)欲略地 必自朝鮮始矣 嗟夫 俄爲遞狼秦力征經營 三百餘年 其始
> 在歐羅巴 繼在中亞細亞 至於今日 更在東亞細亞 而朝鮮適承其弊 然則
> 策朝鮮今日之急務 莫急於防俄 防俄之策 如之何 日親中國 結日本聯
> 美國 以圖自强而己[7]

이라 하여, 俄羅斯의 今後 侵略은 반드시 亞細亞의 要衝인 朝鮮으로
부터 着手할 터인 즉 朝鮮 今日之急務는 무엇보다도 俄國을 防備함
에 있으니 防俄之策을 講究하는데는 이렇듯 黃氏는 朝鮮은 淸國과
親할 것이요, 日本과도 結盟하며, 美國과의 聯結할 것을 强調하였다.
黃氏는 淸國의 歐美通으로서 그의 所論은 金弘集의 마음을 끌었다.
그리하여 특히 黃氏로부터는 私擬冊子『朝鮮策略』이란 것을 받아 歸
國하여 金弘集은 高宗에게 復命하는 中 黃道憲著 朝鮮策略이란 冊子
와 다른 新書 등도 獻上하였다. 이 朝鮮策略이란 外交意見書는 高宗
을 爲始하여 戚臣과 大臣들에게 커다란 感銘을 주었다. 그리하여 領
議政 李最應은 歐美諸國과 平和的으로 修交를 締結하는 것이 좋다
하여 左議政 金炳國과 더불어 協議한 後 朝鮮이 孤立하는 것보다 列
强諸國과 通交할 것을 決定하였다.[8] 이로써 大院君의 鎖國政策은 깨
어졌던 것이다.

---

7) 前揭書,『修信使日記』卷二, pp.160~161,「朝鮮策略」, 引用 本文中( )안에
   活字体는 前揭 論文「庚辰修信使 金弘集과 黃遵憲著 朝鮮策略에 關한 再
   檢討」,『東亞論叢』第1輯, pp. 254~259, 金弘集 自筆文 朝鮮策略에 다른 字
   로 쓰여져 있을 경우를 말하며, 以下에서도 같다.
8) 前揭書,『修信使日記』卷二, pp.149~194, 前揭書『朝鮮史』高宗 十七年 庚
   辰. 日本外務省編,『日本外交文書』第13卷, (東京, 1950) pp.394~396의「國
   王(高宗) 大臣對話書」參照.

3. 策略의 防俄策과 門戶開放論

그의 策略이 防俄策에 따른 門戶開放論을 圍繞한 韓末政局의 直接
間接으로 關係되는 部分만을9) 살펴 가는데 있어 當時의 對外情勢를
살펴보면 19世紀 中葉 以來 亞細亞의 大勢를 左右하게 된 英·俄
兩强이 하나는 海上으로 北上하고, 하나는 陸上으로 南下할 때 當時
極東諸國의 共通의인 憂患은 英國보다도 俄羅斯에 있었으니 그 理由
는 朝鮮·淸國·日本의 國境이 모두 저 虎視耽耽하는 그와 連接하게
된 때문이다. 이로써 淸·日의 識者들이 일찍부터 深憂를 품고 혹은
朝鮮을 爲해서 警告한 일도 있는 바10) 當時 黃氏의 策略에도 그 開
卷 初頭에 먼저

　　　　地球之上 有莫大之國焉 曰俄羅斯 其幅員(圓)之廣 跨有三洲 陸軍精
　　　兵百餘萬 海軍巨艦二百餘艘11)

---

9) 高宗 十七, 十八年의 遣日使節에 關聯하여 諸外國 特히 淸·日·美에 對
하여는 全海宗의 「韓中關係史研究」(一潮閣, 서울, 1970), 權錫奉의 「領選
使에 對한 一考察－軍械學造事를 中心으로－」東濱金庠基教授華甲紀念史
學論叢, 『歷史學報』 第17, 18 合輯(서울, 1962), 李普珩의 「Shufeldt提督
과 1880年의 朝. 美交涉」『歷史學報』 第15輯 (서울, 1961) pp.61～91 등
에 言及되어 있다.

10) 帝政露西亞의 極東進出은 英國과 佛蘭西를 비롯한 列强이 西쪽으로부
터 極東進出(中國進出)을 强行하고 있을 때 帝政露西亞는 東北쪽으로
시베리아를 橫斷하여 東海에 이르고 이것이 다시 南下하여 豆滿江沿岸
에서 우리나라와 接境하게 된 것은 1860年부터의 事實이었다. 그러나
이후 數年間은 그들 自身이 새로 獲得한 沿海州의 經營을 굳게 하고
다시 中央亞細亞方面으로도 積極的인 態度를 取하여 스스로 奔走하였
던 만큼 우리나라와 國境에 對한 말썽은 그다지 피우지 않았던 것이다.
그들의 行動이 豆滿江에로 接近하여 이 나라 上下를 놀라게 하기 始作
한 것은 역시 大院君 執政初年 부터였다. 이 같은 帝政露西亞의 對外發
展은 未熟한 資本主義로 말미암아 直接的인 領土的 膨脹의 性質을 同
伴하였다는 데서 더욱이 淸·日의 識者들이 일찍부터 深憂를 품고 혹
은 朝鮮을 爲해서 警告한 것 같다.

11) 前揭書, 「修信使日記」, 卷二, p.160, 「俄羅斯의 勢力(形勢)」. 前揭書 『日本

이라 하여 俄羅斯의 天下 大强國임을 紹介하고 다시 西歐 進出의 失 敗를 말한 後 그 東方 侵略政策의 由來를 說明하되

　　俄旣不能西略 乃幡(飜)然變計 欲肆其東封 十餘年來 得樺太洲於日本 得黑龍江之東於中國 又屯戍圖們江口 據高屋建銃之勢 其經之營之 不潰 餘力者 欲得志於亞細亞耳…………**俄(亞)欲略地 必自朝鮮始矣……朝 鮮 今日之急務 莫急於防俄**[12]

이라 하여, 그 魔手가 벌써 豆滿江畔에 미처 朝鮮의 禍機가 아주 目 睫에 切迫한 것을 말하여 俄羅斯의 今後 侵略은 반드시 亞細亞의 要 衝인 朝鮮으로부터 着手할터인 즉 朝鮮 今日之急務는 무엇보다도 俄 羅斯를 防備함에 있으니, 그러면 防俄策은 어떻게 할 것인가.

　　日親中國 結日本 聯美國 以圖自强而己[13]

이라고, 明白히 그 成案을 보여 주었다. 그는 다시 親中國, 結日本, 聯美國의 理由와 必要를 逐條 說明하였는데 그 內容은 다음과 같다.

① 親中國이란

　　東西北 (皆)背(與)俄連界者 惟中國 中國之(中國)地大物博 據亞洲形 勝 故天下以爲能制俄者莫中國若 而中國所愛之國 又莫朝鮮若 (朝鮮)爲 我藩屬 己歷千年 中國綏之以德 懷之以恩 未嘗有貪其土地人民之心 此 天下之所共信者也……今日朝鮮之事中國 當益加於舊 務使天下之人曉 **然於朝鮮 與我 誼同一家 大義已明聲援自壯 俄人 知其勢之不孤 而稍存顧忌**……期(斯)外釁潛消 而國本益固矣 故日親中國[14]

外交文書』第13卷, pp.389～394,「朝鮮策略」. 前揭書,『朝鮮最近政治史』, pp.234～237.
12) 前揭註, 7), 11) 參照. 前揭書,「修信使日記」卷二, pp.160～161.
13) 前揭註, 11), 12) 參照.

이라 하여, 地理上 東西北이 모다 俄羅斯로부터 連界한 者는 中國
뿐이요, 中國은 地大 物博하고 亞洲의 形勝을 차지한 故로 天下에
俄羅斯를 制禦할 者 中國만한 나라가 없겠고, 中國이 사랑하는 것도
朝鮮만한 나라가 없겠다고, 그 冒頭에서 그 理由를 말한 후 中國과
朝鮮은 歷史的으로나 地理的으로 그 密接한 關係가 與他 自別하다는
것을 高調하고, 다시금 말을 繼續하여 今日 朝鮮의 일은 中國이 마
땅히 옛날보다 더 힘을 써서 天下 사람으로 하여금 「朝鮮이 中國과
一家의 誼」가 있는 것을 알게 한 然後에야 俄羅斯人이 그 形勢의 외
롭지 아니함을 보고 적이 顧忌하는 마음을 둘 터이며, 이렇게 될 때
外釁이 極히 사라지고 國本이 더욱 튼튼해질 것이니 中國을 親할 必
要가 여기에 있는 줄로 斷言한다고 하였다.

② 結日本이란

> 自中國以外 寂與(朝鮮)密邇者 日本而己 在昔先王 遣使通聘 載在盟府
> 世世職守 至於近日 則有北豺虎同据肩背…………故日本與朝鮮 實有輔車
> **相依之勢** 韓 趙魏合從 秦不敢東下 吳 蜀相結 魏不敢南侵 彼以强隣交迫
> 欲聯脣齒之交 爲朝鮮者 自當捐小嫌而圖大計 修舊好而結外援 苟使他日
> 者 兩國之輪船鐵船 縱橫於日本海中 **外侮自無由而入** 故日結日本[15]

이리하여, 中國 以外에 朝鮮과 가장 密邇한 者는 日本이니 옛날부터
通聘이 잦았었고 오늘날 와서는 北方豺虎가 마찬가지로 肩背에 걸터
앉아있다는 것을 冒頭에 指摘하여 朝鮮과 日本의 利害가 一致되는
點을 말한 후 그는 다시 歷史上 實例를 들어 俄羅斯를 막음에는 朝
鮮·日本이 相結할 必要가 있다는 것을 力說하였으되, 韓·趙·魏가
合從함에 秦이 敢히 東下하지 못하고 吳·蜀이 相結함에 魏가 敢히

14) 前揭註, 11). 前揭書, 「修信使日記」卷二, p.161, 「親中國의 理由」.
15) 前揭註 11). 前揭書, 「修信使日記」卷二, p.161, 「親日本의 理由」.

南侵하지 못 하였은 즉 輔車의 勢와 脣齒의 交로 나간다면 外侮가
들어올 수 없겠으니 日本과 結托함이 可하다고 하였다. 위에서 帝政
露西亞를 對抗함에 「親中國, 結日本」이라고 한 것은 歷史的으로나 地
理的으로나 當然한 理論이라고 볼 수 있으니, 朝·淸의 關係가 「脣亡
齒寒」의 密接함이 있고 朝·日의 關係가 「輔車相依의 情勢」에 있었
음은 누구나 斟酌할 수 있는 옛 記憶을 東侵하려는 帝政露西亞에 對
하여 새삼스러이 자아낼 수도 있는 것 같다.16)

③ 그러나 聯美國이라는데 이르러서는 먼저 黃氏의 所論을 듣지
않고 얼른 理解하기 어려우니 그의 論據가 어디에 있었던가를 살펴
보면 그는 美國을 紹介하되

> 自朝鮮之東海而往 有亞美利加者 卽合衆國(之)所都也 其(土)本爲英屬
> 百年之前 有華盛頓者 不願受歐羅巴人苛政 發奮自雄 獨立一國 自是以
> 來 守先王遺訓以禮義(儀)立國 不貪人土地 不貪人人民 不强與他人政事
> 其與(與其)中國 立約十餘年來 無纖芥之國(隙) 而與日本往來 誘之以通
> 商 勸之以練兵 助之以改約 尤天下萬國之所共知者…………故常能扶助
> **弱小 維持公義 使歐人不能(敢)肆其惡** 其國勢逼近大東洋 其商務獨盛大
> 東洋 故又願東洋 各保其國 安居無事 使其使節不來(爲朝) 爲朝鮮者 常
> 當遠泛萬里之重(中)洋 而與之結好 而況其迭遣使巨 **旣有意以維繫朝鮮**
> **乎 引之(以)爲友邦之國 可以結援 可以紓禍 吾故曰聯美國**17)

이라 하여, 歷史的으로나 地理上으로나 아무 關係가 없는 東洋 數萬
里 밖에 있는 美國과 聯結하라고 함은 美土는 本來 英屬이었는데,
百年前 華盛頓이란 者가 있어 歐羅巴人의 苛政을 받기를 즐겨 아니
하여 發憤 自雄해서 一國을 獨立함에 이로부터 先王의 遺訓을 지켜
禮義로써 나라를 세우니 남의 土地를 貪하지 아니하며, 남의 人民을

---

16) 前揭書, 『朝鮮最近政治史』, p.235.
17) 前揭註 11). 前揭書, 「修信使日記」卷二, pp.161~162, 「聯美國의 理由」.

貪하지 아니하며, 남의 政事에 關與하지 아니하여 中國으로 더불어 立約한지 10餘年來로 티끌만한 틈이 생기지 않았고, 日本으로 더불어 往來할새 通商으로써 달래며 練兵으로써 勸하며 條約 改正을 도와줌은 天下 萬國이 한 가지로 아는 바다라고 讚揚한 후, 그는 다시 나아가 美國은 弱小를 扶助하며 公義를 維持하여 歐人으로 하여금 敢히 그 惡을 肆하지 못하게 하며, 더욱 商業의 利害關係上 東洋의 平和를 希求하는 所以를 말하여 반드시 朝鮮이 公平한 이 나라를 끌어다가 友邦을 삼아 禍를 면하게 함이 長策임을 主張하였다. 뿐만 아니라 이러한 聯美策에 對하여 諸種의 疑惑을 가지고 反對할 者가 있을는지 모르지마는 이러한 것은 모두 杞憂에 不過하다는 意味로 다음의 諸項에 對하여 詳細한 論難을 加하였다.

① 締美의 反對論에 對한 그의 所論(辯論)을 들어보면

若夫歐米(美)諸國 去我數萬里 飲食衣服不與我同 嗜幣不通 言語不達 彼亟亟然欲與我結盟者 非鄙(圖)利而何 彼利則我害而自不(而子)言聯美國 此鄙人之所大惑者也 日美之爲國 分國施政 而合三十七邦 爲合衆國 統以(而)統領 故得土不加廣隣 其南邦(方) 有名檀香山國者 意求內附 彼且拒絶 而其國尙多廣(曠)土 其土多産金銀 其人善於工商 爲天下首富之國 故得土不加富 其不貪人土地 不貪人人民 此天下萬國 之所共信者 而顧與英 法 德 意 諸國 迭來乞盟 此卽泰西所謂均勢之說也…………此非獨美爲然 (然)英 法 德 意 以朝鮮地瘠 必賴戰勝攻取 迭有創傷以劫盟約 尙非其所願 惟美國 自以爲信義所著 久爲中東兩國所信服 欲以玉帛不以兵車(戎) 故其來獨先 然則美國之來 非特無害我之心 且有利我之心 彼以利我之心來 反疑爲圖利 疑爲害我 是不達時務之說也[18]

이라 하여, 歐美諸國은 數萬里 밖에 있어 飲食 衣服이나 言語 風俗

---

18) 前揭註 11). 前揭書, 「修信使日記」 卷二, pp.164~165, 「締美의 反對論에 對한 辯論」.

도 모두 相異한데 구태여 結盟하고자 한다는 것은 利를 圖謀하는데 不過함이 아니냐 彼利則 我害이니 聯美策이 무슨 所用이냐고 할는지 모른다. 그러나 美國의 立國은 分國施政而合 37邦하여 爲合衆國이라 統以統領故로 得土不加廣隣이라 그 南邦에 有名 檀香山國者 意求內附나 彼且拒絶하니, 그 나라가 尙多曠土요 其土多産金銀이며 其人이 善於工商하여 爲天下 首富之國이라 故로 得土不加富니 其不貪人 土地하고 不貪人人民은 此天下 萬國之所共信者니 朝鮮에 對하여 利를 爲한 野心은 없을 것이다. 英·法·德·意 等 諸國은 朝鮮과 結盟할 때에 我利를 爲하여 할는지도 모르지마는 美國은 오히려 朝鮮을 利롭게 하자는 생각으로 結盟하려는 것이다. 이는 中國이나 日本의 前例로 보아도 斟酌할 수 있는 일이니 도리어 利를 貪낸다고 疑心함은 是不達 時務之說이다 라고 하였다.

② 諸大國의 誅求에 對한 그의 所論(辯論)을 들어 보면

> (疑之者)又曰 朝鮮國小民貧 而與諸大國結盟 誅求無厭 供億無度 藝不將疲於奔命乎 風俗旣殊 禮節亦異 接之非其道 不將疑而滋釁乎 曰古所謂 犧牲玉帛 陳於境上 以待強國 以庇吾民者 古人以小事大之禮也 而今則無是 今之小國 若比利時 若瑞士 若荷蘭國 皆自立 未聞諸大國督責之苛求之也 卽使臣聘問 領事駐劄 資粮匪履 皆彼自供 初到本過一朝見 終歲不過一宴饗 擧凡郊勞贈賄 皆無有也[19]

이라 하여, 朝鮮은 國小 民貧한데 大國과 結盟하였다가 釁求나 當하게 되면 어찌 하느냐, 風俗禮節도 相異한데 섣불리 交際하다가 도리어 釁端이나 더하지 않을 것이냐고 疑懼할지도 모른다. 그러나 이러한 犧牲은 念慮할 것 없으니 設使 犧牲하고 玉帛을 陳於境上하여 以待强國 함은 以小事大의 古禮라 今時에는 아무리 小國이라도 이 같

---

19) 前揭註 11). 前揭書,「修信使日記」卷二, p.165,「諸大國의 誅求에 對한 辯論」.

이 하지 않으니 瑞西나 荷蘭 같은 적은 나라도 모두 自立해 나가되 諸大國의 督責이나 苛求가 있다는 말은 듣지 못하였다. 彼此 使臣과 領事를 駐劄시킨 대도 모두 自供해 지낼 터인데 무슨 念慮할 바가 있겠는가 라고 하였다.

③ 西敎(耶蘇敎, 天主敎)에 對한 그의 所論(辯論)을 들어 보면

> (疑之者)又曰 傳敎之士 煽誘小民 干預國政 稍稍以法裁抑 則動啓鬪爭 或激事變 旣與結約 應許傳敎 後(深)患安有窮乎 曰天主敎之橫天下所共知 顧其敢於橫行者 恃法蘭西左祖之耳………但於立約之始 聲明傳敎之士 須遵國法 若有違犯 與齊民同罪 彼敎士不得肆志 則吾民不至(知)滋事 至於美國所行 乃耶蘇敎與天主敎根源雖同 黨派各異 猶吾敎之有朱陸也 耶蘇宗旨向不干預政事 其人亦多純良 中國自通商來 狀(錢)殺敎士之案 層見疊出 無一耶蘇敎者 亦可證其不爲(如)患也 彼敎之意 亦在勸人爲善 顧吾中土周孔之道 勝之何啻萬萬 朝鮮服習吾敎 漸摩旣深 卽有不肖之道(徒)從之 萬不至下喬木而入幽谷 然則令其傳敎亦復何害 斯又不必疑也[20]

이라 하여, 空然히 結盟하였다가 西敎의 傳敎之士가 入國하여 小民이나 煽誘해 가지고 國政에 干預한다면 탈이 아니냐고 꺼릴는지도 모른다. 그러나 從來의 西敎란 것은 法蘭西의 힘을 背景으로 한 天主敎이었지만 美國의 耶蘇敎란 것은 다른 바 있으니 與天主敎로 根源은 雖同이나 黨派는 各異라 猶吾敎之有朱陸也니 耶蘇 宗旨는 向不干預政事라 中國이 歐美諸國과 通商한 以來 西敎 殺害事件이 層見疊出하였어도 한 사람의 耶蘇敎徒가 없었음은 역시 這間의 實情을 證明하는 것이다. 더욱이 그 敎意가 또한 勸人爲善하는데 있으니 設或 傳敎를 許諾한들 朝鮮에 害될 것은 없으리라고 하였다.

---

20) 前揭註 11). 前揭書,「修信使日記」卷二, p.166,「天主敎의 橫行과 耶蘇敎에 對한 辯論」.

④ 禮義의 美國에 對한 그의 所論(辯論)을 들어 보면

　　疑之者又曰　誠如仔言　天下有疏歐親亞　素稱禮義(儀)之美國　聯以爲交
未嘗不可　顧英　法　德　意從以(而)効尤　接踵而至　則若之何　日苟欲防俄
正利英　法　德(意)　諸國之結爲盟約　互相牽制耳　即不利諸國之來　能終
禁其不來乎　今地球之上　無論大小國　以千(百)數　無一國能閉關絶人者
朝鮮一國　今日鎖港　明日又開　明日鎖港　後日必開　萬不能閉關自守也必
矣　萬一不幸俄師一來　力不能敵　則誠恐國非己有　英　法　德　意不顧俄人
之專有其土　則群起而爭　潰壞決裂　殆不可收拾　前此有波蘭一國　俄　德
澳　取而收分之　去年土耳其之役　俄師未撤　諸國交起　亦割分邊地　與澳
與英　與德而後已　朝鮮苟爲之續　非吾之所忍言也　印曰　使(仗)先王先公
之靈　群神群祀(群祀)之福　天祚朝鮮　必無此事……又可(何)爲諸國之先
導　爲朝鮮造福　即爲亞紀亞造福　此之不爲尙疑乎哉[21]

이라 하여 또 위의 諸點은 疑惑할 수 있다 치고 美國과 한 번 結盟
한 다음 英·法·德·意 等 諸國이 接踵하여 또한 結盟하기를 要求
한다면 걱정이 아니냐고 할는지도 모른다. 그러나 强大한 俄羅斯를
防禦함에는 차라리 英·法·德·意 等 諸國과 結盟하여 相互 牽制하
게 함이 오히려 有利하니 設或 朝鮮에 不利하다 하더라도 위의 諸大
國이 來到할 때 能히 禁할 수가 있을 것이다. 今 地球上에 無論大小
國하고 斷無一國이 能閉關絶人者니 朝鮮一國이 鎖日 이라도 明日은
必開요 明日 鎖港이라도 後日은 必開하여 萬不能 閉關自守也 必矣라
萬一 不幸하여 俄師 一來에 力不能敵則 誠恐國非己有니 英·法·
德·意가 不顧俄人의 專有其土則 群起而爭 潰壞 決裂이면 殆不可 收
拾이라 前此有波蘭 一國은 俄·德·澳 등이 取而收分之요 去年 土耳
其의 役에 俄師 未撤이어늘 諸國이 交起하여 亦割分 邊地하여 與澳,
與英, 與德, 而後己라 朝鮮은 先王 先公의 靈과 群神 群祀의 福으로

---

21) 前揭註, 11). 前揭書, 「修信使日記」 卷二, pp.166~167, 「禮義의 美國과
　　亞細亞의 福利에 對한 所論」.

반드시 無事하겠지만 먼저 美國과 締結한 후 다시 諸强國과도 公平
한 條約을 締結하여 彼此 使節의 交換으로 轉禍爲福을 圖謀할 것이
다라고 하였다. 여기에 黃氏는 다시금 主張하되

> 群(羣)疑旣釋 國是一定 於親中國則稍變舊章 於結日本則亟修(守)條規
> 於聯美國(則)急締善約 而卽奏講陪臣常奏 北京又遣使居東京 或遣使往
> (駐)華盛頓 以通信息 而卽奏請 推廣鳳凰廳貿易 令華商乘船來釜山 元山津
> 仁川港 各口通商 以防日本商人之隴(壟)斷 又令國民來長崎 橫濱 以習懋遷[22]

하라 하여, 使節의 交換과 通商을 主張하고, 뿐만 아니라

> 陸軍制度는 速히 中國에 와서 배우고 海軍制度와 造船術은 日本에
> 가서 배우며 天文, 算學, 化學, 鑛學, 地學 等은 西人에게 가서 배우
> 라 이리하여 獨立自强의 基礎를 세우라[23]

하였다. 이로써 策略의 防俄策에 따른 門戶開放論의 內容은 거의 紹
介된 것인 바, 그의 所論은 가장 大膽하게 朝鮮의 門戶開放을 力說
하였고, 耶蘇敎와 天主敎를 分離하여 耶蘇敎 信仰의 無害 有益함을
高調한 것이라든지 英·法·德·意 等 歐美諸國과도 結盟을 締結함
이 좋다고 한 것은 當時 頑固한 朝鮮人의 생각보다는 確實히 한 걸
음 앞선 理論이라 아니할 수 없고, 當時 時局에 對하여 正確을 얻은
바 있다고 하겠으나 이는 當時 淸國의 李鴻章이 背後에서 朝鮮에 對
한 歐美列强의 立約을 勸導[24]하고 있는 面에서 뿐만 아니라 이 朝
鮮策略의 理論은 오직 著者인 黃遵憲의 意見이 아니라 어느 程度 淸
國政府 當局者들의 意見이기도하였다[25]는 것 등으로 미루어 볼 때

---

22) 前揭註 11). 前揭書, 「修信使日記」 卷二 p.167, 「使節의 交換과 通商에
　　對한 所論」.
23) 前揭註 11). 前揭書, 「修信使日記」, 卷二, p.167, 「技術의 學習에 對한 所論」
24) 權錫奉, 「李鴻章의 對朝鮮列國立約勸導策에 對하여」, 『歷史學報』 第21
　　輯, pp.101～130 (서울, 1963) 參照.

역시 어디까지나 中國人이 본 國際的 眼目에 不過하다는 것이다. 또
한 이른바 帝國主義政策이라는 것이 歷史上 特定한 國家의 特定한
政策으로 나타나는 것이 아닌 以上 美國만은 英・德・法・露 等과 같
은 國家와는 異質的인 國家라고 斷定하기 어렵다. 그 政策의 內容은
極히 理想主義的 樣相을 띠고 있다고는 하나 本質에 있어서는 다른
바 없다고 하겠다.26) 그러나 그 具體的인 方略의 檢討를 考慮에 넣
지 않는다면 그의 所論은 實質的으로는 받아들인 것이었다. 이러한
朝・淸・日을 圍繞한 情勢를 바라보고 있던 歐美諸國은 接近의 機會
를 엿보게 된 것이니 그들을 爲하여 좋은 資料와 口實을 提供하여
준 것이며, 日帝勢力의 韓國浸透이었다고 보겠다.

4. 策略의 波紋27)

1) 衛正斥邪運動

前述한 바와 같이 이처럼 王室과 朝廷의 政策은 一大轉換을 보게
된데 反하여 이 策略의 冊子內容이 一般에게 알려지자 開化(國)策에
對한 反撥이 鎖國保守의 斥邪論에 젖은 儒林 측으로부터 猛烈한 反
對論이 일어나 各處에서 反對 上疏28)가 遝至하였고 그의 策略이 韓

---

25) 申國柱,『近代朝鮮外交史』, p.150 (서울, 1965).
26) 李普珩,「美國極東政策의 歷史的變遷－門戶開放政策을 中心으로－」『歷
    史學報』第1輯, pp.69~89 (서울, 1952). 前揭 論文,「庚辰修信使 金弘
    集과 黃遵憲著 朝鮮策略에 關한 檢討」『東亞論叢』第1輯 參照.
27) 이 時期에 關한 硏究로서 金義煥「開化運動攷－開港前後를 中心하여－」
    (『우리나라 近代化史論攷』, 서울, 1964). 前揭書,『韓國史－最近世
    篇－』, pp.447~461. 旗田巍,「近代における朝鮮人の日本觀－衛正斥邪論を
    中心にして－」,『思想』520號, (東京, 1967). 韓佑劤,「開港 當時의 危機
    意識과 開化思想」,『韓國史硏究』2, (서울, 1968). 李光麟,『韓國開化史硏
    究』(一潮閣, 서울, 1970). 崔昌圭,『韓國近代政治思想史』(一潮閣, 서울,
    1972) 등 論著에서 더욱 具體化되어 있을 뿐만 아니라 여기에서는 主題
    와 關聯된 範圍內에서의 事象을 現象的인 面에서 槪略하였다.

末政局에 미친바 波紋은 尋常 着過할 바가 아니었다. 그리하여 斥邪

---

28) 「上疏文」은 下意 上達의 言論通路－黃氏의 策略에 對하여 鎖國保守의 儒
林들이 猛烈한 「衛正斥邪運動」을 일으키는 同時에 高宗에게 「萬人疏」와
같은 集團的인 上疏를 비롯하여 續續 上疏文을 올린 것은 生命을 내어
걸고 한 愛國的인 氣魄에서 우러나온 것이었다. 이에는 勿論 私心이라든
가 私慾이란 秋毫도 없었다. 이들의 억누를 수 없는 하나의 信念에서 터
져 나온 것임에는 틀림이 없었다. 여기서 우리는 上疏文의 文質과 그 性
格에 注意깊은 關心과 檢討가 必要함을 느끼지 않을 수가 없다. 由來로
上疏文은 臣民이 國王에게 直訴하는 唯一한 言論 疏通의 通路로서 일찍
부터 專制君主 體制下에서 쓰여져 나온 것이었다. 그 實例를 最近世史에
서 들어본다면 積極的인 斥邪政策主義者인 大院君에게 直諫한 崔益鉉의
上疏文이라든가 東學徒들의 伏閤上疏라든가 乙巳條約 當時의 閔泳煥을
首領으로 한 疏爭 같은 것이 그 代表的인 것이었다. 이제 그 代表的인 上
疏文의 하나로 景福宮 工事가 百姓들을 苦役과 民生苦에 떨어뜨렸다고
大院君을 攻擊한 高宗에게 올린 上疏文을 引例로 들어보면 「……臣이 掌
憲의 生을 받은지 月餘에 俯仰 驚惶하온 바 擢諫의 職에 있는 者로서 人
生의 耳目이 되지 못하면 안 될 것이라 생각하와 愚陋한 死見이라도 敢
히 陳言하옵니다. 첫째로 景福宮 工事의 役事를 말하지 아니할 수 없습
니다. 大概 茅屋土階의 宮室에서도 德만 있으면 나라가 잘되고 瓊宮瑤擽
의 建築으로도 德이 없으면 亡한다는 것이라 이제 殿下 卽位 以來로 景
福宮 建設만 盡力하여 三·四年을 期하여 竣功하기로 하니 人民이 搖役
에 苦하면 나라가 亡할 것은 古來의 歷史로 보아 分明히 알 수가 있는
것입니다. 이제부터 殿下께서 아직 着手하지 아니한 것은 一辨 停止하여
民勞를 휴식시킴을 바랍니다.」 이로써 崔益鉉은 大院君의 大怒를 사서
嚴罰을 받게 되었으나 朝廷에서 그를 救濟하여 處斷을 免하였다. 여기서
보듯이 疏文은 나라를 爲하여 또는 國事를 爲하여 愛國에 불타는 熱誠과
信念에서 참을 수 없는 情勢로서 북받쳐 나온 것이 그 特徵이었다. 勿論
이러한 信念에서 우러나온 上疏文이란 거의가 國王에 忠誠을 다한다는
것이 빼놓을 수 없는 前提條件이 되나 그렇다고 이것이 반드시 正當性과
妥富性을 具備한 것이 아님은 두 말할 것도 없다. 그 좋은 實例가 本稿의
辛巳年의 「衛正斥邪論」의 上疏 같은 것이 바로 그것이다. 그러나 우리가
가장 關心과 注意를 끄는 것은 上疏文이란 國王과 民衆과의 直通하는 言
論의 通路가 일찍부터 우리나라에서 發達되어 있었다는 點이다. 專制君
主體制下에 民衆의 言論(與論)이 上疏文이란 形態로서 直接 主權者인 國
王에게 下意 上達하는 通路가 터져 있었다는 것은 하나의 特徵이라 하겠
다. 全海宗 「上奏文의 格式 內容 및 節次에 對하여」(『李相佰博士 回甲紀
念論叢』, pp.543~556, 乙酉文化社, 서울, 1964) 參照.

論에 젖은 鎖國保守의 儒林들은 이러한 對內外의 情勢變化에 어두웠고 傳統的인 儒教思想에 사로 잡혀서 밖의 것을 받아들이는데 絶對 反對이었다. 더구나 黃氏의 策略과 같은 開國策에 關한 外交意見書는 나라를 危殆롭게 하는 左書로 알았고 이를 물리치는 것만이 愛國愛族하는 唯一한 方法인 줄 알았다. 그리하여 國內의 斥邪論에 젖은 儒林들은 蹶起하여 이를 바로 잡기 爲하여 衛正斥邪運動29)의 上疏를 하게 된 것으로서 이것은 그들의 確固不動한 思想이었다. 그것은 正祖 以來 純祖 憲宗의 三朝에 걸쳐 이루어진 衛正斥邪策에 어긋난 것이라는 데 있었다. 처음에는 이 冊子를 高宗에게 獻上한 金弘集에 對하여 個人 攻擊을 集中시켰으나 一轉하여 高宗을 爲始하여 戚臣과 大臣들의 失政을 痛擊하는 화살로 變하였다. 이것은 高宗 18年 辛巳 (1881)의 일이었으니 儒林들의 이러한 運動을 辛巳衛正斥邪論이라고 부른다. 이 斥邪論은 더욱 熾烈化되었다. 이와 같이 國內의 儒林들은 蹶起하여 이를 바로잡기 위하여 衛正斥邪運動의 上疏가 全國的인 規模로 持續되니 閔妃 中心의 戚族政權으로는 어느 모로나 憂患이요 不安이 아닐 수 없었다. 卽 高宗 18年 辛巳 2月 28日 南人이 中心이 되어 嶺南儒生 李晩孫을 疏頭로 한 萬人疏30)를 爲始하여 各地에서 繼續하여 斥邪論의 擧疏運動이 波文되어 3月 23日이 黃載顯, 洪時中 등의 洋和通謀斥邪論31), 5月 9日에는 慶尙道 儒生 金鎭淳 京畿道 儒生 柳冀永 忠淸道 儒生 韓洪烈 등의 斥邪儒疏32) 閏 7月 6日에는 京畿道 儒生 申櫶 江原道 儒生 洪在鶴 忠淸道 儒生 趙啓夏 全羅道 儒

---

29) 前揭註 28) 參照 및 正祖 이후 歷代朝에 걸쳐 儒教 以外의 바깥 世界의 思想 및 宗教(特히 西教(學))를 一切 물리치는 것을 唯一한 武器로 하는 것이 어느덧 하나의 傳統的인 思想的 基盤이 되었다.

30) 國史編纂委員會, 「梅泉野錄」 卷之一 上, p.51 (韓國史料叢書 第一, 서울, 1955). 田保橋潔, 「近代日鮮關係の硏究」 上卷, p.753(서울, 1940). 前揭書, 『朝鮮史』 高宗 十八年 辛巳 二月二十六日 및 三月十五日과 前揭書, 『日本外交文書』 第14卷 (東京, 1951) pp.372~375의 「嶺南疏頭」 參照.

31) 前揭書, 『朝鮮史』, 高宗十八年 辛巳 三月二十三日 및 『日省錄』.

32) 前揭書, 『朝鮮史』, 高宗十八年 辛巳 五月九日 및 『日省錄』.

生 高定柱 등의 斥邪伏閣上疏[33]가 遝至하였다. 諸反對 疏 中에는 嶺南儒生 李晩孫 등을 疏頭로 한 萬人疏와 江原道 儒生 洪在鶴 등의 伏閣上疏가 實로 萬人의 怨聲을 代辯한 듯 當面의 國政을 痛駁하였으며 果敢한 主張을 내세웠다. 이들의 反對의 焦點을 列記해 보면 嶺南萬人疏는 嶺南儒生들이 疏廳을 만들고 禮安儒生인 李晩係의 製疏로 上疏된 것으로서 그 上疏文의 內容인 즉

        ……歷朝가 衛正斥邪를 國是로 하여 왔는데 이제 黃遵憲의 冊子는 淸國·日本·美國과 聯合하여 俄羅斯를 防禦하며 西學에 從事하여 致富, 勸農에 힘써야 한다는 것은 하나의 妄語가 아닐 수 없습니다. 朝鮮은 옛부터 내려오는 財用農工에 良法 美規가 있는데 무엇 때문에 西學을 따를 必要가 있단 말인가. 黃遵憲이란 者는 自稱 中國 所生으로서 日本의 說客이 되고 美國의 耶蘇善神이 되어 즐겨 亂賊이 된 者의 嚆矢이다. 얼마 전에 邪黨匪類들이 沁都에서 敗한 것을 못내 憤히 여겨 兵力으로서는 도저히 못할 것을 알고 僥倖으로 어떻게 먹어 볼 慾心이 얼마나 요리조리로 꾀하는 것이 아닙니까……

라고, 大略 이러한 뜻으로 「朝鮮策略」을 逐條 論駁하였다. 그리고 結論으로서 이러한 邪書를 가져 온 金弘集을 罰하여 流配시킬 것과 同冊子를 燒却할 것을 上疏하였다.[34] 또한 江原道의 儒生 洪在鶴은 다음과 같은 上疏文을 高宗에게 바쳤다. 그 疏文의 內容인 즉

        ……朝鮮에는 道學을 지키고 邪敎를 排斥하는 것으로서 正祖 以來의 遺業으로 삼았고 이러한 義理는 아직도 確實히 남아 있습니다. 그

---

33) 前揭書,『朝鮮史』, 高宗十八年 辛巳 閏七月 初六日. 前揭書,『日本外交文書』, 第14卷, pp.376~381 (全文收錄), 洪在鶴의 被囚後 事蹟은 國史編纂委員會,『騎驪隨筆』(韓國史料叢書 第二, 서울 1955) pp.8~14 洪在鶴ー(金平默 所撰), 江上隨錄江原道幼學 洪在鶴疏本. 前揭書,『近代日鮮關係の研究』上卷, pp.754~756. 前揭書,『韓國史ー最近世篇ー』 pp.449~456.
34) 前揭註, 30) 參照.

런데 高宗의 親政以來 日本과 交接하고 通商하는 것에 힘쓰면서 倭
奴와 洋奴가 附同하여 우리에게 危殆를 加하고 있음은 돌보지 않는
다. 이 때문에 邪說은 廟堂 上에까지 橫行하고 兇言異言이 京外에 揚
籍하여 三王의 遺業은 이미 廢하여졌습니다. 黃遵憲의 私凝冊子와 같
은 것은 實은 我國 臣僚中에서 和好를 主張하는 者들이 저놈의 이름
을 빌려서 만들어 낸 것이 틀림이 없습니다. 國王으로서 聖心을 憤發
하고 衛正斥邪의 大義를 굳게 잡고 主和賣國의 臣僚들을 버리지 않
는다면 耶蘇의 요망한 氣運을 烈火의 燎原과 같이 撲滅할 수 없을
것입니다. 孔・孟・程・朱의 大道가 날로 衰하고 달로 亡하여 집에
들면 倫理 道德이 亂雜해지고 사람마다 禮儀를 버리게 되면 드디어
宗廟와 社稷이 甚할 것이 아닙니까……

하는 뜻으로 和好通交와 朝廷에 邪說이 橫行한다는 點을 들어 上疏
하였다. 그러나 洪在鶴의 上疏는 朝廷에 邪說이 行하여지고 있다고
明示한 까닭으로 곧 檢擧 投獄되었다. 그러나 洪在鶴은 上疏의 所信
을 屈하지 않고 委官의 審問을 받을 때에도 다음과 같이 主張하였다.

　　……나라 안에는 邪學이 橫行하여 조금도 衛正斥邪의 實績이 없음
　　을 痛歎한다. 大院君이 執政할 때에는 斥邪가 徹底하던 것이 高宗大
　　王의 萬機親裁 以後로부터는 斥邪가 嚴하지 않다……

라고 하였다. 이 때문에 洪在鶴은 그만 犯上下道의 罪目으로 結案되
어 同年 閏 7月 20日에 西大門 밖에서 綾遲處斬의 慘刑을 받았다.[35]
이들의 反對의 焦點 要旨는 前述한 바와 같이 極端의 攘夷論이었다.
이 때문에 金弘集은 一時 引責 辭職하고 李晚孫 등 過激分子는 處刑
에까지 이르렀고, 洪在鶴의 上疏는 朝廷에 邪說이 橫行하여지고 있다
고 한 까닭으로 곧 檢擧投獄되어 綾遲處斬의 慘刑을 받았던 것이다.
　이에 對한 國王의 批答도

---

35) 前揭註, 33) 參照.

關邪衛正 何待爾等之言乎 至若他國人 私擬文字 初不足深究 而爾
等 乃誤看而扶摘矣 若籍此而又煩與 最謗調朝廷 豈可待之以士子 而
不之嚴處乎 爾等 知悉退去[36]

라고 하여 좋은 言辭로 退去를 命하는 程度이었다. 또한 當面의 窮
餘之對策으로서 斥邪綸音을 頒布하여 各地方의 擧疏運動의 口實을
막고자 하였다. 뿐만 아니라 斷乎한 彈壓策을 取하여 遠地竄(流)配,
强制逐出, 誅戮해 치우려는 戚族政權의 報復的인 殺伐 속에 이러한
矛盾과 對立은 쉴 틈 없이 늘 繼續 展開되니 實로 門戶를 開放한 이
후의 벅찬 苦悶이 아닐 수 없었던 것이다. 위에서 黃氏의 策略이 猛
反對를 일으킨 까닭은 瑣國保守의 斥邪策을 버리고 開國(化)主義를
勸한 것이 그 첫째의 理由이며, 둘째로 淸國·日本·美國과 聯結(盟)
을 傳한 것과, 셋째로 美國과 親近하는데 가로 놓여진 耶蘇敎에 對
하여 辯論한 것이 그 重要한 原因(內容)이 되었던 것이다.

2) 開化風潮相

高宗 3年 丙寅(1866)의 佛蘭西와 高宗 8年 辛未(1871)의 美國은
모두 다 이 나라의 門戶를 開放시키기 爲하여 적은 軍事行動까지 取
하였으나 失敗하고 오히려 뒤늦게 다가온 日帝가 丙子年 (1876)에
江華島條約을 締結하는네 成功하였다. 그리하여 鎖國 朝鮮은 門戶를
開放하고 同時에 外國의 新文化를 輸入하기에 눈을 뜨게 되었는데
이와 같은 經路를 밟아 이 나라는 鎖國의 門戶도 열리게 되고 「自主
」가 무엇인가를 새삼스러이 찾아보게도 되었으며, 나아가 歐美諸國
의 새로운 文明도 어슴푸레 받아들이게 되었으니 이러한 風潮를 가
르쳐 「開化」라고 일컫게 되었으며 이 開化風潮에 뒤따라 近代的인

36) 前揭書, 『朝鮮史』, 高宗十八年 辛已 二月 二十六日. 前揭書, 『日本外交文
書』第14卷, pp.372~375, 「嶺南疏草」. 李能和編, 『朝鮮基督敎及外交史』
下編, (서울, 1928) pp.910~911 參照.

自覺아래 비로소 찾을 수 있었던 것이 우리들의 獨立精神이었던 것이다. 뒤늦게나마 받아들여야 될 風潮이었고 알뜰히 찾아야 될 그精神이었으니 好, 不好와 善, 不善은 暫時 묻지 말고 그 進展하여온 經過부터 살펴보면, 江華島條約을 締結한 丙子年 5月 우리 政府는 日本에 對한 答禮의 修信使로 禮曹參議 金綺秀를 日本에 派遣한바 이 當時에 隨從한 人員이 76名이었다. 이들은 日本 東京에 滯留하기 20餘日間에 日本 政府로부터 相當한 優待도 받았으며 그들이차려 놓은 歐美式의 新施設도 見聞할 수 있었다.37) 그리하여 이 修信使 一行이 歸國 후부터 文明, 開化가 무엇인가 하는 것도 上下에알리게 된 것이니 大國 或은 中華라고 일컬어 온 淸國의 文物 以外에도 놀랄만한 文化가 있고 施設이 있다는 것을 비로소 證言할 수있었던 것이다.38) 그 後 日本公使 花房義質이 서울에 來駐하게 되고다시 庚辰年에 第二次 修信使로 禮曹參議 金弘集을 日本에 派遣하게되자 그를 通하여 좀더 具體的인 新知識을 輸入할 수 있었으니 黃氏의 策略같은 것은 各方面의 注意를 相當히 喚起시켰다. 그리하여 東方의 策書인 이 策略은 新進氣銳인 朝鮮의 靑年層에는 커다란 感銘을 주었다 하니 黃氏의 所論이 雄文 卓見이었다기 보다도 그 當時의韓末政局 및 思想界를 反映하는 것임에 틀림이 없었던 것이다.39) 淸國의 外交官인 黃遵憲이 亞細亞의 三國同盟을 締結하자는 立論은 弘文館 校理이었던 金玉均 李樹庭 그리고 侍講院 文學 申箕善 等 젊은層의 士氣를 昂揚시켰다. 이들은 한결 같이 黃遵憲과 더불어 한 자리에서 談論 風發하여 朝鮮과 亞細亞의 前途에 對한 抱負와 經倫을펴려는 衝動과 熱意에 불타오르게 되었던 것이다.40) 이즈음 日本 東

---

37) 前揭註, 4). 前揭書, 『韓國史—最近世編—』, pp.402~424. 前揭書, 『朝鮮史』, 高宗 十三年 丙子. 前揭 拙稿, 「丙子修信使 金綺秀使行考」 『大丘史學』 第1輯. 拙稿, 「丙子修信使 金綺秀使行考 追補」, 『惠庵柳洪烈博士 華甲紀念論叢』 (서울. 1971) 參照.
38) 前揭註, 4), 37) 參照.
39) 前揭註, 4), 5), 6), 7), 8) 參照.

京에서는 興亞會41)라는 것이 생겼고 東亞 三國이 同盟하여 同心 同
力하면 歐羅巴를 두려워할 것이 없다는 立論을 하였다. 그 후 李樹
庭은 日本 視察의 紳士遊覽團의 一員으로서 渡日하였고 金玉均은 高
宗의 內命을 받고 單身 渡日하여 後日의 開化運動의 일꾼이 되었다.
그리하여 鎖國 朝鮮은 門戶를 開放하고 同時에 外國의 新文化를 輸
入하기에 눈을 뜨게 되었는데 高宗 18年 辛巳(1881)라는 해는 韓國
開化運動史上에 있어 特書할 만한 해라 할 수 있다. 그것은 이 해에
紳士遊覽團이라 하여 兩班階級의 小壯人物을 網羅하여 紳士遊覽團을
日本에 派遣하였으니 이에 參加한 趙準永, 朴定陽, 嚴世永, 姜文馨,
趙秉稷, 閔種默, 李鑛永, 沈相學, 洪英植, 魚允中 등은 當代 新進 氣
銳의 人士이었으며 이들의 使命도 單純한 遊覽이 아니었고 日本의
새로운 施設과 學術을 골고루 調査하고 研究하자는 것이었다.42) 한
편으로는 遊覽團 派遣과 前後하여 淸國 北洋大臣 李鴻章의 招請을
받아들여 淸國에 對하여서도 中流 以上의 靑年子弟 69名을 留學生
으로 派遣하게 되었으니 領選使 金允植의 引率下에 그들은 機械 軍
物 艦船 등의 새로운 技術을 배우고자 天津으로 떠났던 것이다.43)

---

40) 前揭書, 『朝鮮最近政治史』, pp.91~117. 前揭書, 『韓國史－最近世篇－』,
　　pp.565~588. 前揭書, 『近代日鮮關係の研究』 上卷의 「日韓國交の更新と
　　其反動」 參照

41) 「……日人近有私開一社 名興亞會 淸公使及中國人士 多與焉 其意 欲與
　　淸日本及我三國 同心同力 無爲歐羅巴所侮云…」(前揭書, 「修信使日記」
　　卷二 p.151), 興亞會의 具體的인 事項은 李光麟, 『開化黨硏究』(一潮閣,
　　서울, 1973) pp.188~190에 言及되어 있다.

42) 國史編纂委員會, 『從政年表』(韓國史料叢書 第六, 서울, 1958) pp.119~120
　　(高宗 十八年 辛巳) 正月 十一日 「東萊暗行御史除授 및 暗行御史封書」, 三
　　月 二十日 「趙準永 등 十二名의 渡日」, 四月八日, 二十八日, 七月 二十一日,
　　八月二十七日. 鄭玉子 「紳士遊覽團考」 『歷史學報』 第27輯, pp.105~142
　　(서울, 1965).

43) 前揭書, 『朝鮮史』, 高宗 十八年 辛巳 閏 七月 十五日, 九月 二十六日. 國
　　史編纂委員會, 『陰晴史』, pp.3~10 (韓國史料叢書 第六, 서울, 1958). 前
　　揭書, 權錫奉, 「領選使行에 對한 一考察」, 『歷史學報』 제17,18合輯, 前
　　揭註, 9) 參照.

이와 같이 日本의 勸奬이든 淸廷의 招請이든 이 나라의 多數한 젊은
이들이 禁斷의 地인 祖國을 떠나 이웃나라 새나라를 찾게 된 것은
新知識 新技術을 배우기 爲한 것임에 틀림없지만 그보다도 새로운
自我와 새로운 祖國을 發見할 수 있는데 좀더 도움이 되었던 것이
다. 그리하여 그들이 視察하고 調査하여 온 新知識과 新計劃에 의하
여 곧 바로 이 나라의 開化政策이 마련되어 行政 軍事 文化 等의 各
方面이 相當한 改革[44]을 보이게 되었으니 너무나 急激하였던 感이
있어 壬午軍亂 같은 意外의 結果도 招來하게는 되었지만 그 滔滔한
開化의 風潮가 볼만한 바 있었고 이에 따라 民族的인 自覺과 國家的
인 自主意識도 싹트게 된 것만은 事實이었던 것이다. 따라서 한 번
무너진 鎖國의 障壁이 滔滔하게 밀려드는 近代資本主義 文明을 어느
모로나 막아낼 수 없다는 것도 事實이겠지만 이 나라의 政界와 指導
層을 이처럼 開化革新과 鎖國保守의 兩派로 뚜렷이 區分하여 對立을
尖銳化시킨 것은 무엇보다도 修信使 金弘集의 日本 往來와 黃氏의
策略이 크게 影響하여 直接的인 波紋을 던진 것이라 하겠으나, 이는
어디까지나 表面的인 役割 從的인 位置 外에는 다른 意義를 附與할
수 없다는 것이다. 이로서 볼 때 그것은 黃氏의 策略이 鎖國保守의
斥邪論者들과 開化革新의 新進氣銳들을 中心으로 韓末政局에 미친
波紋을 살펴온 바 이들이 全體的으로 黃氏의 理論下에 組織되고 把
握된 것도 아니었으며, 이와 같은 黃氏의 所論과 韓末政局 全體의
進展의 方向과는 乖離되었고 끝내 이것을 收拾해서 有機的인 統一體
를 이루지 못하였던 것은 이것을 統一的으로 把握하고 高次的인 段
階에까지 集約的으로 이끌어 갈만한 精力的인 階層의 理念이 缺如한
탓이었고 同時에 門戶開放을 圍繞한 修交 前後의 韓末政局 全體의
性格에 그 어떤 限界性을 設定케 하는 所以이기도 한 것이다. 그러

---

44) 全海宗, 「統理機務衙門의 設置徑緯에 對하여」, 『歷史學報』第17, 18輯 合
輯號, (서울, 1962). 李鍾春, 「統理機務衙門에 對한 考察」『淸州敎育大論
文集』第3輯(淸州, 1968).

나 그 性格的인 檢討를 考慮에 넣지 않는다면 分明히 理論的으로나 實踐的으로나 韓末政局에 波紋을 일으킨 有力한 論據中의 하나임에는 틀림이 없었던 것이라 보겠다. 그리하여 이 나라 狀況은 日本에 더 關心이 크게 되고 이를 通하여 開化風潮의 思想과 나아가 日帝勢力의 浸透도 括目한 바가 있게 된 것이다. 이러한 情勢를 살피게 된 淸國의 李鴻章은 將來의 防俄策보다 日帝勢力의 牽制策을 講究하여야만 되었던 것이다. 그리하여 李鴻章은 美國을 爲始하여 歐美諸國과의 修交를 促進시킴으로써 以夷制夷의 口實을 살피었으며45) 또한 이러한 것을 재빨리 알아차리고 敏速하게 外交策을 取한 美國을 爲始하여 歐美諸國에게 隱逸國 朝鮮은 드디어 그 門戶를 完全히 開放하였던 것이다.46)

5. 結 言

以上에서 要컨대 살펴온 바와 같이 黃氏의 策略에 對한 그 具體的인 方略의 檢討 및 韓末政局 全體의 進展의 方向에 對한 性格的인 檢討를 考慮에 넣지 않는다면 分明히 理論的으로나 實踐的으로나 韓末政局에 波紋을 일으킨 有力한 論據中의 하나임에는 틀림이 없었던

45) 이 當時 李鴻章이 李裕元을 通하여 朝鮮의 外交를 指導하였다는 主張은 例하면 田保橋潔의 前揭書 p.55에서 뿐만 아니라 前揭註, 24), 前揭書, 『近代朝鮮外交史』 pp.150~151의 論著에서는 具體的으로 究明하고 있음을 볼 수 있다. 李晋珩의 「Shufeldt 提督과 1880年의 朝·美交涉」『歷史學報』第15輯 pp.61~91 參照. 前揭書, 『韓國史－最近世篇－』 pp.706~774, 前揭書, 『朝鮮最近政治史』 pp.238~299.

46) 前揭註, 43), 45). 韓沽劤 「Shufeldt提督의 韓美修好條約締結 交涉推進緣由에 대하여」『震檀學報』第24號 (서울, 1963). 朴日槿『近代韓美外交史』(博友社, 서울, 1968) 參照. 이러한 一連의 情勢를 W. E. Griffis, 「Corea the Hermit Nation」) 說에 의하면 開化黨 紳士들의 淸·日 訪問도 黃氏의 說을 具現시킨 것이라고 한 바 이는 多少 지나친 觀察이라는 느낌도 不無하지만 當時 韓末政局에 있어서의 黃氏의 策略이 波紋을 일으킨 것만은 숨길 수 없는 사실인 것이다.

것이라 하겠다. 그의 策略이 傳來紹介된 것은 金弘集 使行에 의한
庚辰年이며, 그가 防俄策을 取하되 「親中國, 結日本, 聯美國」하라고
主張한 것은 當時의 非常한 注目을 끌었던 것이 事實인데, 이러한
冊子의 內容이 一般에 알려지자 衛正斥邪論에 젖은 鎖國保守의 頑迷
한 儒林 측으로부터 猛烈한 反對論이 일어나 各處에서 反對上疏가
遝至하였고, 그의 策略을 처음 傳來 紹介한 者가 開化派의 巨頭 金
弘集이었다는 것과 論者가 大國인 淸國人이었던 만큼 그 韓末政局이
미친 波紋은 決코 尋常 看過한 바 아니었다는 것을 보아 왔다. 그리
하여 이 나라 狀況은 日本에 더 關心이 크게 되고 이를 通하여 開化
風潮의 思想과 나아가 日帝勢力의 浸透도 括目한 바가 있게 된 것이
다. 이러한 情勢를 살피게 된 淸國의 李鴻章은 將來의 防俄策보다
日帝勢力의 牽制策을 講究하려는 意圖下에서 새로 列强의 均勢를 꾀
하였으며, 이러한 것을 재빨리 알아차리고 敏速하게 外交策을 取한
美國을 爲始하여 歐美諸國에게 隱逸國 朝鮮은 드디어 그 門戶를 開
放하기에 이르는 機緣을 짓게 된 것도 가릴 수 없는 事實이었던 것
이다.

Résumé

A Study of Korea-Japan Relations in the Opening of Korea(1876-1880)

by

Cho Hang-Rae

professor of Korean History
Junior Technical College
Attached to Yeungnam University

1973
Hynmg-Seul Publiehing Co.
Daegu, Korea

Contents

I. On Envoy, *Kim Ki-Su's* Mission to Japan in 1876.

It is known that the year 1876 is the most important period during which Korea came to be modernized.

The Kanghwa Treaty(江華條約) and the dispatching envoy made this opportunity. Until now, many scholars have studied about the inter-outer international affairs between Korea and Japan, and its meaning and influence after this Treaty. Above all these, *Kim Ki-Su's Ildong Kiyu* (金綺秀 日東記游, diary of Kim Ki-Su's Mission to Japan) attracts our attention. *Shin Suk-Ho*(申奭鎬) and other professors have mentioned about this book, its historical importance, and its historical details. Its explanation and analytical criticism, however, are not only the basis to understand the process of the modernizing Korea but also the indication to realize all the aspects of internal-external relations between Korea and Japan. And so I want to write about the Korea-Japan Kanghwa Treaty, the details of dispatching envoys, its mission, its members, its schedule, its articles of tourism, their interview, and their attitude. Furthermore I am writing about the Japanese attitude and their modernized aspect. After they(good-will visitors) saw what Japan was, what did they think ? What was the result of their visit to Japan as gentlemen ? All these are the abstract of my thesis.

In token of the Kanghwa Treaty with Japan in 1876, envoy Kim Ki-Su and his party were for the first time sent to Japan as a modernized emissary in April of the same year. Though it takes along time to study everything envoy Kim Ki-Su was not merely sent out of his willingness, for King Ko-Jong(高宗) was very urgent with him for the investigation of the Japanese situation when Kim Ki-Su had reported of his mission. But it was impossible for an envoy to visit everywhere he wanted to study what he wished. Therefore the envoy's mission was not to investigate the modern civilization of Japan but to acquire general information about it. But what envoy Kim ki-Su saw in modernized Japan gave stimulation to King Ko-Jong and Queen Min(閔妃), their families, and court officials who wanted to open the Chosun Dynasty to the world. As a whole, in his diary we can hardly distinguish any unique idea on Japan, but occasionally he shows some what critical insight on it. But we may not underestimate that they obtained a wide understanding and good experience, and that they came to revaluate modernized Japan and what Japan really is.

Kyung-Jin(庚辰 1880 A. D.) envoy, Kim Hong-Jip(金弘集) must also have stimulated the King, since it induced him and courtiers to send a mission called "Gentlemen Touring Corps" (紳士遊覽團 1881 A. D.) to go to Japan and study Japanese developments.

It is hard to deny that the Chosun Dynasty, which had declined foreign influences and closed up to the world's progress, came to turn its eye to the world as the result of the mission.

Ⅱ. A Supplementary Study on Envoy, Kim Ki-Su's Mission to Japan in 1876.

In my previous thesis, a study on Envoy, Kim Ki-Su sent to Japan, I quoted related articles about it in *Heishi shŭshin-shi to sono igi*(丙子修信使と その意義) by *Tabohashi Kiyoshi*(田保橋潔) in *XⅢ*(靑丘學叢, 第13號, Seoul, 1933). But I couldn't quote the *Kokan Hikkei*(航韓必携), which is Japanese material about it, being poor in information. I found it at the pusan City Librarv and then I knew the details of Kim Ki-Su's mission to Japan, comparing it with the *Ildong Kiyu*(日東記游). In the present thesis I added some more materials which were not mentioned in my previous thesis.

The *Kokan Hikkei* which is historical material quoted in the present thesis, is in 18 volumes. Furthermore they contain the handwritten original copies of related articles on Japan before and behind negotiating the Kanghwa Treaty. Among them, especially, I acknowledged direct related articles on Kim Ki-Su's mission through volume I to volume 9 of the *Kokan Hikkei*.

When analyzing and examining such problems I have found that all the previous works connected with the present thesis have less sincerity in quoting the *Kokan Hikkei*, because they had quoted the erroneous articles which *Tabohashi kiyoshi*, mis-interpreted of *the Kokan Hikkei*.

So I made the careless matters clear through my present thesis. I also could make them clear, because lists of names of Kim

Ki-Su's 76 attendants in stead of 75 are collected in the *Kokan Hikkei* and the schedules in Japan are arranged in order of date, but the whole schedule of the mission is recorded by lunar calendar in the *Ildong Kiyu* and by solar calendar in the *Kokan Hikkei*.

Moreover, through the *Kokan Hikkei*, I have found out the fact that the whole affair of inviting diplomacy was based on a Japanese planned schedule.

The Kokan Hikkei, however, depends on the articles of the whole programme, and of the facts that Kim Ki-Su and his party experienced, whereas the *Ildong Kiyu* describes in full the detailed articles they saw and heard while staying in Japan.

And so the present thesis collects the articles whole programme and of their experiences in Japan, and understanding of and significance to Japan, which are kept in my previous one.

Ⅲ. On the Relation between Envoy, Kim Hong-Jip to Japan in 1880 and *Chosŏn Ch'aengnyak* (Korean Stratagem).

In 1876 Korea made the Kanghwa Treaty with Japan and opened the door to her, and began to import foreign civilization mostly through her. To observe the civilized phases of Japan, Korea sent the good-will-mission for the second time to Tokyo(東京) in 1880, led by the Envoy, *Kim Hong-Jip*(金弘集). During a month's stay in Tokyo, they visited the Ministry of Foreign Affairs and contacted the leading persons of every field of the day and inspected all kinds of institutions and modern industries. When Envoy Kim Was acquainted with *Ho Ru-Chang* (何如璋), the Embassador of China to Japan and *Hwang zun-Hsien* (黃遵憲), the Councillor of China, he met a friendly persuasion from them, and Hwang zun-Hsien presented Kim a book named *Chosŏn Ch'aengnyak*(朝鮮策略, Korean Stratagem) written by himself, which was taken to King Ko-Jong (高宗) by Kim when he returned home.

The work, which was aimed to state the way of the Asian Policy of Imperial Russia, introduced her as a world power which would become a great threat to Asia, describing the history of her Asian Policy precisely and concluding that to maintain the independence of Korea, she should open the door widely and take the Anti-Russo Policy allying with China, Japan and the U. S.

It gave a great deal of influence to the King and the ministers, though severe objections arose from the stubborn conservative

Confucianists as soon as the contents of "the Korean Stratagem" was known. The opposite opinions brought force to the King successively from all parts of the country.

The objections were the following points.

Firstly, the open door policy would result in an abandonment of the traditional seclusionism ; secondly, it would introduce foreign influences from Japan, China and the U. S. ; and thirdly, it would invite Christianity which had been regarded by them as a harmful paganism in case of allying with the U. S. forces.

It was natural that the wall of the seclusionism which had once been cracked by the Treaty with Japan could not stand against the challenging massive currents of modern civilization, but it was also an undeniable fact that Hwang's Stratagem was more progressive than those that the most conservative Korean minds of that time would conceive. And the complicated international situations which the newly awakened Korea had encountered divided the Korean political leaders into two groups, and the more they were sensitive to the situation, the more was spurred the hostility to each other.

Espying such a circumstance of Korea, Japan dared to intrude into Korea more boldly, while China felt more serious interest in her. The Japanese imperialistic policy was so restraint that China, in order to subdue Japan, finally abandoned the Anti-Russo Policy which had been their main foreign policy until then, and *Li Hung-Chang*(李鴻章) came to state that the balance of powers in Korea should be established. And Li's statement gave ways to the U. S., and the European powers began to contact with Korea actively even through diplomatic ways.

Korea was thus compelled to open her door to every foreign country. And it must be said that "the Korean Stratagem" was not only brilliant diplomatic advice to the opening of Korea but also a key to the understanding of the complicated political phases of the last period of the Chosun Dynasty.

《附 錄》

近代史研究의 回顧와 展望

－1968年度研究의 問題點－

1

돌이켜 보건대 우리 韓國史學의 史的研究는 全般的으로 볼 때 1900年代부터 研究되기 시작하였던 것이다. 그러면서도 그것은 日帝의 御用的 官僚學者들에 의해서 遂行되었던 것이므로 史實과는 도리어 正反對의 結果조차 없지 않았던 것이다. 그러나 解放後에 있어서의 研究는 그 方法과 質에 있어서 顯著한 差異가 있다.

이 時期 (開港～日帝治下)에 關聯된 論著에서 볼 수 있는 바와 같은 諸研究 業績을 分析 檢討하여 그들의 主張을 剔抉하고 그 本質을 把握하려는데 焦點을 두고 있다. 日帝治下의 方法으로서는 韓國社會의 槪念, 本質 및 內部的 要因 등을 解明할 수 없는데 對한 反省에서 出發하고 있는 것이라 하겠다. 더욱이 1960年代를 劃期的인 轉換點으로 하여 質과 量에 있어서 發展하고 그것이 우리 自身의 힘으로 이루어지고 있다는 事實은 慶賀할 만한 것이라고 1962年 (『歷史學報』 20, 서울, 1963. 4, pp.133～136에서의 1945年에서 1962年까지 이 時期 研究業績의 回顧와 展望 參照) 1967年 (『歷史學報』 39, 서울, 1968. 10, pp.67～85에서의 1963年에서 1967年까지 이 時期 研究業績의 回顧와 展望 參照)의 兩年度 研究業績의 回顧와 展望에서 指摘되고 있는 바와 같이 1968年度 역시 이 같은 研究傾向의 理解方式에 接近해 보고자 한 이 時期에 屬하는 國內學界에서의 研究業績을 各 分野別로 나누어 回顧하여 보기로 하겠다.

2

政治一般分野에 있어서 近者 開港 以後의 重要한 關心은 近代化 問題로서 制度上의 近代化 問題 역시 오래 전부터 關心을 끌어온 問題인데, 이 方面의 硏究로는 李鐘春씨의 「統理機務衙門에 對한 考察」(『淸州敎育大論文集』 3)을 들 수 있다. 씨는 이 統理機務衙門이 設置된 이후 그 機能을 究明하여 朝鮮末期 官僚制度(機構)의 一端을 理解하고 아울러 그 機能上으로 보아 近代化에 重要한 役割을 擔當했던 官廳임을 否定할 수 없다는 것을 밝히고 있다. 그러나 씨의 論文에는 이 같은 制度面에서 본 近代化 問題의 考究만으로서는 새로운 文物과 制度를 受容하려는 方向에서 全面的으로 檢討하여야 할 今後의 硏究에 더 많은 問題가 남겨진 課題이기도 한 것이다. 다음으로 李鉉淙씨는 「監理署硏究」(『亞細亞硏究』 31)에서 開港場, 開市場에 監理署가 創設된 이후 中間에 置廢, 變化, 擴大 등 그 規模와 權限에 있어서 地方制度와 연관시켜 가면서 主로 그 制度的인 面을 살펴 본 注目할 만한 論文이다. 이와 밀접한 關聯을 가진 李鉉淙씨의 「舊韓末 外國人 居留地內狀況」(『史叢』 12・13 合輯)과 「開港場 開市場 開放地 雜居地」(『編史』 2)는 外國人 居留地關係 硏究業績(『歷史學報』 39)의 잇따른 硏究로서 前者에서 居留地가 設定된 關係法規와 設定地域을 中心으로 居留地 擴大를 위해서 各國이 競爭的으로 움직여 치열했던 政策面을 보았는데, 特히 居留地 擴大를 위해서 日本側의 획책과 居留地의 移動狀況 增加內容을 살펴본 것이다. 後者에서는 開港場이나 開市場 開放地 雜居地의 設定은 外勢浸透로 인하여 늘어났으나 우리의 實力不足과 外勢侵略, 外來文物의 流入, 急增變化하는 制度變遷과 受容適應의 缺乏 등으로 外國人과 外國人勢力이 浸透하는 발판이 되었다는 것과 아울러 日本勢力의 浸透는 開港市場 등 뿐만 아니라 內陸의 産業, 交通, 商業 등 비교적 편리한 곳을 占有하여 勢力을 擴張해 日帝의 韓國倂呑까지 侵略으로 一貫하여갔던 것을 解明한 論

文인데, 이 같은 一連의 力作이 李鉉淙씨에 의하여 이루어져가고 있다는 것은 慶賀해 마지않는다. 그러나 씨의 一連의 業績을 當時의 狀況下에서 본 中國이나 日本의 경우와 對比시켜 가면서 보다 넓은 眼目에서 具體的인 事項을 追究하여 주었으면 보다 一貫된 論理를 展開시키는 迫力을 나타내 보이는 것이 되지 않았을까 ? 이러한 點은 今後 씨의 研究成果에 期待하고자 한다. 이어서 官制에 對한 것으로는 李鍾明씨의 「朝鮮總督府의 府制實施와 그 意義」(『編史』 2)가 있다. 이 朝鮮總督府의 府制實施의 目的이 日本居留民團이나 各國居留地會 등 特殊行政制度를 一掃 撤廢하고 그를 機構가 行하던 事務나 權利業務를 繼承하기 위하여 設定된 地方行政機構가 아니고 그 裏面에는 日本 自身이 韓國侵略의 保壘로 하기 위하여 强制로 構築해 놓은 이들 機構가 지니고 있는 植民政策을 隱蔽하고 公共을 방패삼아 지금까지의 野慾을 正當化시키려는데 그 眞意가 있다고 解明하고 있다. 그런데 日帝治下의 研究業績에 있어서는 어느 分野를 莫論하고 하나의 課題로 남겨진 채 業績이 거의 적은 實情이었는데 씨의 見解는 이러한 點에 착안하여 問題를 提起하고 그 究明을 試圖해 본 것은 時宜에 適切한 것이었으나 그 史實에 대한 綿密한 分析이나 檢討를 通하여 解釋이나 考證을 하여 究明하여야 할 未洽한 點도 없지 않다.

對外關係로는 對日關係, 對露關係, 對美關係의 業績을 들 수 있다. 對日關係에 있어서 먼저 日本의 對韓侵略 段階의 變遷에 따른 樣相에 對해서 李炫熙씨는 「日本帝國의 韓國合邦路線」(『史叢』 12・13合輯)에서 1900年부터 1910年까지의 日帝의 侵奪相 一班을 政治的인 侵蝕과 함께 經濟的인 浸透過程도 아울러 살피고 있다. 그런데 씨의 見解는 韓日兩國의 諸 條約의 政治 經濟史的 分析을 中心으로 한 것이었고, 敍述에 있어서 平面的인 解說의 느낌마저 준다. 그러나 씨는 이 關係 文獻史料를 그 文獻의 時代에 卽應시켜 理解하려는 方法의 하나를 제시한 것은 注目할 만한 點이라고 생각된다. 이 같은 日帝의 政治 經濟

的인 侵奪相의 解明과 同時에 問題삼아야 할 보다 先行的으로 侵略을 敢行한 日本軍의 侵略問題가 지금까지 論外로 놓여지게 된다는 植民地的인 不可避한 條件이 있기는 하나 아직 하나의 課題이기도 한 것이다. 이 같은 方面에서의 硏究로는 洪以燮博士의「韓國近代史에 있어 日本軍의 侵略問題」(『芝陽申基碩博士華甲紀念學術論文集』)를 들 수 있다. 洪博士는 金正明編『朝鮮駐劄軍歷史』(日韓外交資料集成 別冊 1. 東京 1967)를 中心으로 하여 所謂 丙子修好條約이라는 日本의 侵略條約에서부터 日帝의 韓國倂呑까지 侵略의 先行基盤으로 日本軍의 侵略, 橫暴의 全貌를 보았으며, 韓國軍 武裝解除의 事實의 一部도 아울러 밝히고 있다. 그런데 이 論文에서 洪博士도 言及한 바와 같이『朝鮮駐劄軍歷史』에서 年來의 問題의 一端을 紹介하는데 不過하였으므로 앞으로도 이 問題는 더 關心을 가지고 考究하여야 할 問題라고 생각된다. 그러나 이 方面의 硏究에 많은 示唆를 준 點에서는 注目된 業績이라 할 수 있다. 또한 이와 一連의 關聯을 가진 硏究로는 盧啓鉉 씨의「閔妃被殺의 眞相과 韓日政府의 僞裝處理」(『芝陽申基碩博士華甲紀念學術論文集』)를 들 수 있다. 씨는 事件前의 事情과 閔妃弑害의 眞相 및 이에 對한 日本政府의 事情隱蔽를 重點的으로 다루고 이에 따라 日本政府의 壓力에 屈服하여 傀儡的 또는 賣國的으로 이 事件을 處理한 韓國政府의 眞相을 다루었다. 특히 世間에 閔妃弑害는 三浦梧樓가 獨單的으로 行하였다고 하나 三浦와 日本政府間의 事前連關 또는 大院君이 閔妃弑害에 作用하였던 點도 아울러 究明하여 주고 있다. 그런데 從來 이 閔妃弑害事件에 關한 史料가 一部 出現되기는 하였으나 아직까지 其他의 많은 事件과 함께 日帝 侵略者들의 손에 의하여 그 眞相이 完全히 밝혀져 있지를 아니하고 埋葬되어 왔다. 그러므로 우리의 立場에서 당연히 究明되어야 할 問題였다. 盧씨는 이러한 點에 착안하여 지금까지의 諸氏의 硏究業績을 分析 檢討하여 그 本質을 把握하려는데 焦點을 둔 見解로서 注目할만 하다. 그러나 씨의 論文은 日帝侵略과 그 事件自體의 眞相 및 事後處理를 究明하는데

焦點을 두고 있으며, 이 事件을 둘러싼 餘他의 諸問題 이를테면 歐美
列强—英·美·露—의 動向과 侵略을 糾彈하는 韓國民의 反日義兵鬪
爭 등과도 연관을 시켜 解明하여 주었더라면 보다 史實에 대한 充實한
內容이 되지 않았을까 하는 생각이 든다.

對露關係이 있어서는 金義換씨의 「馬山浦事件과 露日關係」(『國會圖
書館報』 3-4~5)와 「朝鮮을 둘러싼 近代露日關係硏究」(『亞細亞硏究』
31)를 들 수 있다. 後者는 前者를 더 進展시킨 것인데 이는 다같이 韓
末 馬山浦를 둘러싼 露日의 角逐相을 通하여 當時의 露日關係와 그것
이 미친 國內의 영향 즉 馬山浦 開港을 계기로 外勢 특히 露日에 의
하여 各種 利權이 侵奪되어 가는 가운데 馬山浦를 비롯한 沿海民의
抵抗은 실로 多方面에 걸쳐 多樣性을 띠고 成長發展해 왔던 馬山港民
들의 抵抗을 뒷받침한 現實的인 힘은 蓄積된 港民資本이었고, 이러한
資本은 抵抗을 통하여 民族主體性 가운데서 發展할 수 있었다고 한
다. 그러나 씨는 露日에 의하여 侵奪되어 가는 論旨展開에 있어서는
具體的인 史料를 驅使하여 迫力을 보이고 있으나 抵抗을 뒷받침한 港
民資本과 民族主體의 成長過程에 있어서의 有機的인 關係에 對한 把
握에는 若干의 問題를 남겨놓고 있다는 것을 指摘하고 싶다.

對美關係에 있어서는 朴日權씨의 『近代韓美外交史』(博友社)가 있
다. 씨의 이 著書는 1866年부터 1888年까지의 22年間을 한 時期로
잡아 이 期間을 通한 美國의 對韓國政策은 어떻게 着想 實踐되었으며
또한 그 結實은 如何하였는가 ? 더욱이 淸廷의 爲政者들은 宗屬觀念
을 어떻게 變質시켜 名實相符한 國際法上에 規定된 宗主國의 權利와
義務를 다하였는가 ? 이에 相伴하여 不知不識間에 剝奪 當한 우리의
固有主權이 이미 締結된 韓美條約으로 保障되었다는 事實을 뒤늦게나
마 알게 된 우리의 爲政者들은 어떠한 基本姿勢로서 淸廷의 干涉越權
策에 對應하였는가 등의 우리 先人들의 過去之事를 時間과 事件中心
으로 韓·美·淸 三國의 原史料에 依據하여 政治學的인 側面에서 觀
察하여 韓美外交史의 正體를 理解하려는 데 있었다. 그런데 씨는 이

같은 內容을 敍述함에 있어서 특히 淸國側 記錄 (中華民國 臺灣 中央 研究院 近代研究所 所藏 朝鮮外交檔案 370餘冊에 收錄된 韓國關係資料中 對美關係資料)를 中心으로 하여 그 資料를 整理 分析하는 作業에 重點을 두고 淸國 側 記錄에 너무 치중한 느낌마저 준다. 그러나 國內에서는 얻어올 수 없는 稀罕한 史料로서 그 內容을 分析 檢討하여 새로운 分野를 開拓했다는 사실은 높이 評價할만 하다.

위와 같은 問題와 아울러 큰 關心을 끈 문제는 역시 이 時期의 全般에 걸친 近代化에 關한 問題이다. 이는 近代史 研究에서 關心을 끌어온 課題이면서도 동시에 새로운 課題이기도 한 것이다. 이 方面의 研究로는 李瑄根博士의 「韓國近代化의 歷史的 過程」(『韓國社會科學論集』 9)과 李鍾麟씨의 「韓末의 近代化運動」(『韓國社會科學論集』 9)을 들 수 있고, 이 時期와 直接 間接으로 關係를 가졌다고 생각되는 李瑄根博士의 「朴齊炯의 近世朝鮮政鑑과 大院君時代의 再檢討」(『芝陽申基碩博士華甲紀念學術論文集』)에서는 前揭 2論文을 具體化시킨 것인데, 그 論旨는 近代化의 起點을 思想的으로 東學의 擡頭, 政治的으로는 大院君의 革新的인 政策이 시작된 1866年의 丙寅, 1871年의 辛未洋擾 등의 西勢의 挑戰을 받은 1860年代를 近代化의 始發로 보아야 한다는 見解를 表明하고 있다. 그러나 要는 近代化라는 槪念 및 起點 등을 어떻게 잡고 무엇을 標準으로 하느냐에 따라서 意見이 얼마든지 다를 수가 있지만 어찌 되었든 앞으로 注目될 見解라고 생각된다.

3

社會經濟分野에 있어서 朝鮮末期에 있어서의 封建支配層과 被支配層의 抗爭問題와 日帝의 浸透問題가 하나로 얽혀 있는 研究로서는 金容燮씨의 「高宗朝의 均田收賭問題」(『東亞文化』 8)와 「光武年間의 量田事業에 關한 研究」(『亞細亞研究』 31)를 들 수 있다. 金씨의 前

論文은 封建王室의 農民收奪은 帝國主義 日本에게 農村浸透 土地潛
買의 機會를 마련해 준 것을 살폈고, 後 論文은 光武年間의 量田事
業은 舊本新參이라는 原則 위에서 遂行되는 更張事業의 一環으로서
推進된 데서 從來의 制度 및 農村經濟가 內包하는 矛盾을 根本的으
로 革新하는 改革事業이 될 수는 없었다고 하였으며, 韓末에서 日帝
植民地時代에 걸친 土地所有關係 農村經濟의 基本性格은 制度上 이
光武年間의 量田事業 地契事業에서 그 端緖가 비롯되는 것이며, 日
帝는 이러한 性格의 土地所有關係 農村經濟를 그대로 繼承 溫存한채
그리고 그러한 가운데서 小作制內에서의 近代的인 要素를 艾除하는
方向을 취하면서 農民收奪을 爲한 植民地體制를 土地調査事業을 通
해서 펴게 되는 것이었다고 밝히고 있다. 金씨의 두 論文은 朝鮮後
期 以來로 農村經濟 硏究에 잇따른 業績으로 歷史理論으로부터가 아
니라 具體的인 事實로부터 解明하려는 것으로써 이 時期 硏究에 새
問題를 提示하였고, 더욱이 金씨도 指摘하다시피 韓末 日帝治下 初
期의 土地所有 問題를 取扱한 論者를은 모두 이 時期의 量田事業을
日帝가 行한 바 土地調査事業의 背景 또는 韓末 土地所有問題의 決
算으로서 把握하고 그러한 위에서 日帝의 土地調査事業이나 日帝治
下의 農村機構에 對한 歷史的인 性格을 評價하고 있는 問題究明이
있어서도 새로운 局面을 開拓했다는 것이다. 이 硏究를 契機로 앞으
로 이 方面 硏究에 많은 論議가 이루어 질 것으로 믿는다.

또한 이와 關聯을 가지고 있는 日帝治下의 硏究로는 高承濟博士의
「間島移民史의 社會經濟的分析」(『白山學報』 5)이 있다. 高博士는 間
島移民史를 社會經濟的 側面에서 間島移民의 發端과 間島問題의 起
源, 統監府의 間島派出所 設置의 背景, 移民의 動機分析 및 社會經濟
的 狀態를 살펴 間島移民은 日本의 植民政策 强行의 手段으로 利用
하여 마지않았다는 것과 그들의 植民政策이 그 얼마나 深刻한 投影
作用을 하였는가를 밝히고 있다. 高博士의 論文은 이 方面 硏究에
대한 學問的 意慾을 북돋아 준 點에서 높이 評價할만 하다. 그러나

問題展開에 있어서 보다 具體的인 史料를 제시하여 論題와 關聯된 朝鮮末期에 있어서의 流民問題와 對滿移民 全般에서 본 間島의 移民 問題를 對比시켜 가면서 아울러 分析하여 주었으면 보다 意慾的인 硏究가 되지 않았을까 하는 생각이 든다.

貨幣關係로서는 元裕漢씨의 「典圜局攷」(『歷史學報』 37)가 있다. 元씨는 朝鮮末期 貨幣發展과 밀접한 關係가 있는 典圜局의 設置動機, 變遷狀況 造弊實積 및 廢止經緯 등을 살펴 典圜局의 變遷經緯는 곧 朝鮮政府의 貨幣에 對한 支配權이 日帝에 의해 侵害되는 過程의 歷史였던 것이라고 밝히고 있다. 元씨의 이 論文은 朝鮮末期 貨幣發展과 밀접한 關係가 있는 典圜局에 대한 究明으로 當時 貨幣問題의 全般的 硏究를 위한 基礎作業으로써 씨의 이 方面에 있어서 一連의 硏究에 잇따른 業績으로 注目된다. 그러나 이러한 典圜局에 對한 硏究는 開港 이후 技術受容面에서 본 우리의 力量과 이러한 技術受容面에서 日帝 勢力의 浸透가 可能하였던 背景을 좀 더 考究하여 論理를 展開시켰더라면 하는 아쉬움이 간절하다.

이와는 달리 主體的 立場에서 韓國史像을 再編成하고자 하는 硏究로서 權丙卓씨의 『韓末 農村의 織物手工業에 關한 硏究』(嶺南大 企業經營硏究所)와 金泳鎬씨의 「韓末 西洋技術의 受容」(『亞細亞硏究』 31)을 들 수 있다. 權丙卓씨의 이 著書는 消滅되어 가는 이 時期의 農村 織物手工業에 關한 一連의 諸資料發掘과 이 같이 發掘된 資料를 旣存의 文獻 傍證資料와 比較하고 綜合的으로 檢討 分析하여 이 織物手工業 經營이 健全한 發展을 하지 못한 것은 對外的으로 日帝를 비롯한 列强帝國主義의 韓國에 對한 侵略이 主要因이 되었던 것으로 밝히고 있으나, 資料의 蒐集, 整理, 分析 및 叙述의 方法에 있어서 더 考究해야 할 點도 없지 않다. 金泳鎬씨의 論文은 특히 19世紀 後期에 焦點을 두고 從來 主로 外勢가 侵略해 들어오는 面에 硏究의 關心이 놓여 있었는데 反해서 韓國이 外勢의 挑戰에 어떻게 對應해 나가는가 하는 것을 內在的 發展問題와 關聯하여 主體的인 側

面을 追求하여 近代化의 萌芽가 西洋 資本主義와의 接觸過程에서 어떻게 展開되어 나갔는가 하는 것을 技術受容의 面에서 살펴본 것이다. 어쨌든 兩氏의 硏究는 從來 韓國史學界에서 別로 硏究된 바 없었던 分野를 새로 開拓했다는 事實로서 注目할 만한 일이다.

經濟的인 問題와 關聯된 社會問題에 關한 硏究로는 衡平運動 卽賤民(白丁)의 近代化로의 解消過程과 그 運動에 대한 硏究를 들 수 있다. 지금까지 1927年 朝鮮衡平社 總本部에서 『朝鮮衡平運動의 梗概』(朝鮮及朝鮮民族 第一)라는 것 이외는 그동안 硏究를 전혀 찾아볼 수 없었는데, 金義煥씨에 의하여 「日帝治下의 衡平運動攷」『鄕土서울』 31. 1967)와 「日帝下의 衡平運動」(『韓國思想』 9)이 이어서 究明되었다. 後 論文은 前論文의 內容과 大同小異한 것으로 이 問題는 더 關心을 가지고 考究하여야 할 問題라고 생각된다.

4

宗敎思想分野에 있어서 **宗敎面**에서는 金義煥씨의 「東學運動의 性格」(『新人間』 256號~259號)은 金씨가 앞서 본 「初期 東學思想에 關한 硏究」(『우리나라近代化史論攷』 所收, 1964: 『韓國思想』 6, 7(1963, 1964) 改題增補)와 그 후 「辛未年(1871) 李弼濟亂攷」(『우리나라近代化史論攷』)의 연장선상의 作業이 되는 이 論文은 甲午東學革命을 理解하는데 不可缺의 前提條件이 되는 것이며, 同時에 이 東學革命에 對한 東學運動의 意義라고도 할 수 있는데 金씨의 이 論文은 東學運動史에 대해서 이미 露出된 資料를 驅使해서 體系化한 東學運動史上에 있어서의 性格究明의 力作이라 할 수 있다. 그러나 한편 東學이 宗敎的 理想을 背景으로 救國運動을 벌리게 되었으므로 필연적으로 따르게 되는 主, 客의 觀點의 差異를 보였다. 여기서 보는 이의 立場에 따라 相反된 見解를 나타낸 이른바 史觀의 問題가 提起되는 것이다. 그러므로 참된 東學의 모습을 顯現하기는 매우 어렵다는 點도

强調하고 싶다.

朱明垌씨는 「韓國長老敎組織의 確立過程(1889~1912)」(『韓國史硏究』 2)에서 그 傳來에서부터 起論하여 protestantism 中에서 가장 比重이 큰 長老敎會의 組織을 中心으로 하여 長老敎의 發展過程을 그 組織의 確立이라는 面으로 追究하여 敎會를 有機體로 把握하고 敎會의 發展을 有機體의 擴大 成長이라는 觀點에서 理解를 試圖하여 組織을 通한 土着化 過程의 追跡을 밝히고 있는 精力的인 新進學者로서 韓國 基督敎史硏究의 一側面을 究明한 硏究業績으로서 씨의 이 方面硏究에 期持되는 바가 적지 않다고 생각된다.

尹聖範씨는 「韓國基督敎와 祭祀問題」(『史叢』 12·13合輯)에서 韓國의 基督敎(天主敎 改新敎)는 傳來 當時부터 祭祀에 對한 未洽한 觀念과 理解로 인하여 커다란 波亂을 겪게 된 것이라 하여 특히 天主敎的인 立場에서 祭祀가 決코 宗敎가 아니고 하나의 孝道의 表現으로서의 禮에 不過하며 宗敎儀式이 아니고 倫理的·道德的인 節次이므로 이를 異端視해서는 아니 되고 어디까지나 그 本意를 살려서 韓國固有한 美德을 保存해 나가야 되겠다는 것과 多少의 信仰上에 맞지 않는 點들은 漸進的으로 고쳐 나가는 것은 可能한 것으로 본다고 밝히고 있는, 尹씨의 論文은 基督敎 信仰上에 있어서 注目되는 것이다.

지금까지 天主敎의 初期 刊行物에 關하여는 약간 紹介된 바 있으나 改新敎의 그것에 關하여는 言及된 바 없었는데, 金良善씨는 「韓國基督敎刊行物에 關하여(1882~1900)」(『史叢』 12·13合輯)에서 金씨가 多年間 모아 둔 資料에 의하여 初期의 出版事業 狀況과 그 刊行物을 紹介하고 있다.

다음 思想面에 있어서 開化思想에 關한 硏究로는 韓㳓劤博士의 「開港當時의 危機意識과 開化思想」(『韓國史硏究』 2)을 들 수 있다. 韓博士는 이 論文에서 開港前의 內修外攘論, 開港直前의 西洋事情探問, 對日修交反對論과 舊交復舊論, 衛正斥邪論의 沸騰, 强兵策試圖와 舊軍卒의 反撥, 韓美條約締結直後의 開化論, 日本勢力浸透와 自主開化

意識 등으로 나누어 具體的인 史料를 提示하여 一貫된 論理를 展開시키는 迫力을 나타내보이고 있다. 韓博士의 論文은 韓博士가 指摘하다시피 鎖國에서 門戶門放이라는 對外關係의 轉變과 意識의 擴大 속에서 그리고 外勢의 浸透에 따라 점차로 增大되어 가는 危機意識과 近代文物의 流入에 따르는 開化思想이 서로 交錯되는 속에서 지금까지는 主로 衛正斥邪論을 中心으로서만 論考되어 왔다 하고, 韓博士는 그러한 一部 制限된 觀點에서의 考究만으로서는 方法論上으로 보다 더 基本的으로 重要한 問題의 所在를 看過케 하기 쉽다고 하여 開港 直後인 開化初期에 있어서 修好通商 技術開化와 같은 문제에 대한 韓國人의 意識面에서의 反響 卽 이 같은 危機意識은 이미 單純한 衛正斥邪라는 觀念的인 保守性이 깃들어 있었던 것만이 아니고, 보다 더 넓은 視野에서 全面的으로 檢討 究明하고 있다. 韓博士의 論文은 朝鮮 後期의 社會와 思想 및 開港 前後의 一連의 研究에 잇따른 注目되는 力作으로 이 時期研究에 새로운 問題를 提示하였고, 또한 새로운 局面을 開拓한 것이다. 初期東學의 思想的인 面과 그 運動의 樣態上으로 본 研究로는 申福龍씨의 「初期東學思想의 研究」(『新人間』 257號~258號, 260虎~263號)를 들 수 있다. 씨는 이 論文에서 現代思想에서는 Humanism이 크게 浮刻되고 있지만 東學의 「人乃天」보다 더 人間의 尊嚴性이 지적된 예를 찾기란 어렵다고 하고 특히 政治學의 立場에서 괄목할 만한 事實은 東學이 Humanism에 立脚하여 從來의 封建的 舊習의 타도를 시도하였고, 나아가서는 韓國民族主義의 近代的 轉機를 마련하여 준 點에 있는 것이라고 밝히고 있는 新進學者로서 앞서 본 金義煥씨의 研究와 더불어 東學關係의 研究 內容이 充實해 가고 있는 業績이라고 볼 수 있다.

이 같은 이 時期의 思想 全般에 걸친 推移過程에 關해서 李瑄根博士는 「韓國 最近世에 있어서의 思想界의 變遷」(『亞細亞學報』 5)에서 人乃天의 東學思想, 儒林의 衛正斥邪運動, 知識靑年의 開化思想 등의 風潮가 激動하는 國際政治 속에서 어떻게 對立 反目하고 때로는 一

脈 相通하여 近代的인 民族主義를 形成하게 되었으며, 이 같이 思想
界에서도 分散離合이 심하였던 우리 民族이 己未獨立運動에서 統一
獨立精神에로 歸一시키고 純化시킬 수 있었던 點까지 槪觀하고 있다.

5

　言論分野에 있어서 李光麟씨는 「漢城旬報와 漢城周報에 對한 一考
察」(『歷史學報』 38)에서 韓國新聞史에서 뿐만 아니라 開化運動史에
있어서도 중요한 硏究封象이 되는 漢城旬報와 漢城周報에 실리어 있
는 記事 內容의 檢討와 아울러 新聞을 直接 發刊하던 博文局의 運營
과 實態에 對하여서도 살펴 1880年代의 韓國 開化運動 혹은 開化思
想의 性格과 그 限界性을 밝혀 준 李씨의 論文은 앞서 본 韓沽劢博
士의 論文과 더불어 韓國開化史硏究의 一環을 이루는 注目되는 業績
이라 할 수 있다. 이 같은 硏究와는 달리 崔永植씨는 「日帝下 1920
年代의　言論運動」(『鄕土서울』 32)에서 3·1運動이후 1920年代의 日
帝下에서 東亞日報를 비롯한 民間言論紙들이 紙面을 通헤서 言論의
自由를 위한 日帝의 抗爭과 當時 주어진 與件下에서 言論을 中心으
로 民衆을 깨우치고 民族意識을 鼓吹시키는 등 그 줄기찬 民族運動
을 指導해 온 것은 決코 過少評價해서는 안 된다고 東亞日報 保管紙
등을 通해 살펴보고 있다. 씨의 論文은 앞서 본 李鍾明씨의 論文과
같이 着眼點은 時宜에 適切한 것이었으나 보다 넓은 眼目에서 具體
的으로 史料를 驅使하여 주었으면 하는 아쉬움이 있다. 이 같은 抗
日言論과 關聯을 가진 抗日運動分野에 있어서 韓國民의 日帝侵略에
對한 抗拒 또는 沮止를 위한 抗日鬪爭은 역시 日帝의 對韓侵略段階
의 變遷에 따라 그 樣相을 달리하고 있는데, 崔永禧씨는 「乙巳條約
締結前後한 韓國民의 抗日鬪爭」(『史叢』 12·13合輯)에서 乙巳條約
締結을 前後해서 韓國民의 抗日鬪爭이 그 樣相을 달리하게 됨은 本
能的인 民族 自衛精神의 結集이 그 바탕이 되었으나 이를 可能케 한

것은 封建的인 統治體系와 儒學의 權威가 喪失되고 近代思想이 이미 싹트고 있었기 때문에 그 前時期의 保守的 儒學者의 偏狹한 愛國心이나 身分的 階層 또는 抗日運動의 地域的 偏差를 超越하고 全國的으로 展開된 愛國運動에 對하여 個個의 史實을 통한 特性을 살피고 이것이 前時期의 排日運動을 어떻게 이어 받은 것이며 將次 獨立運動의 어떤 面에서 기틀이 되었는가를 究明한 것이다. 그러나 崔씨의 論文은 씨가 指摘한 바와 같이 모든 抗日運動 資料가 그러하듯이 이 時期에 대한 資料中 우리 손으로 된 資料가 缺乏되어 있으므로 이 方面에 대한 우리의 硏究는 日本側 記錄, 例컨대 駐韓日本公使館記錄 등에 依存하지 않을 수 없다. 그러나 日本側 記錄은 그들의 密偵에 의한 報告 發覺과 事件의 發生에 따른 現地報告 또는 推測에 의한 것이 적지 않은 것이며, 또 日本人에 의한 記錄이란 限界性이 있으며, 실제 많은 抗日運動이 未知의 事實로서 남아 있을 것이다. 이러한 限界性의 克服은 現時點으로서는 새 資料의 發見과 繼續되는 硏究에 맡겨지는 수밖에 없다는 것이다. 여기서 역시 硏究의 限界性도 自認되는 것이라고 본다. 이와 關聯을 가진 女性團體의 運動에 대한 硏究로는 朴容玉씨의 「國債報償運動에의 女性參與」(『史叢』 12·13合輯)와 李炫熙씨의 「權友會의 組織과 啓蒙運動」(『編史』 2)을 들 수 있다. 前者는 1907年 國債報償運動에 女性이 어떻게 參與하여 어떠한 活動을 하였으며, 이 參與를 通하여 女性의 社會的 地位에 어떠한 變化를 가져왔는가를 살펴보고 있다. 後者는 1927年 2月 15日 知識人을 총망라하여 結成한 新幹會가 전해 6·10萬歲運動에 자극 고무되어 組織되었을 때 그 姉妹機關의이고 別動部隊인 性格을 띠고 汎民族的 單一黨의 女性團體로서의 特性을 간직한 채 1927年 5月 27日 創立을 본 뒤 抗日과 啓蒙運動을 標榜하고 約 4年 間 그 活動狀況과 解消過程을 通해서 日帝治下의 婦人運動의 一斑을 아울러 究明하고 있다. 兩者가 모두 女性運動을 抗日이라는 面에서 보려는 것이었고, 아울러서 女性運動의 近代化過程까지 理解하려고 하고 있다. 그러나 兩氏의 論文은 이 같은 女性運動의 究明을 하는데 問題되어야 할 韓末이나 日帝治下에 있어서의 女性運動에 對한 깊은 全般的인 硏究가 보다 先行되어야 할 것이다. 이것이 問題 提起를 把握하는 올바른 方法의 하나이기도 한 것이다.

이 같은 日帝侵略에 反對하는 武力的인 抗日運動에 關한 硏究로는 朴成壽씨의 「1907年∼10年間의 義兵戰爭에 對하여」(『韓國史硏究』 1)를 들 수 있다. 씨의 이 論文은 지금까지 硏究되어 온 見解와는 달리 韓末義兵은 單純한 義兵運動이 아니고 그 規模나 橫造에 있어 韓國 現代史를 크게 나누는 獨立戰爭이며 그 本質을 把握하는데 있어서 義兵의 基本火器와 戰術編成, 身分階層과 思想理念 등에 關한 檢討를 通하여 解明하고 있는 注目된 見解를 表明하고 있다. 이러한 抗日運動에 對하어 抗日史가 世界史的인 判斷에서 敍述되어야 한다는 梁熙錫씨의 「世界史와 抗日史의 關係」(『友石史學』 1)는 歷史哲學의 한 課題로서 試論을 提起한 것은 抗日史 뿐만 아니라 從來 韓國史에 있어서 韓國史를 大局的 見地에서 觀察할 때 宜當 問題가 되어져야 할 課題를 解明한 것이다. 그러나 씨의 論文은 씨가 指摘한 바와 같이 歷史哲學의 한 課題로서 試論을 提起하는데 不過하였으며, 歷史哲學의 課題로서의 問題點과 問題解決의 提示를 具體的인 史料의 檢討 分析을 通하여 더 考究되어야 할 것이다.

6

史料出版 硏究活動에 있어서는 特記할 만한 것은 없고, 지난 몇 년 동안에 이어서 1968年度에는 國史編纂委員會에서 『韓國獨立運動史』 4冊, 『日帝侵略下 韓國36年史』 3冊, 高宗時代史 2冊, 『資料大韓民國史』가 刊行되고, 서울大學校의 中央圖書館에서는 古典叢書로 『日省錄』의 影印本, 高麗大學校의 亞細亞問題硏究所에서는 『舊韓國外交文書』 등이 계속 出版되기 시작했고, 또한 各 硏究所나 뜻있는 出版

社에서 이 時期 史料의 稀貴한 文獻들을 刊行하여 學界에 普及하고 있음은 큰 功獻이라 하겠다.

이 밖에도 金根洙의 「武斷政治時代의 雜誌」(『亞細亞研究』 29)와 「文化政治標榜時代(前期)의 雜誌槪觀(I.Ⅱ)」(『亞細亞研究』 30. 32), 李鉉淙씨의 「隆熙二年觀察使會議錄」(『亞細亞學報』 5), 前揭한 金良善씨의 「韓國基督敎 初期刊行物<目錄>」(『史叢』 12, 13合揖), 李洪烈씨의 「韓國最近關係 Microfilm目錄」(『友石史學』 1) 등이 있다. 그리고 學會研究活動으로서 1968年度 全國歷史學大會(6月 7日~8日)가 열렸는데 各 分野에서 이 時期에 關한 적지 않은 論文이 發表되었으며, 韓國經濟史學會가 主催했던 「韓國史의 時代區分」에 關한 發表와 討論(『新東亞』 47, 1968, 7)에서도 지금까지의 이 時期의 研究業績을 總整理하여 주었고, 嶺南大學校에서 主管했던 「近代化過程에 있어서의 精神開發의 役割」(嶺南大刊) 등 發表가 있었다.

7

이상에서 諸氏의 業績을 大略 回顧하였다. 論旨의 把握에 錯誤가 있다면 未安스럽게 생각한다. 要컨대 이미 앞서 筆者가 살핀 바로는 1968年度에 國內學界에서 發表된 이 時期에 속하는 論著는 모두 34篇으로 헤아려진다. 이를 다시 各 分野別로 나누어 보면 政治一般에 있어서 韓末(高, 純宗代)이 12篇, 日帝治下가 1篇, 合計가 13篇, 社會經濟에 있어서 韓末이 6篇, 日帝治下가 1篇, 合計가 7篇, 宗敎思想에 있어서 韓末이 6篇, 日帝治下가 1篇, 合計가 7篇, 言論, 抗日運動에 있어서 韓末이 4篇, 日帝治下가 3篇으로서 都合 34篇이나 된다. 이로써 볼 때 各 分野別 論著篇數의 數的 增加가 아직도 韓末의 政治一般과 社會, 經濟, 宗敎思想, 抗日運動 및 言論分野에 置重된 如前한 傾向에서 이루어지고 있는 點은 아쉬움이 없지 않다. 우리 國史學界가 模索하고 있는 바를 成就하기 위해서도 餘他分野와 日帝植

民治下에 關한 보다 많은 硏究 業績이 아울러 要請된다고 하겠다.

  다음은 이 時期의 問題意識에 立脚하여 比較的 有能한 中堅學者들에 의하여 理論的으로 時代的 性格을 究明하고자 하는 硏究傾向이 보다 뚜렷하게 나타나고 있을 뿐만 아니라 1968年度만 하더라도 높이 評價할만한 新進學者들의 精力的인 硏究業績은 刮目할만 하다. 그러나 한편으로 이러한 뚜렷한 問題意識에만 執着하여 史實에 대한 보다 細密한 考證을 通한 綜合的인 理論構成이 더욱 切實하게 要請되는 몇몇 論文들도 있었다. 그리고 이 時代硏究에 있어서 國史學者들이 미처 미치지 못한 點을 다른 分野의 學者들이 究明한 業績은 더욱 높이 慶賀해 마지않는다.

  끝으로 이 時期의 史料의 求得 閱覽不便 등 많은 難關克服과 史料所藏處의 보다 많은 편의를 前兩年度(1962·1967)와 마찬가지로 關係當局의 積極的인 補助가 있기를 바라고 싶다. 이러한 點만 解消된다면 體系的인 理解에 到達할 수 있는 努力은 이미 보이고 있으니 우리에게 주어진 課題는 이러한 硏究作業을 協同하여 꾸준히 繼續하므로 近代史(開港~日帝治下)硏究의 展望은 보다 밝은 結果가 나타나리라 믿는 바이다.

‖ 資 料 篇 ‖

航韓必携 一

信使前報
前報上申
迎艦上申
艦内規則
示諭違罪目
信使同伴指令
旅館上申

○辭必携

國ニ發遣セラルヽ因テ一時携帯ノ爲此書ヲ編
纂ス朝綱切迫夜ヲ日ニ繼キ束剰記録數部ヲ
熟捜シ其抜要ヲ抄録漸ク揃ヲ脱スルニ至リ
督促甚急再校ノ暇照ナケレハ誤謬必ラス多
カルヘシ

○信使滯京中華諞ヲ載セシハ締盟國名及ヒ使
館事ノ列名公私最外國人員等ノ事アレハナ
リ

○皇鮮修好條規本省職制事務課程等モ編載シ
テ滯韓中ノ用ニ供ス

今茲明治九年五月朝鮮ノ修信使禮曹參議金
綺秀以下ノ各員来朝土宜ヲ獻シテ

天皇陛下ニ謁シ奉リ

龍顔ヲ拜ス

叙感斜ナラス特別ノ

寵遇ヲ蒙リ院省寮廳ヲ縱覧アテ許サレ數日滯

京本國ニ歸航スル前後

約シテ外務大丞宮本小一ヲ理事官ト爲シ朝

外務省

一 朝鮮日記ハ島繼末琉球封藩事略殊号事好季
ㇾ一條中ニ修ノ一部中トス

明治九年六月

外務大録坂田諸遊輯

外務省

外務省

外務省

○全 坤
卷之十五
○琉球封藩事畧 乾
卷之十四
○日光参詣
○全 連載一覧抄繼
○竹島顛末
卷之十三
○全
卷之十二 坤
○隔好斷續 乾
卷之十一
○韓洋戰爭
卷之十
○測量心得
○草梁公信
○本省職制及事務章程
○日本朝鮮修好條規
卷之九
○全 坤

外務省

10

9

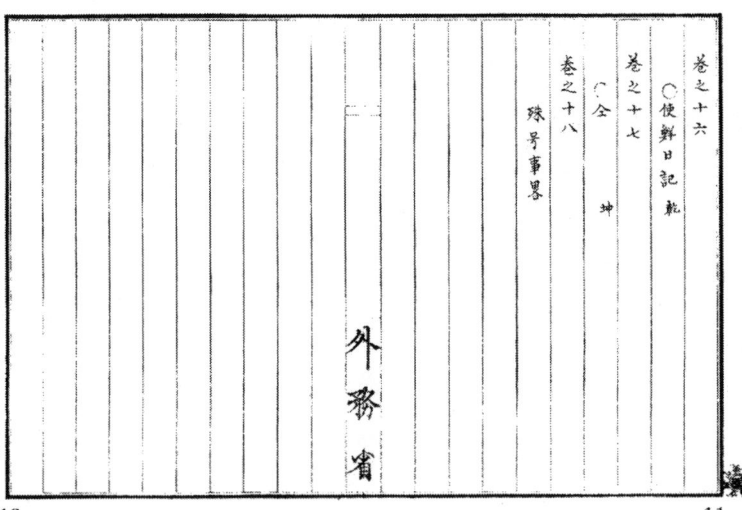

珠号事畧
卷之十八
○全 坤
卷之十七
○使鮮日記 乾
卷之十六

外務省

12

11

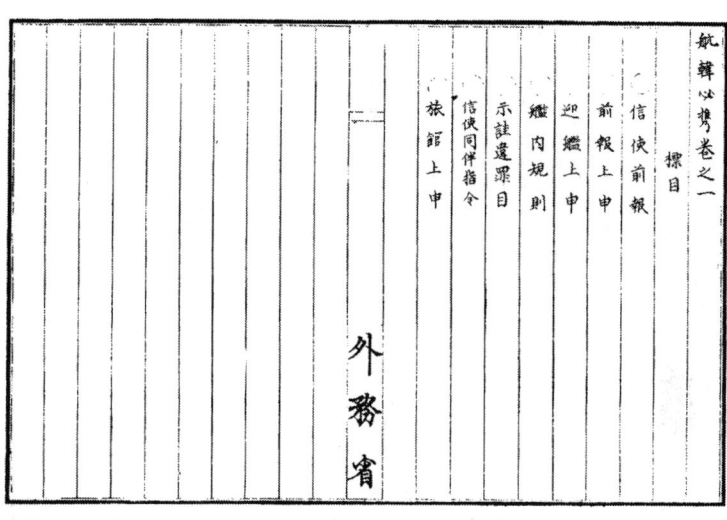

航韓必携卷之一

標目

外務省

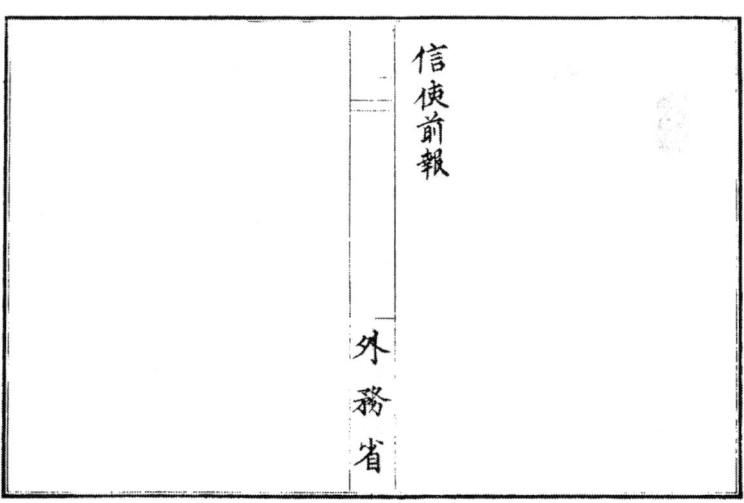

信使前報

外務省

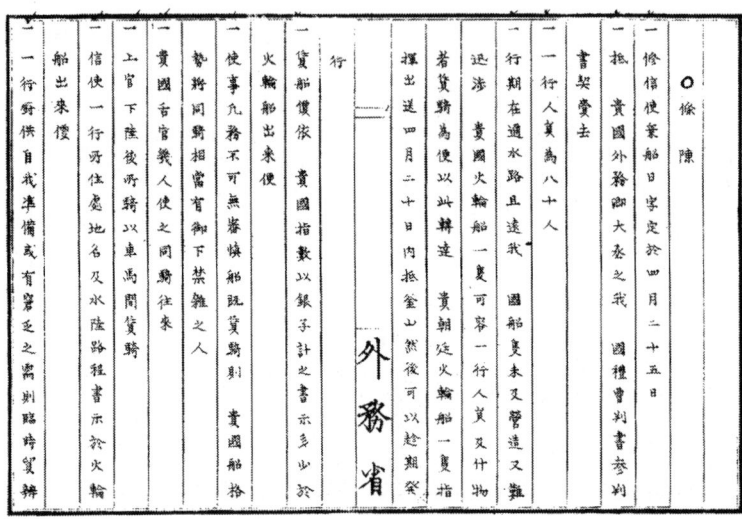

○徯陳

一恰信使兼船日字定於四月二十五日

一抵貴國外務卿大丞之我國禮曹判書參判

書契賷去

一一行人員為八十人

一行期在通水路且遠我

迎送貴國火輪船一隻可容一行人員及什物

若貴騎為便以此轉達貴朝延火輪船一隻指

國船復來又營造又難

撰出送四月二十日內抵釜山然後可以趁期袋

行

一貨船賃依貴國指數以銀子計之書示多少於

火輪船出來便

一使事九稻不可無養慎船說算則　貴國船格

勢將同騎相當育御下禁雜之人

一上官下陸後所騎以車馬間賃騎

一貴國舌官幾人使之同騎往來

一信使一行所住處地名及水陸路程書示於火輪

船出來便

一一行所供自我準備或有窘乏之弊則臨時買辦

外務省

18　　　　　　17

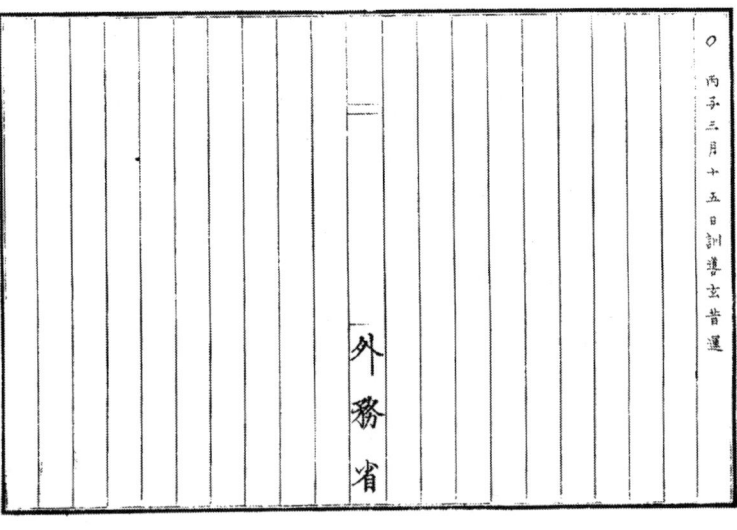

○丙子三月十五日訓導玄昔運

外務省

20　　　　　　19

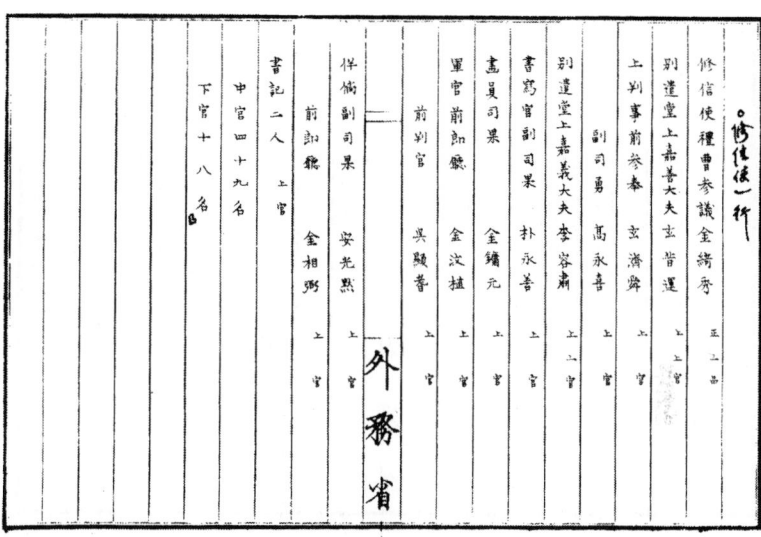

○修信使一行

修信使禮曹參議金綺秀　正三品

別遣堂上嘉善大夫玄昔運　上官

上判事前僉奉玄濟舜　上官

副司勇高永喜　上官

別遣堂上嘉義大夫李容肅　上官

書寫官副司果朴永善　上官

畫員司果金鏞元　上官

軍官前郎廳金汶拭　上官

前別官吳顯蓍　上官

伴倘副司果安光黙　上官

前卸衛金相鄉　上官

書記二人　上官

中官四十九名

下官十八名

外務省

22　21

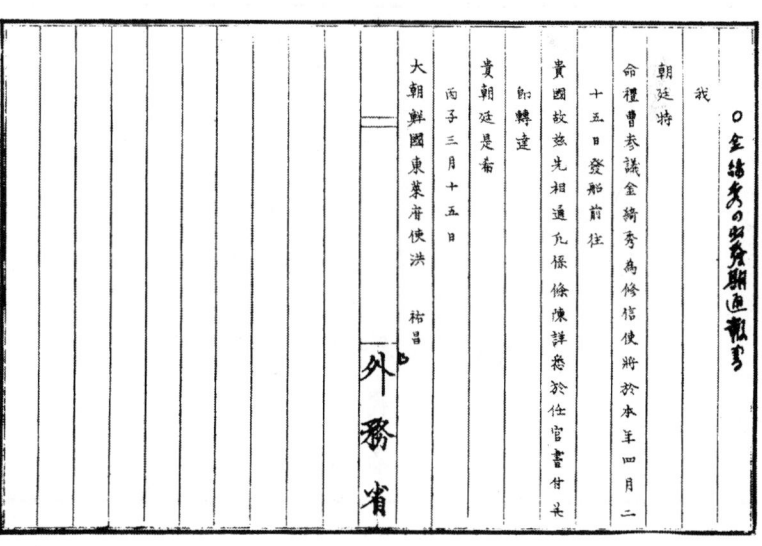

○金綺秀の出發期連報事

我

朝廷將

命禮曹參議金綺秀爲修信使將於本年四月二

十五日發船前往

貴國故玆先相通凡係條陳詳卷於住官書付呈

卽轉達

貴朝廷是奮

丙子三月十五日

大朝鮮國東萊府使洪　祐昌

外務省

24　23

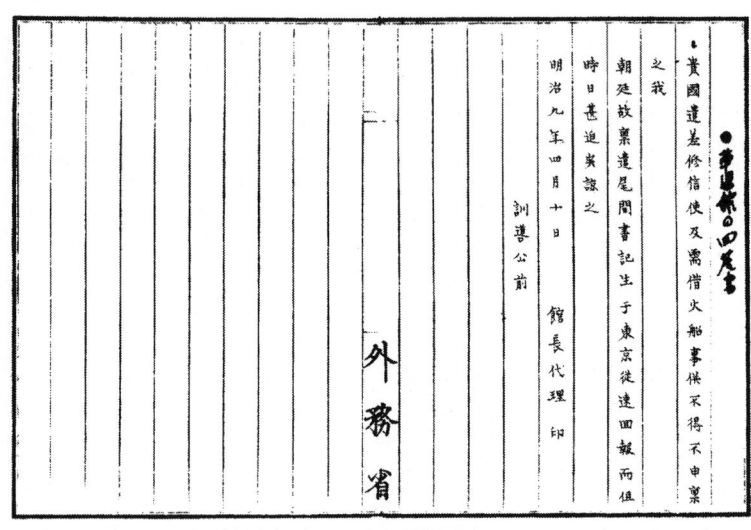

26　　　　　　　　　　　　　　25

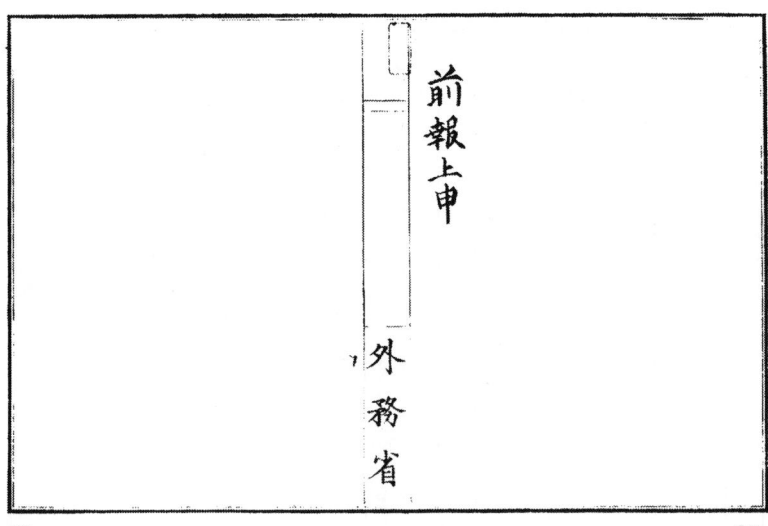

28　　　　　　　　　　　　　　27

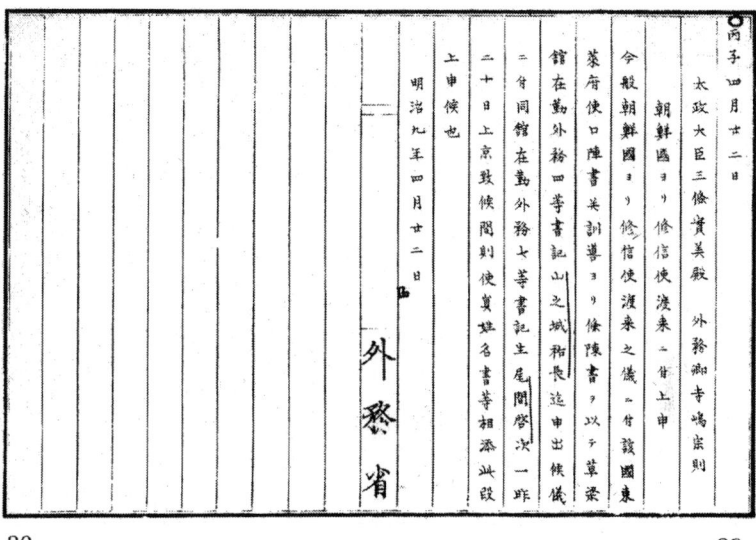

丙子四月廿二日

太政大臣三條實美殿　外務卿寺嶋宗則

朝鮮國ヨリ修信使渡來之儀ニ付上申

今般朝鮮國ヨリ修信使渡來之儀ニ付議國東

萊府使ヨリ陳書ヲ以テ草梁

公館在勤外務七等書記生尾關啓次ニ昨

二十日同館在勤外務四等書記山之城祐長ニ達申出候儀

二十日上京致候閣則貴雄名書等相添此段

上申候也

明治九年四月廿二日

外務省

一　修信使來着日字ハ於四月二十五日

一　貴國外務卿大丞之我　國禮貴利書參判

書贄贈去

一　一行人員為八十人

一　一行在通水路且達我　國松黃未及營遠又麻

逃渉貴國火輪船一隻可蒙一行人員及什物

者貴騎為使以共轉連　貴國延火輪船一隻指

懌出送四月二十日内城釜山然後可以驗期發

（行）

外務省

一　貨船價依　貴國指數以銀子計之書示多少於

火輪船出來使

一　使事允發不可無容懷秘既貴騎則　貴國船俗

嚳将同時相當有御下禁諭之人

一　貴國旨官數人使之同騎往來

一　上官下陸後以車馬間貴騎

一　信使一行所伏地名及水陸路程書示於火輪

船出來使

一　一行發伏自我奉揚成有嵩之常則臨時貿辨

丙子三月十五日訓導玄昔運

修信使礼曹參議金綺秀　五五品

別遣堂上嘉善太夫玄昔運　上上官

上判事判叅奉玄濟舜　上官

訓司雪高永喜　上官

別遣堂上嘉義太夫李容肅　上官

書寫官副司果朴永善　上官

外務省

33

下官十八名

中官四十九名

書記二人上官　金相彌上官

莭郞廳　安光黙上官

伴㭊副司果　吳顯耆上官

莭判官　金汶桂上官

軍官莭郞廳　金汶桂上官

高貝司果　金鍒元上官

書寫官副司果　朴永善上官

外務省

34

我

朝廷特

命礼曹叅議金綺秀爲修信使將於本年四月二

十五日發船莭役

貴國故兹先相通凡係修陳詳恋於住官書付叅

邛轉達

貴朝廷是布

丙子三月十五日

大朝鮮國東萊府使洪　祐昌

外務省

35

貴國遣差修信使及需階火松棄傭不得不申稟

之我

朝廷故柬遣尾問書記生于東京迚速回報而但

時日甚迫矣諒之

明治九年四月十日

訓導公前

館長代理印

36

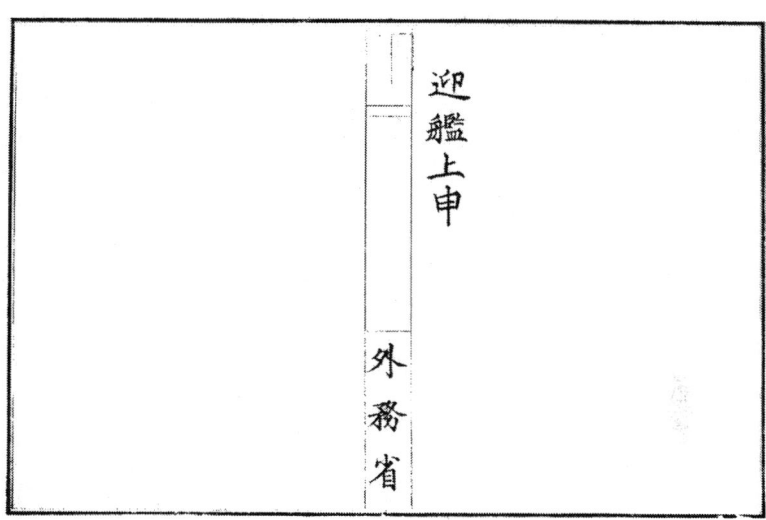

迎艦上申

外務省

38　　　　　　　　　　　　　　　　　　　　37

丙子四月廿四日

太政大臣三條實美殿　　外務卿寺島宗則

○朝鮮国修信使渡来ニ付迎送艦其他ノ儀

今般朝鮮国ヨリ修信使爲趣渡来申来候處
八彼國ノ船製粗悪ニシテ迚モ航海ニ相成
ノ外國ノ蒸気船備用、釜山浦ヨリ直ニ渡航イ
タシ度依テ諸費用ハ彼ノ方ニテ相辨シ候
ニ付仰國ノ蒸気船備用、釜山浦ヨリ直ニ渡航イ
趣依該有之候處古修ノ信使ハ、儀ハ、先轍相理大
臣卿誼ヲ遺相成両國ノ尋文親實ニ相整候ヨリ
美趣銭後ニ身當官ニ於テモ益懇親ヲ表ハ部
一、御取扱有之候方可、然存候間特別ニ釜山
浦ヲ海軍省附馬遺送船免懐ヲ以迎送爲致
尤艦海費用船中賄トモ被差遣候度存候北
段相伺候也

九年四月廿四日

同之趣閣伯則城土通内務省ヘ相達候條同伯ヘ
可及協議事

明治九年四月廿六日

　太政大
　臣三條
　實美印

外務省

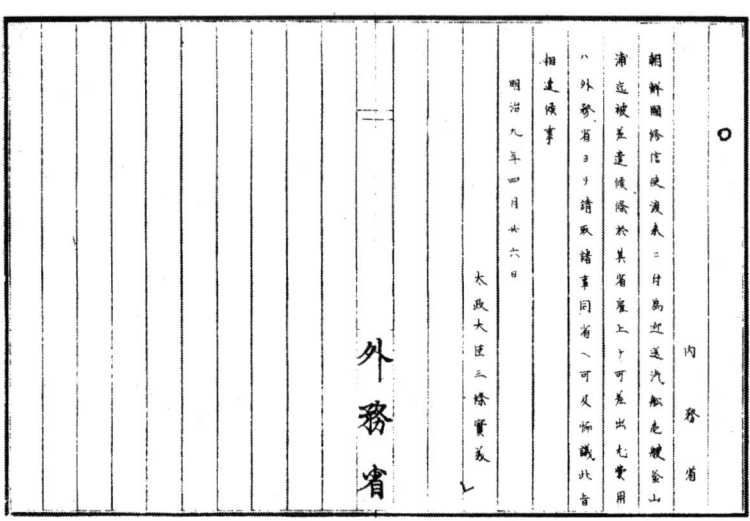

○

内務省

朝鮮國修信使渡來ニ付為迎送汽船先走被差出
浦迄被差遣候處於其省雇上ト可差出モ費用
八外務省ヨリ請取諸事同省ヘ可及御議此旨
相達候事

明治九年四月廿六日

太政大臣三條實美

外務省

42　　　　　　　　　　　　　　　41

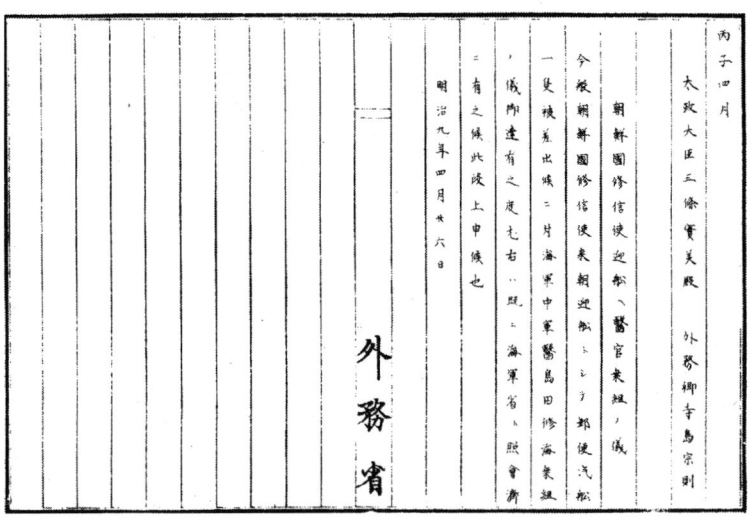

丙子四月

太政大臣三條實美殿　外務卿寺島宗則

朝鮮國修信使迎船ヘ醫官差遣ノ儀
今般朝鮮國修信使來朝迎船トシテ郵便汽松
一隻被差出候ニ付海軍中軍醫島田修海差遣
ノ儀被差出之處右一班上海軍省ヘ照會舒
二有之候此段上申候也

明治九年四月廿六日

外務省

44　　　　　　　　　　　　　　　43

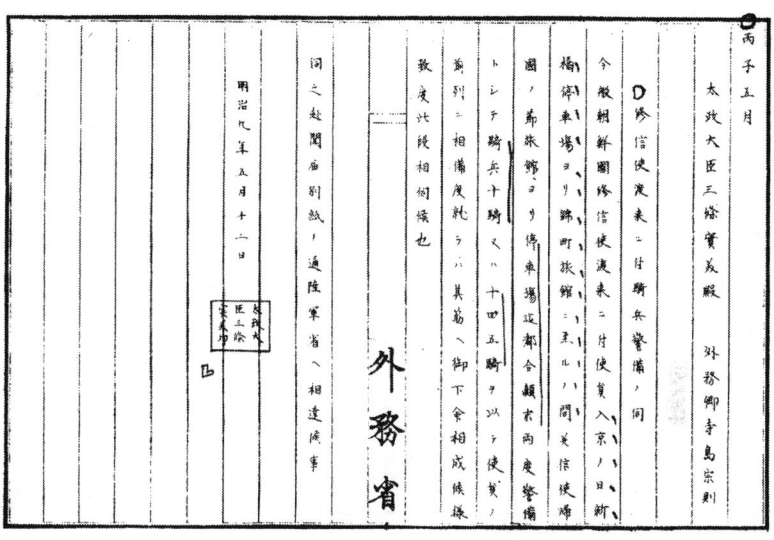

丙子五月

太政大臣三條實美殿

外務卿寺島宗則

〇珍信使渡来ニ付騎兵警備ノ間
今般朝鮮國珍信使渡来ニ付使貿入京ノ日、新
橋御車場ヨリ錦町旅館ニ至ルノ間珍信使帰
國ノ節旅館ヨリ停車場迄都合顧末兩度警備
トシテ騎兵十騎ヾ十四五騎タ以テ使貿
列ニ相備度其ノヾ其筋ヘ御下命相成候條
萬列ニ相備就ラヾ其筋ヘ御下命相成候條
致度此段相伺候也

聞之趣御届ノ通陸軍省ヘ相達候事

明治九年五月十二日

外務省

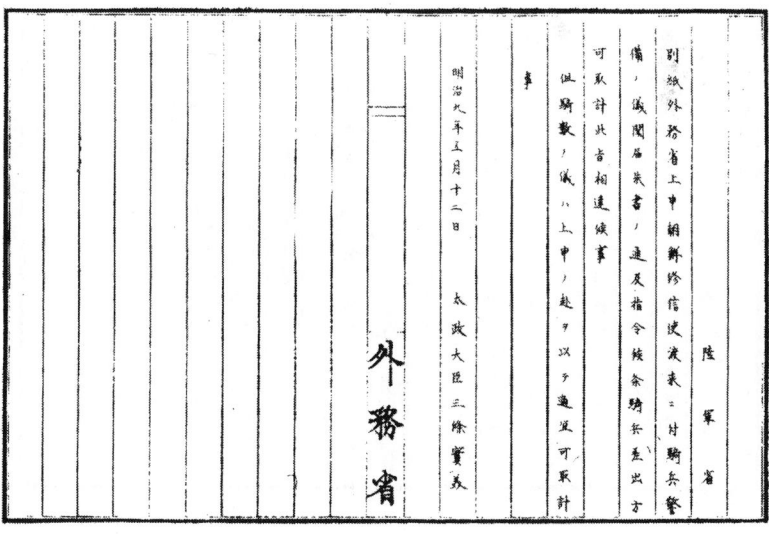

別紙外務省上申朝鮮珍信使渡来ニ付騎兵警
備ノ儀伺届裁書ノ通及指令候条余騎兵差出方
可取計此吉相達候事

但騎數ノ減ハ上申ノ趣タ以テ適宜可取計
事

明治九年五月十二日

太政大臣三條實美

陸軍省

明治九年五月十二日

外務省

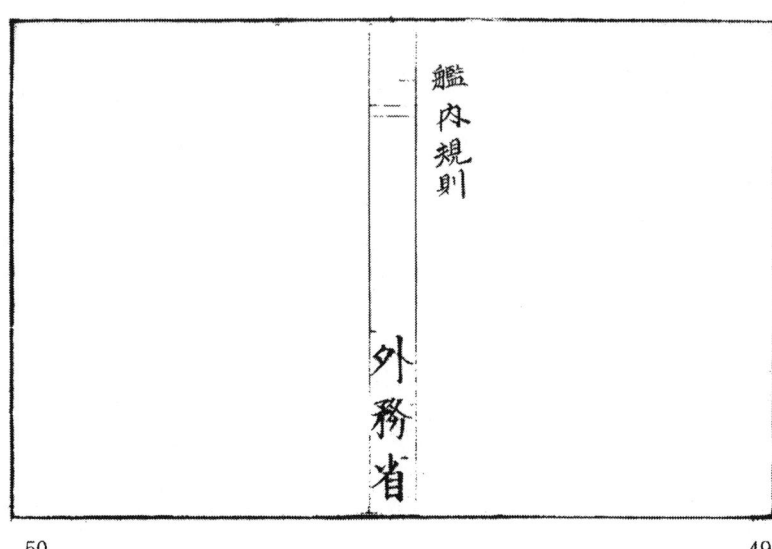

50　　　　　　　　　　　　　　　　49

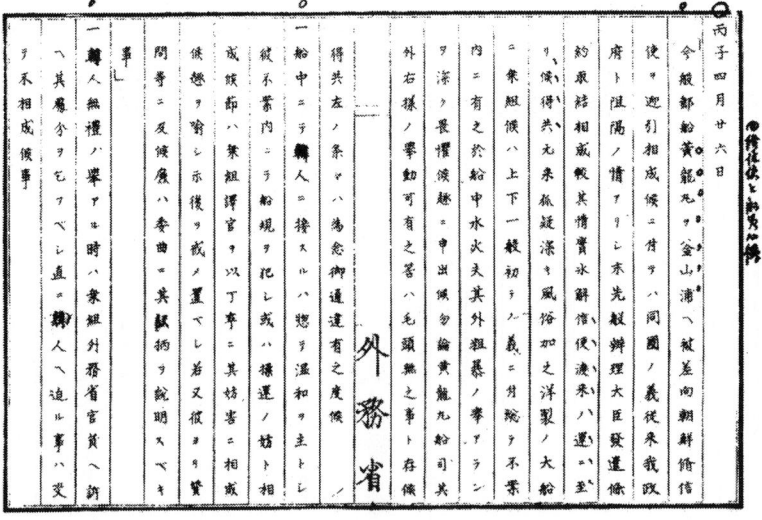

52　　　　　　　　　　　　　　　　51

一　今般ノ韓人乗組御用中ハ一船ノ諸負末々ニ
至ル迄飲酒ハ禁ス若シテント欲スルモノハ
自己房内ニ於テ聊カ用ユベシ韓人ニ對シ盃
酌ヲ勧ル等受タ不相成事

一　韓人ヨリ關興品有之トモ納致スベカラス
若一彼ヨリ強テ寄贈スル分ハ間ヲ經候上受
納ス可シ

一　韓人ノ荷物ハ外務省官員ニテ取捌世話スト
雖モ人員甚少ニ付自然助力ヲ乞フ時ハ十分
ニ注意シ且船艙等可成荷物ノ損傷セサル場
所へ差置事ヲ用意ス可シ

　　　外務省

一　釜山出帆時日ハ馬關兵庫下碇等ノ義ハ外務
省官員ヨリ申談次第其都合ニ隨フベシ其外
天氣ノ見計ヲ以船ノ進行ヲ寛急ニスルハ船
司ノ權ニ委ス左右可成丈一日モ早々東京へ
安着候事晝夜盡力可致事

大凡右等件々ニ有之候尤韓人へミ船中規則別
紙ノ如ク相示シ候積ニ有之船中禁酒ノ處ハ
張ノ外務官員へモ遵守為致候事ニ有之候依テ
至急贊艦凡船司ハ古ノ趣御下命有之度候也

54　　　　　　　　　　　　　　　　53

明治九年四月廿六日

　　　　森山外務權大丞
　　　　宮本外務大丞

前嶋驛逓頭殿

　　　外務省

56　　　　　　　　　　　　　　　　55

丙子四月
艦内規則

一艦内各序定有上中下等級須聽艦長指示各就
其室
一艦内初戒火燭須小心注意吸煙亦有時有虞非
就其慮別離時限内不得吸之非待其時則雖戱
其慮不得吸之嚴禁房内遊鑽燭出入亦為所戱
一每室必有燈限時消滅故棄別燭出入亦為所戱
禁
一艦内設有厠圊非就其慮不可溲尿潑

一　外務省

一艦内禁濫吐唾要於唾壺或艦船而吐
一鹽激有瑪使水一切於其慮禁他所泡濫
一水夫大行船極為劇甚不可逬切停觀或妨碍
轉舵之事其戱誤觸汽鑵鑶鑽入器械塲刲害
又其躬
一甲枚上禁狀謔壯詼艦内過昏夜成牌亦然臭嘩
聆亂運艦號令
一甲枚上限道逬赤趨之慮禁限外隨意步趨
一嘔飯肯定所有時限心要一齊同食不得各自隨
意就慮肯若其疾病有不能出序室者則苦情籌食

58　　　　　　　　　　　　　　　　　　　57

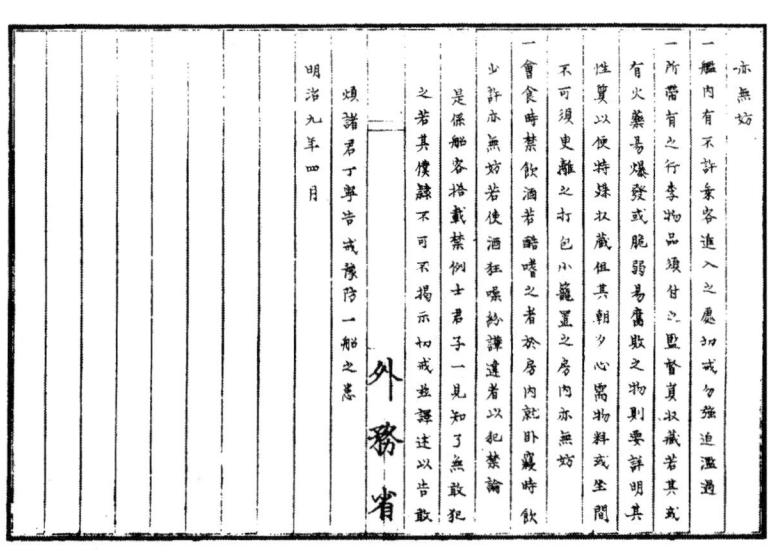

亦無妨
一艦内有不許柔客進入之慮切戒勿強迫濫過
有所器有之行李物品須甘之監督莫收藏若其或
有火藥易爆發或脆弱易廣敗之物料則要詳明其
性算以使持殊扐藏但其朝夕離物或坐間
不可須更離之打包小寵置之房内亦無妨
一會食時禁飲酒若酷嗜之者於房内就卧寢時飲
少許亦無妨若使酒狂暴紛謹遠者以犯禁論
是係艦例士君子一見知了無敢犯
之若其慢諓不可不揭示切戒盂譚迚以吿戱

一　外務省

明治九年四月

煩諸君丁寧吿戒豫防一船之患

60　　　　　　　　　　　　　　　　　　　59

○接待使随員心得（筆、羅列形列べル迄ず）

第一條
レ火輪船黄鸛号ヲ艤装シテ迎引之宵メニ億人
是皆我政府營辨ニ候ル貴官実實將スルヲ因
トス

第二條
レ外務少錄水野誠一外務七等書記生是間啓治
ヲシテ一船迎接ノ事務ヲ具備セシム

第三條
レ通譯及遠客延接トシテ外務六等書記生荒川

第四條
レ東京第四大區一小區錦街第二街一番地ニ於
テ旅館ヲ設ク即圖ヲ附ス

第五條
レ厨供ノ儀ハ船中自他混肴辨別ニ難シ故
ニ自我一切之ヲ供給ス諸君意ニ介スル勿レ

第六條
レ船中醫夏一名ヲ備ヘ置ク

德淺同中野諳多卽其他生徒拾一名ラシテ同
乗セシム

外務省

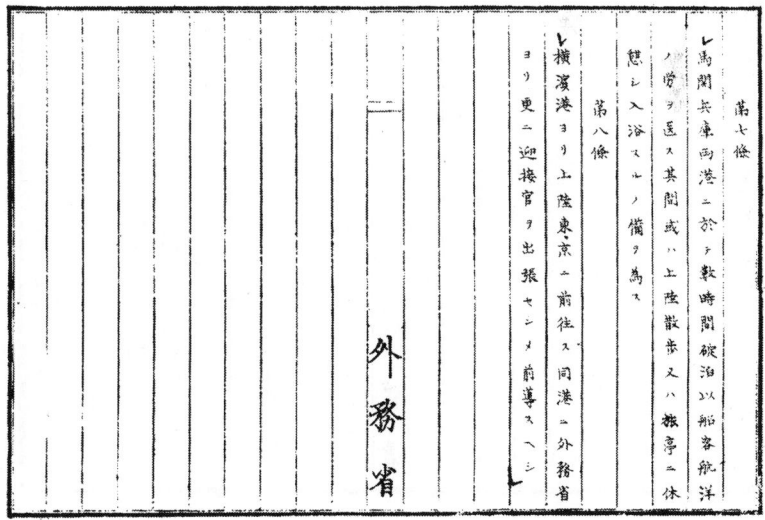

第七條
レ馬關兵庫兩港ニ於テ數時間碇泊以船客航洋
ノ勞ヲ遠ス其間或ハ上陸散歩又ハ旅亭ニ休
憩シ入浴スルノ備ヲ為ス

第八條
レ横濱港ヨリ上陸東京ニ前往ス同港ニ外務省
ヨリ更ニ迎接官ヲ出張センメ前導スヘシ

外務省

外務省

第一條
職火輪船貰龍驤應貰信使一路航行之寓如其
煤炭諸費掛係我政府當辨不須貰信使催貰
第二條
本省派外務少錄水野誠一外務七等書記生尾
間啓治貰荷貰信使一行涼舩事務
第三條
外務六等書記生荒川德洪同中野許多如及生
徒十一名夏荷通譯及延接事務

第四條
旅館設在東京第四大區錦街第二街一番地今
横附舘圖一枚
第五條
舩內諸縣一切自我供給之是為舩內一寬同收
其賣用難辨主客也其煩賣應
第六條
罣醫員一名在舩內
第七條
船到馬關兵庫兩港取時閱碇泊以廣就容之態

外務省

65

66

備
第八條
船由横濱港上陸汽車一鷺前往東京到該港另
有外務官員辦理貰信使入京之函薄

此時上陸閱行或投旅會灌浴抗發攝養具有准

外務省

67

68

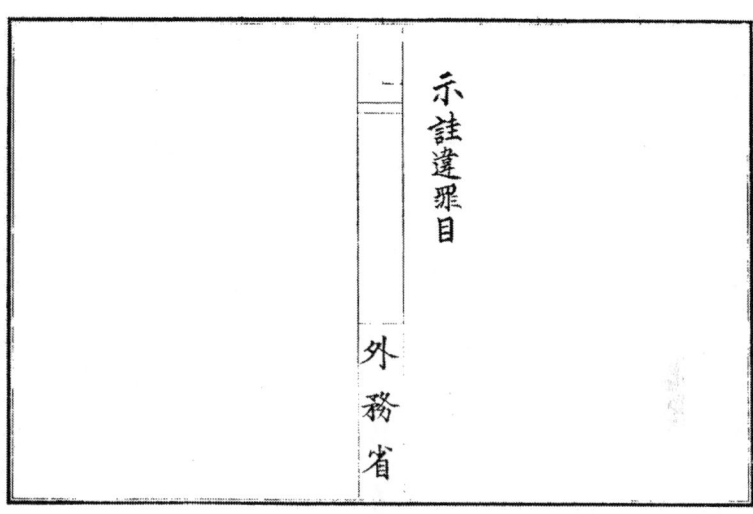

一

示註違犯目

外務省

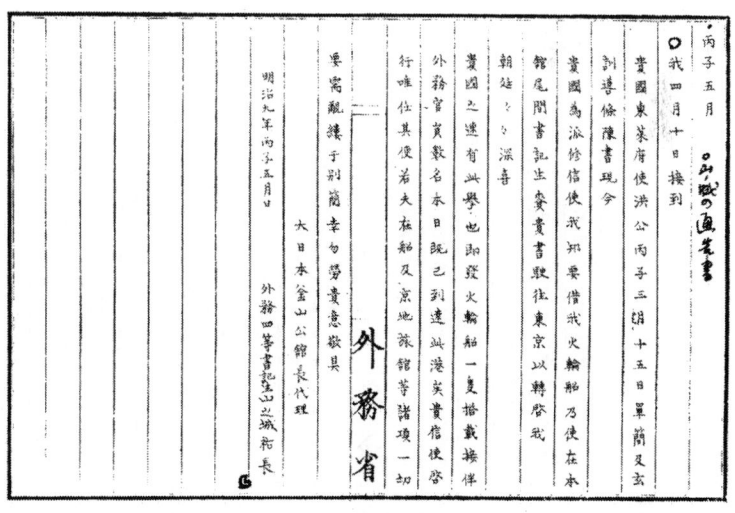

丙子五月
○戎四月十日接到
○外務省の返書

貴國東萊府使洪公丙子三月十五日單簡及玄
訓導條陳書現今
貴國為派修信使戎知要借戎火輪船乃使在本
朝廷〇〇深喜
館尾間書託止賣賣書歉往東京以轉啓戎
貴國之遠有此學也卽發火輪船一隻搭載操伴
外務官貴敷名本日旣已到達此港矢賣信使啓
行唯仗其使若夫在船及京地旅館等諸項一切
果寓觀縷子別簡幸勿勞賣意敬具

外務省

大日本釜山公館長代理
外務四等書記生山之城祐長

明治九年丙子五月日

詿違罪目

一　狹隘小路ニ乘車馬ヲ馳走ス者
一　夜中ニ無提燈ニテ馬車ヲ挽諸車ヲ使行人ニ障礙ス者又乘馬ス者
一　無鞁ノ馬疾驅シ乘馬車ヲ使行人ニ障礙ス者
一　挽人力車暴勸乘車ス者且過言ス者
一　置於馬車及人力車往來處ニテ妨害行人者
一　牛馬於街衢ノ妨碍行人ス者
一　投賣往來禽獸之死者或污穢之物者
一　以沐浴家立爲生業者戶口開放ヲ或樓上不圍者

箕者

一　家垈前墓隄險ヲ或不浚污水ス者
一　婦人ノ無謂ニ斷髪ス者
一　下車ヒ人力車鞁合之時ニ妨碍行人ス者
一　掃除大小便不蓋糞桶ヲ搬運ス者
一　以覊亭之旦爲生業者不記止宿人名ヲ或不爲進吉之者
一　破毀街衢号札及人家番号姓名票並其所標招牌者
一　喧嘩爭論及妨人之自由外且爲應罵喋罵闘者

外務省

73 / 74

者

一　戴消滅街衢常燈ヲ者
一　依躁忽ニテ抛漉於人污穢物又石礫等者
一　通行田圃權藝之無路屎尿於非便所應者
一　於往來道路ヲ向往來ヲ使軔稱爲大小便ス者
一　於戶前ニ向往來ヲ使軔稱爲大小便者
一　誤放牛馬ヲ使入人家者
一　並挽卜車及人力車ヲ妨碍通行者
一　使關大ヲ且戲令喧嘩人者
一　裁揚巨大紙鳶ヲ爲妨害者

一　乘醉ヲ戲妨車馬往來者
一　打擲窓戶ヲ或藝墙埠ヲ徒出顏面ヲ瞰視行人且嘲哢者
一　用三尺以上之長綱ニ牽馬ス者
一　打遊圍及路傍花木ヲ或寧植物ヲ者
一　於道路及人家ヲ強乞錢兩或爲强賣者

外務省

75 / 76

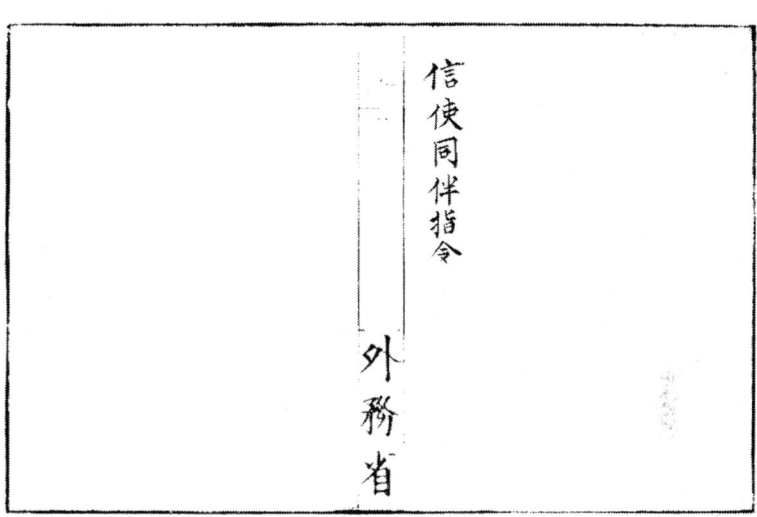

78　　　　　　　　　　　　　　　77

信使同伴指令

外務省

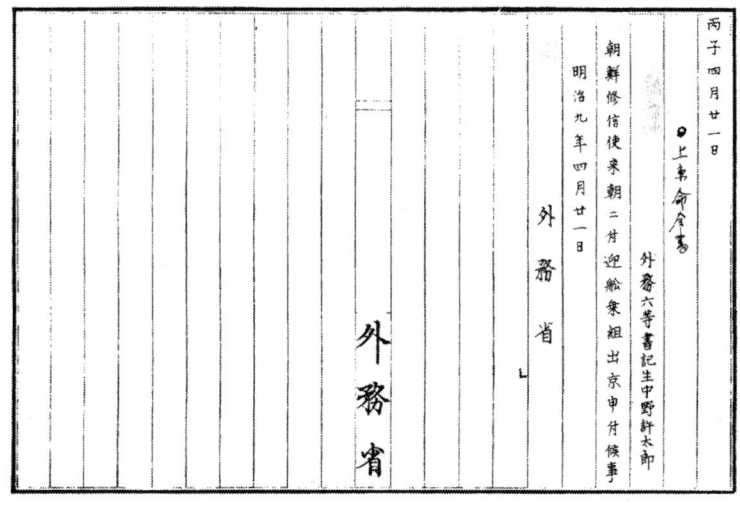

80　　　　　　　　　　　　　　　79

丙子四月廿一日

　上東命令書

外務六等書記生中野許太郎

朝鮮修信使来朝二付迎船衆組出京申付候事

明治九年四月廿一日

外務省

外務省

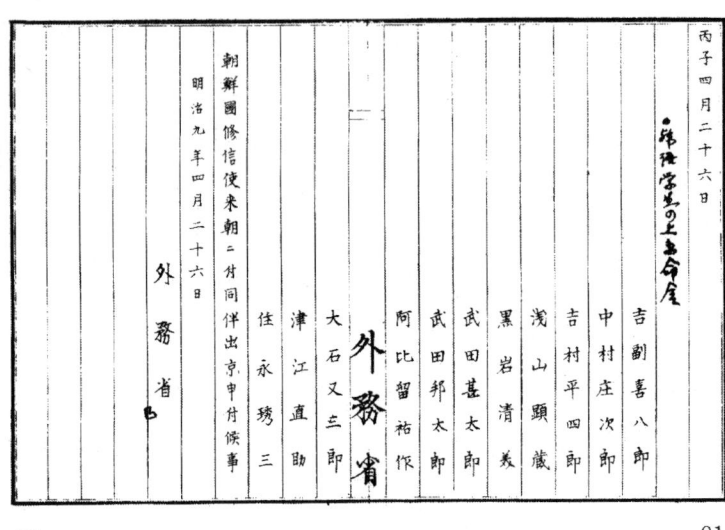

81

82

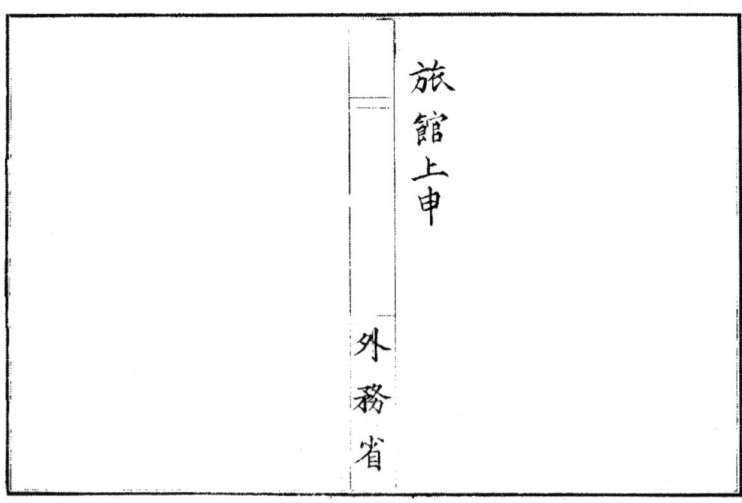

83

84

○朝鮮國修信使旅館之儀上申

今般朝鮮國ヨリ修信使渡來ニ付東京第四大區一小

區神田鄰町貳町目壹番地ヲ以古信使旅館ニ取設

り駐留爲致候間此段上申候也

明治元年五月十二日

外務卿寺島宗則

太政大臣三條實美殿

外務省

航韓必携

二

著京上申
信使一行列名
迎官復命
迎引次第
迎官心得
旅館分課

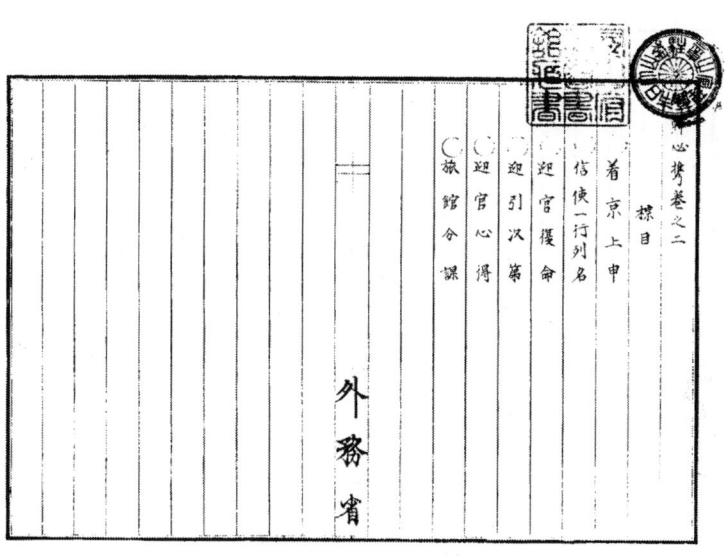

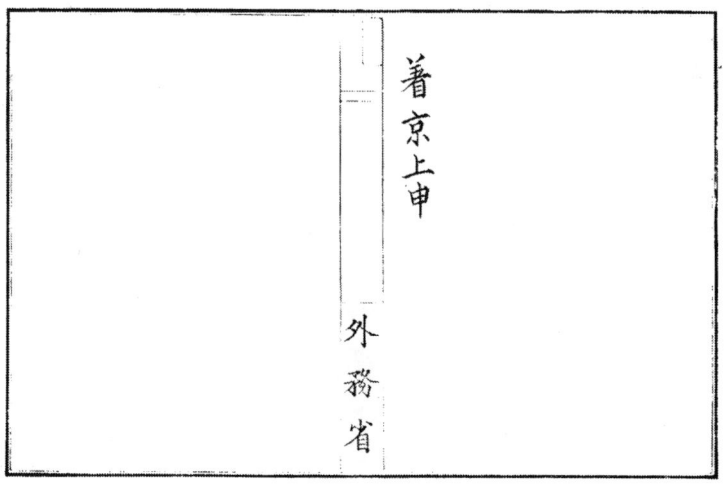

着京上申

外務省

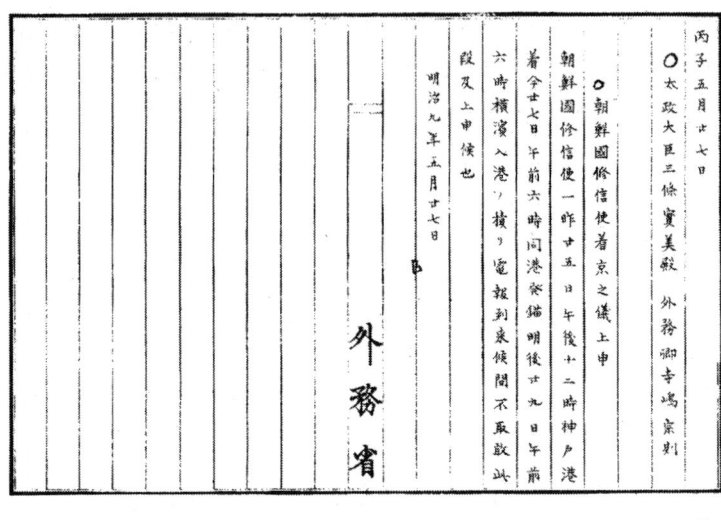

丙子五月廿七日

○太政大臣三條實美殿 外務卿寺嶋宗則

○朝鮮國修信使著京之儀上申

朝鮮國修信使一昨十五日午後十二時神戶港

著今廿七日午前六時同港發錨明後廿九日午前

六時橫濱入港ノ橫リ電報到來候間不取敢此

段及上申候也

明治九年五月廿七日

　　　　　　　　　　　外務省

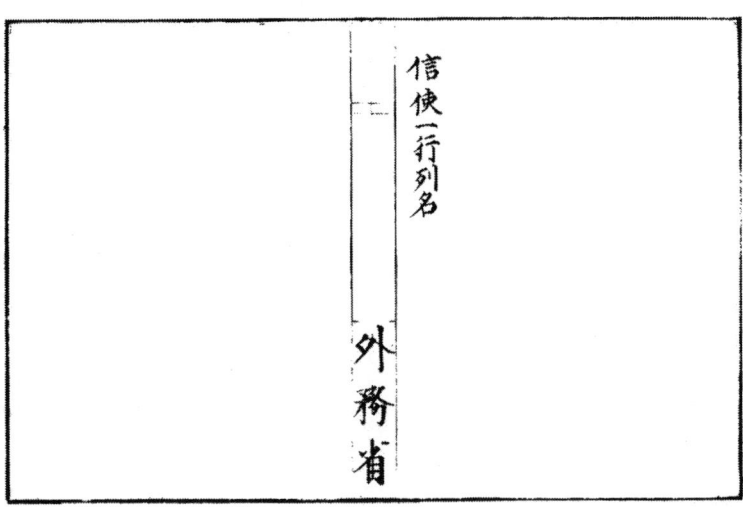

信使一行列名

　　　　　　　　　　　外務省

○朝鮮國修使一行姓名

修信使禮曹參議　金綺秀　正三品

別遣堂上嘉善大夫　玄昔運　上々官

別遣堂上嘉義大夫　玄濟舜　上々官

上判事前參奉　副司勇　朴永善　上官

別遣漢學堂上嘉義大夫　李容肅　上々官

書記副司果　高永喜　同

畫員司果　金鏞元　同

軍官前郞廳　金汶桂　同

外務省

前判官　吳顯耉　同

伴倘副司果　安光黙　同

禮單直　盧命大　次官

使奴子　漢金　中官

漢甲　同

鄕書記　金漢奎　次官

一行奴子十一名　邊宅浩　同

姜益洙　同

外務省

通引　洪致肇　中官

小童　朴永浩　中官

朴文燦　同

遞事　李章吳　同

金應祺　同

及唱奴　金福金　同

今石　同

刀尺奴　得伊　同

章五　同

日傘直奴　鶴伊　同

敦五　同

節鉞手　朴日成　同

巡令手　趙文哲　同

陳業伊　同

喇叭手　朴正奉　同

朴仁俊　同

後陪使令　梁致兩　同

奎以宗　同

外務省

10
9
12
11

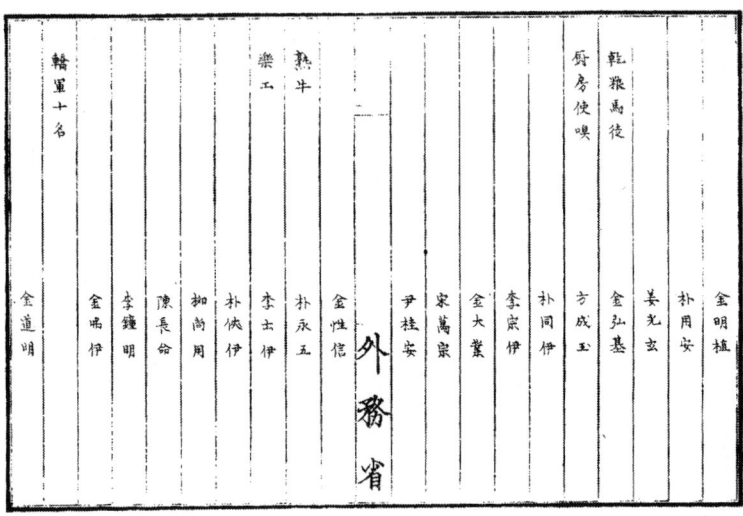

14

13

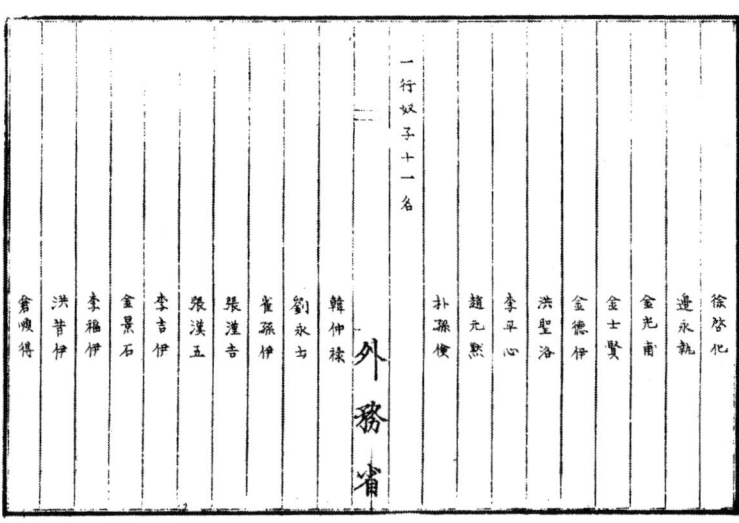

16

15

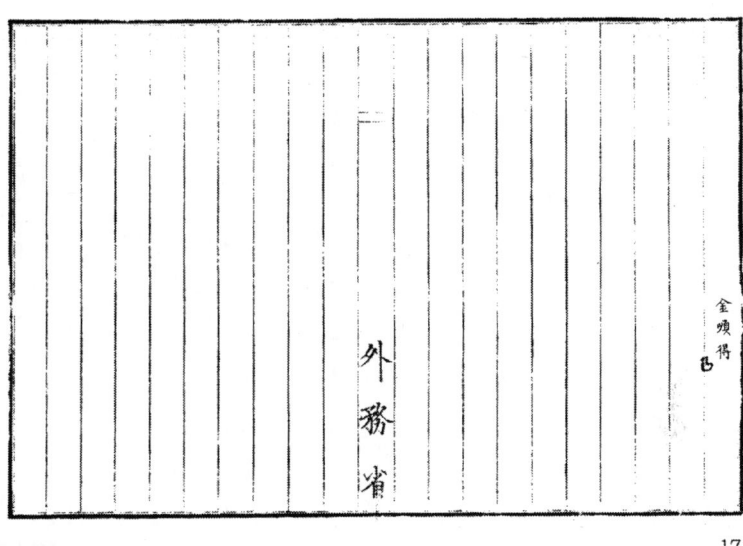

18   17

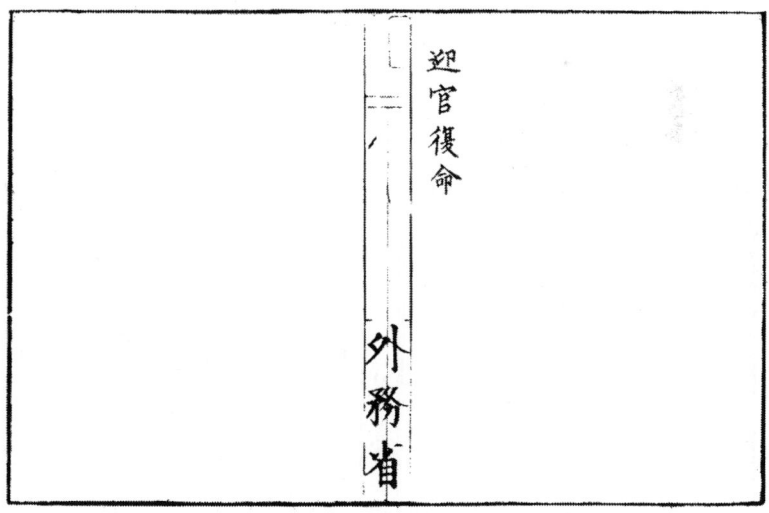

20   19

（復命書）　⓪復着際の次第

明治九年四月廿八日横濱ヨリ郵船黄海丸ヘ乘
組出發同月世日午前二時神戸港着直ニ兵庫縣
廰ニ出發當時出廳縣令ヘ面接ニ一ケ相渡信便
令人ノ公書等時ハ公書携時ニ一ケ面接ニ相渡
番問ノ儀等委細陳スヨリ主任ノ官員ヘ勤務取
設方等委々引合ノ末海岸通リ貿易場ヶ會社借受
事一次シ隨向等其席ヘ候ヲ談示ヲ遂ヶ還履事賞
龍丸大坂口ヨリ廻艦遂ニ付三菱社其ヘ引合候
恵大坂川口ヨリ連日風浪ノ為ニ横米陸上ヶ逗滯重
ニ従來東組ノ外國人ト引留リ横問逗延着事

二十一

外務省

事情申出候問追々邅延期日ヲ衍リ候樣候樣二十八ケ
郵合ニ付水野少録荒川書記生尾問書記生五月
五日大坂出張黄龍九郎門一覽候處元來同船八割
日夜港郵船ニ無之ノ臨時四枚荷物ヘ夏一致シ候由
ヲ付中甲板ハ丸ヶ敷板無之ニ八十人余
ノ人員體武能東組不相成候二付米陸上申中ニ嗣郵
屋取運吹焖處ニヶ所反仄品反整方等郵長及
ケノ事ヶ一々中鐵卸日相談シ隨方臨時四人雇上
ト會計主務ノ者ヘ相談シ隨方臨時四人雇上
午後六時黄龍九神戸入港同七日驛遞察ヨリ

二十二

外務省

東組ノ處大爲小杉雅三ヘ面會中橋雅撰ノ事
及船中累積向ノ淺ニ甘熬驗ノ事支ヨリ船中
小絃モ略濃船足砂礫橫入方不相果十四日午後
ヨリ黄ヲ海濱ニ揚ヶ明貨物品小悉縷載
同夜十二時神戸後跟同月十二日午前八時下
ノ關着港即時上陸ス是縣官出張赤之一分區
長外ヶ山口縣令ヘ公書送達方
申越候即時下長山口縣令ヘ公書送達方
海岸東細江町永福寺ニ始向地端郵郵令
小其蕭相談シ同日午後四時下ノ間後跟同十

二十三

外務省

三日午前八時朝鮮谷山痛着御地上陸公館ニ
至リ山ノ城四小富記生以下一回ヘ面海公信
書類相連樣ヶ宮本大亟廉ヨリ被申倉候出徒
出張ノ儀ニ甘委辭口陳ノ尾山ノ城書記生
リ益支篇無之ノ首中出同人ヨリ一回ヘ出京郵
連書相渡履事同日訓導曹普運來綞對接
又型十四日ニ鐵導會普運ヨリ近接官
詣引合ヶ向荷同統與ニ暴十七日訓導曹運再リ
拾言十四日訓導曹普運引合ノ事委辭
一同年小杉驛遞權大屬船長鳥谷傑ヘ酒肴ヶ

二十四

贈ラレ衆議ノ上受領シ答禮トシテ紙數百葉
愛日梁文昌部ヲ贈ル九日ヨリ廿二日午前
連ニ修信一行ノ荷物大少六百十六箇損果ニ
、日ニ迎接官及伺侯生使利割合ニ出張取締致
之候東萊府ヨリ贈物潤育訓導安昔運手簡
相添差越美品北辰七十連雞九八分送ス廿一
日訓導音昔運及上判事高永喜來謁直ニ莫龍
槻ナリ愛納ノ上折半ヲ黄鳩九八分余上ノ
九ヘ麗越鄒座劃彼ノ都合ニ因リ桐政ノ信使

外務省

25

ノ部屋ハ上房ト稱ス上官ノ分ハ官姓ヲ記ス
水野少錄荒川書記生尾間書記生立會居候得
共庫立照儀ハ過戟而四ノ應接ヲ果申セシ
三余ハ雜談耳故ニ記ス廿二日午後二時修
信使一同七十六人上ニ御立體中客席ヘテ水野
少錄中野書記生尾間書記生鳴田中軍医ハ
驛逓權大属面鍋又ハ荒川書記生都長谷保ハ
甲板出迎ノ勸相濟
修信使日
今梭進タ滄溟ヲ起テ我軍迎引ノ為メ

26

御出張御太儀ニ存候
水野少錄日
修信使トシテ我國ヘ被來候段御苦勞
ニ存候

右事務自其房ニ就キ休憩ス午後四群釜山坂
彌廿三日午前七時四十分下ノ關着警アッテ
上陸實ニ二等警部能一三等警部迎臺世人山口
縣ヨリ出張二等警部能等最力ナリ藤テ陸
上夜泊ハ不致積甲ニ夜泊是一行ハ着船ニ慣
仕来實ニ二等警部永福手ニ候得ハ官姓ヲ記ス
付彼泊舶ハ動指無之陸地ト其十ルナリ從是
向瀨戸内ハ海波穩ナル事且本省ヨリハ少シ
モ早ク着京履謙屢電信モ有之着愛日時相達

外務省

27

ニ類ハ困難今尚氣分常ニ復てヽ旁本夜ハ
是来陸上ヲ一泊シ警苦ヲ懲メ度段申立候
付彼泊舶ハ動指無之陸地ト其十ルナリ從是
向瀨戸内ハ海波穩ナル事且本省ヨリハ少シ
モ早ク着京履謙屢電信モ有之着愛日時相達
上ヒ聞入候詰報ハ手續諸長已ニ仍テ此段本省
一ヶ月ハ繁ク請求ヲ手續ヲ以テ致候望候
電報シ候ハ懇ニ任セ永福手ニ一泊爲致度
四日午後日時下ノ關梭宿ス下ノ關滯留中修
信使ヨリ東萊府便ヘ書状遞方伺願ニ甘長崎

外務省

28

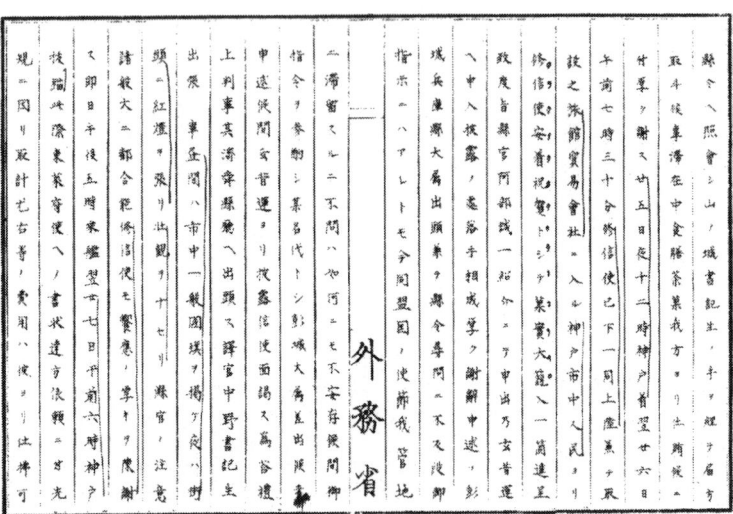

外務省

二番留ノ者ハニ不問ハ如何ニモ不安存候間御
情令ヲ蒙解シ幕名代トシ影城大爲差出候書
申述候間御督運ヲ謀露信使面晤ス爲谷禮
上判事英滿幸縣聽へ出頭ヲ譯官中野書記主
出張車並開墺ヲ譯官中一穀團墺ヲ揭ケ候ハ相
頭ニ紅燈ヲ張リ此間へ十七リ諸官ニ注意
諸能大二都合能滿治候使ヲ驚愕ノ享リ度謝
又即日午後五時東鑑啻廿七日廿蘭六時神戸
枝園此滯京萊容便へ書狀遣方依賴ニモ先
視ニ因リ販計乜古寄ノ費用ハ便ヨリ仕候可

30

縣令ニ照會ヲ山ノ城書記主ヲ經テ召亦
取午後車湯在中茗膳茶菜等方ヨリ出頭候ニ
竹箸ヲ携へ廿五日夜十二時神戸ニ首望廿六
午前ヶ時三十分務信使已下一同上陸焉ニ民
設之旅館貿易會社ニ入ル神戸市中ニ人民ヨリ
修ノ倒安首視寶トシテ柴類大鏡ニ一歯連呈
致度旨縣宰阿部線一站分ニ申出乃女首運
へ中ヘ授類ヲ相成享同縣令尋同ニ不文陵卸
城兵庫縣大屬出頭享ヶ縣令尋同ニ不文陵卸
指示二ハ丁ヶ卜モ今同盟国ノ使節我官地

29

致省申出候間入費相分候上備御相談可致旨
中置廿九日午前四時横濱着港八時上陸會議
所、へ、入、ハ、候恐十時四十五分ノ滊車便ヨリ出
京直ニ品川へ四時間ヨ中茗物端者へ相續神田
錦街旅館ニ入ル時一時半ヨリ黄龍丸
進ニ品川へ四時間ヨ無滯旅館へ送徹諸事御用
橋下ヨリ遙送翌廿日無滯旅館へ送徹諸事御用
相濟候此段復命仕候也

明治九年五月

外務省

外務六等書記生荒川讓
外務六等書記生中野許太郎
外務少錄水野誠一

外務大書記生尾間啓治

32　　　　　　　　　　　　　　　　　31

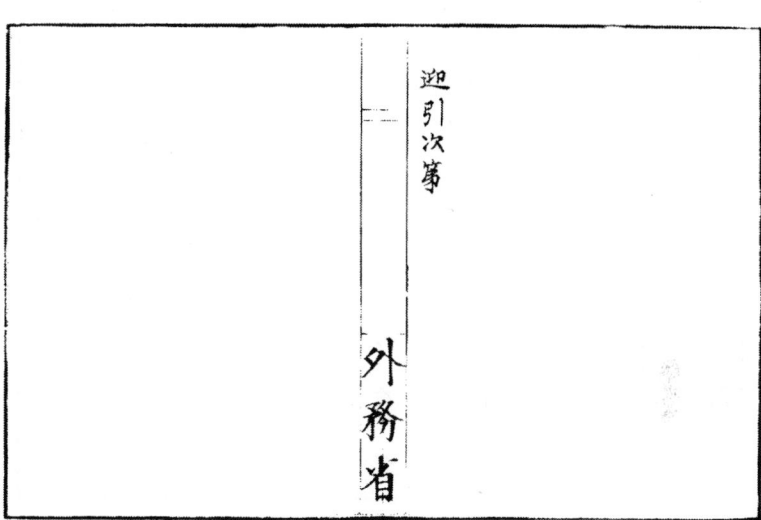

迎引次第

外務省

34

33

丙子五月

〇修信使近引手續書

一兵庫ヨリノ電報ニ依リ當日又ハ前日迎接官
　員ヲ及ヒ通辯ヲ横須賀ヘ出張セシメ使途ヲ待
　ツシムヘシ

一使員一行上陸ノ節小蒸船一隻ヲ為馬車一輌相
　備ヘ人力車多数用意ノ義心得ヘシ
　但シ雨天ナラハ上官以下ハ指令ヲ用意
　シ中官以下ハ郡ヶ官室及ヒ合預ヶ用意
　スヘシ

一使船入港致サハ不乘致本省ヘ電報シ近發官
　向名小蒸船ニテ使船ニ至リ連将兼掌ヲ貫シ
　迎引ノヒリ携ヘ上陸後ヘ京抵館途ノ通行手
　續ヲ打合セ一名ハ上陸車馬ヶ波戸場ヘ差出
　シ其次第ヲ更ニ本省ニ電報シテ衝備須修所
　ノ車為用意ノ便ニ供スヘシ

一使員上陸信使及ヒ上々官近郡合三名ハ馬車
一上官ハ人力車ニ乗セテ休憩所ニ誘引スヘ
シ

但シ強雨ノ節ハ上陸見合セノ事

36

35

外務省

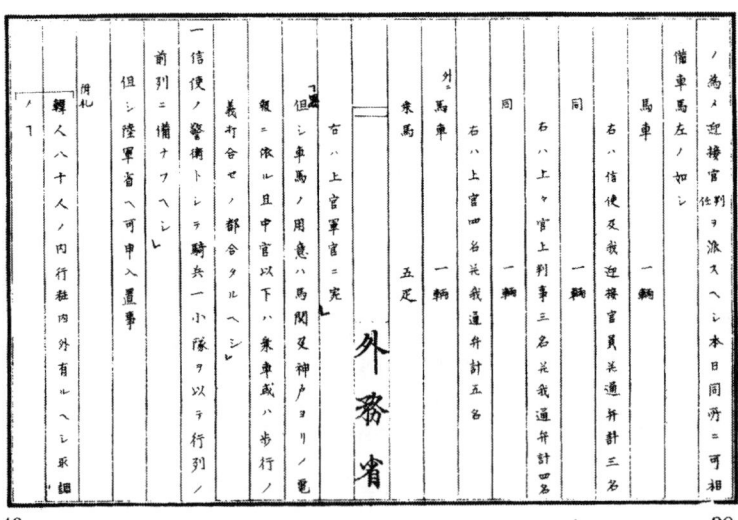

一体蕃中ハ町費ヲ以テ之ニ當ツ爻ヲ取捨置ヘシ

一上陸後都中ニテ歓賓ヲ海ツテ休憩ヲ入ラハ収茶菓ノミ備ヘ遣クヘシ

一賓ヲ致道集ヘ打合セ拾便一行猎切ノ車室ニラス上京セシムニ退シ信便及ヒ上々官ハ上等ニ上官ハ中官下官ハ下等ノ車室ニ乗組セシ發車ノ前何時發車ト之事ヲ本省ヘ電報スヘシ

但シ横濱ステーション内ニ臨時休息所設クヘシ

外務省

38　　　　　　　　　　　　　37

一新橋停車場ニ休憩所ヲ設ケ信便到着ハ其所ヘ迎引スヘシむ本省ヨリ更ニ旅館ヘ誘導

階札　前車ニ送リタレむ其場ノ都合ニ奇リ注意有リタレ

行李陸揚ノ前後モ有ヘケレトモ可相成

一信便一行行李ハ皆横濱ヨリ流車ニ付シテ讓館ニ送ルヘシモ手回リハ信便ノ乗車ニ付スルモ其他ハ後車ヨリ時宜運搬スルモ苦しカラス

ノ為メ迎接官佐ヲ派スヘシ本日同所ニ可相

備車馬左ノ如シ

馬車　一輛　右ハ信使及我迎接官員米通并計三名

同　一輛　右ハ上々官上判事三名我通并計四名

同　一輛　右ハ上官四名并我通并計五名

外馬車　一輛

乗馬　五疋

古ハ上官軍官ニ充

但シ車馬ノ用意ハ馬關及神戸ヨリノ電報ニ浪ル且中官以下ハ乗車或ハ歩行ノ義打合セノ都合ニ依ルヘシ

外務省

一信便ノ警衛トシテ騎兵一小隊ヲ以テ行列ノ前列ニ備ナフヘシ

但シ陸軍省ヘ可申入置事

階札　輕人八十人ノ内行裝内外有ルヘシ取揃

40　　　　　　　　　　　　　39

一、信使入京ノ日ハ旅館近ノ通行順路言ヲ湊ヘ
ラ東京用及警視廳ヘ合使貨通行ノ節不
休裁熱之様注意セシムヘシ

一、道筋ハ停車場ヲ出テ新橋ヲ渡リ本石町ニ至
リ左折鎌倉川岸ヘ出テ神田橋前ヨリ旅館ニ入
ルヘシ

一、信使旅館ニ着イタサ八慰労トヲテ接待官任養
往ニ尋問アルヘシ

一、既ニ旅館ニ入リ與書院ニ於ラ茶葉ヲ進メ
撿官ヨリ一行ニ各房ヲ配閊スヘシ

41

一、迎接官ヨリ外務省ヘ信使出頭ノ日時ヲ約レ
着翌日成ハ盥ヲ日ニ木省ヘ申立ヘキ事
ヲ通クカラス
但シ外務郷以下ハ平服ニテ接見セシ ナ
レモ別段役方ヘ告ル 及ハス従ヨリ其辺
尋問アラハ迎接官ヨリ其所以ヲ申聞ケヘ

但シ別ニ旅館取締規則ヲ作リ之ヲ付與ス
ヘシ

外務省

一、旅館詰迎接官員花雇夫ニ至ル迄凡如左

別仕　　三名

42

唐札

洲人配リニテハ手四菜山十ラン別ニ人
配ハ設ケタク

一、弟何日約ノ如ク朝何時馬,車ヲ遣ハシ信使ヲ
本省ヘ誘導スヘシ尤本日ハ上々官以下車馬

同通弁　　三名
生徒　　拾壱名
苓外吏　　貳名
小遣　　貳名
雇夫　　拾名

外務省

43

ヲ用エルモ赤歩行セシムルモ前日豫ノ協議
レテ其備ヘアルヘシ道筋ハ柳田橋ヲ渡リ右
ヘ内務省ノ前ヲ通リ龍ノ口ヨリ日比谷ヲ通
リ堀端通リ櫻田門前ヨリ丸折本省ヘ前往ス

一、本省ニ來ラハ信使及ヒ上官ハ本玄関ヨリ昇
ラシメ休憩所ニ誘引スヘシ但シ軍官又ヒ樂
人寺ハ門内ニアラシメ中官ノ信使ニ從フモ
ノハ内玄関ヨリ昇ラシメ別ニ其休憩所ヲ設
クヘレ

44

一鄉輔始ノ大丞面謁ノ席ハ班列七ハ迎接官員

信使ヲ別ヲ其席ニ進ミ信使ヲシテ直ニ二ヶ礼

書判書ノ書簡ヲ外務卿ヘ参判ノ書簡ヲ大丞

二リ差出サシムヘシ

但シ其時信使ニ随カフモノハ上ヶ官両人

及ヒ上判事ノ三ト心得ヘシ

丞其席ニ至リ遠芬ヲ慰労ヲ伸ヘ卿縮セシム

使ヲ休憩所ニ退カレメ迎接樴ノ大

外務卿及大丞書簡ヲ受取一礼畢ヲ退席ホ信

但シ帰路行列前ト同シ道筋ハ本者ヨリ櫻

外務省

45

一信使出省ノ翌日迎接職大丞其旅館ニ到ル

ヘシ

回門ヲ入リ両九下ヲ通リ和田倉門ヲ出テ天藏

省東門前ヲ過キ神田橋ヲ渉リ旅館ニ入ル

礼ナナスヘシ

一外務省ヘ信使出頭相濟ムトキハ都合次第復

命スルハ外務卿輔ヘ到リ挨拶アルヘシ且

両大臣及各都使長官卿ヘ信使出頭シ名紙ヲ

外ヲ差出サシムヘシ

附礼

46

両大臣諸省長官外務輔ヘ

但シ此迎ハ迎接官ニハホトヨク取計テヒ

む延遼館ニ於ヲ饗應有之前ニ行ハシムル

一第何日延遼館ニ於テ信使ハ上ヶ官饗應有之

ヲ費スヘヒ……リ

吉其勞何日上官同断第何日旅館ニ於ヲ中官

以下同断何日當日僞使ヘ申入置キ當日

時剋迎接官ヲ率セ馬車ニ遣ハシ……

……差出ス……上官賞心信使ヲ率シ直

……ヘ……人力車或ハ歩行ヲ以テ直

二延遼館ニ至リ濱離宮ヲ拜見セシメ……師

問ヶ卿輔出席アラハ饗應ノ席ニ就カシムヘ

も赤

外務省

47

ノ延遼館出席アラハ饗應ノ席ニ就カシムヘ

シ

但シ饗應ノ日ハ正服タル旨ヲ彼方ヘ告ヶ

置クヘシ赤同シ

一饗應席次如左

一饗應對食中菱紫ノ軍ヘ弁當ヲ賜ルヘシ

但シ使賞随従ノ輩ヘ似ヶ肯之事

一信使對食中菱紫ノ軍ヘ弁當ヲ賜ルヘシ

附礼

海軍省ヘ通達ノヿ

一饗應相畢リ帰路行列帖メノ如シ道筋延遼館

48

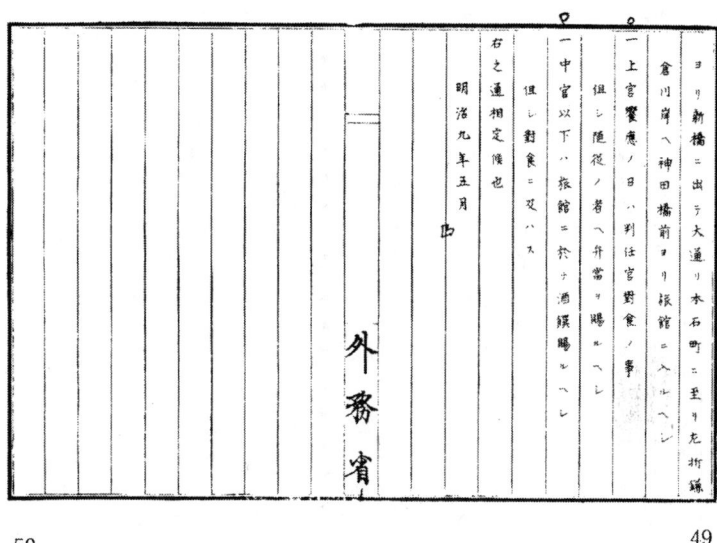

ヨリ新橋ニ出テ大道リ本石町ニ至リ左折線

倉川岸ヘ神田橋前ヨリ振館ニ入ルヘシ

一上官饗應ノ日ハ判往官對食ノ事
　但シ陪従ノ者ヘ弁當ヲ賜ルヘシ

一中官以下ハ旅館ニ於テ滑膳賜ルヘシ
　但シ對食ニ叉ハ九

右之通相定候也

明治九年五月

外務省

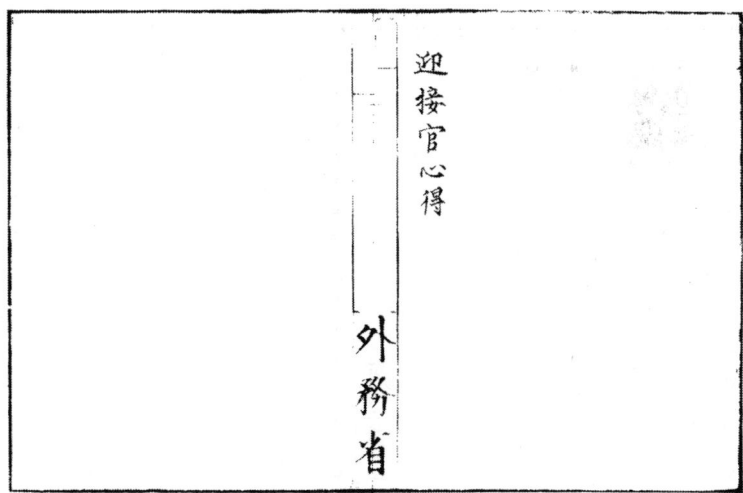

迎接官心得

外務省

丙子四月二十七日

○迎接官心得書

一使員迎接トシテ官船乘組中ハ洋服タルヘシ
ム襯衣等ハ可成見苦シカラサル樣可心懸事
一迎船乘組中并上陸ノ節トモ我迎接官ハ一統
飮酒ヲ嚴禁ス且韓人ニ對シ無禮ヲ加ヘ或ハ
議論スル等都テ溫和ヲ失ナフ事ハ切ニ戒愼
スヘキ事
一船中并釜山逗留中彼ヨリ贈與品有之トモ一
切辭謝シテ受クヘカラス釜山ニ於テ彼ヨリ
一夕ノ招キ有之位ハ其招キニ應スルモ不苦
事
一彼レ清道巡視ノ旗ヲ持來ルハ是ヲ拒ムヘシ
武器ハ戈矛ノ類儀仗ニ飾ルハ不苦ト雖モ大
小銃砲ヲ多數鹵簿中ニ整列スルハ堅ク拒絶
シテ許ス可カラサル事
但シ火藥等發火ノ類ハ預リ置船司ニ付シ
搭護セシムヘシ
一迎船往キ懸ケ神戸港ニ着イタサハ兵庫縣令
ヘノ書簡ヲ差出シ追テ使員到着同所上陸ノ

外務省

54　53

節休憩所取設ケ有之トモ夜泊ハ不致且入浴
食料等モ其節打合セヘク尤使員ヨリ縣令ヲ
訪問スルノ禮ナキ筈ナレハ縣令モ亦其旅館
ヲ問フニ及ハサル等接待ノ手順委ハシク可
打合置事
但同所ニ於テ大阪府ヨリ受取シ銅ヲ積入
ルヘシ
一迎船往キ懸ケ馬關ニ下着イタサハ暫時投錨
同所出張山口縣官吏又ハ區戸長ニ面シ縣令
ヘノ書簡ヲ遞シ使船上京ノ節上陸休憩所取
設ケノ義前条同樣可打合置事

外務省

但同所ニ使員着港イタサハ出帆ノ前拔錨
ノ時刻ヲ外務省ヘ電報スヘシ
一迎船若シ對州ニ寄泊スル事アラハ使員上京
ノ節ハ該州ニ寄ラス直航可致ニ付別ニ取設
ケニ不及旨長崎縣支廳ヘ告ケ置クヘキ事
但風順ニ依リ臨時寄泊ノ事アルモ兵庫馬
關上陸ノ手續ヲ以テ可及打合事
一迎船釜山浦着訓導就館イタサハ此度修信使
ヲ差立ラルヽハ好誼ヨリ所出ニシテ我朝廷

56　55

深ク嘉納セラレ、ノ旨ヲ述ヘ山之城書記生
ヲシテ口陳書及備陳書等ヲ達サレシメ一々条
辨慇懃可致事
一吉副喜八郎及留学生徒拾名合セテ拾壹名迎
船乗組上京スヘキ者相違ニ通辨トシテ上官
以下ニ配育ヶ本条其他心得書ノ趣意ニ不悖
様此度可申聞事
一便貨汽船八五月十八日ヲ期スルノ約十八八
迎船釜山浦着後右日限一両日以前荷物等悉
皆積込ミ廿壹船中起居ノ都合ヲ傳授シ且船中

外務省

規則并上陸ノ節可相守内地ノ規則等ヲ達シ
使員一行ヘ道達ノ旨可打合事
一使員乗船我金銀貨及携帯貨興イタサハ心證
書ヲ取置ヘシ逓辨方長彼丁銀價位ノ義ハ来
京ニ於テ尚ホ議答置ヘキ事
一使船神戸ヨリ出帆ノ前揚錠ノ時別ニ外務省
ヘ電報スヘキ事
一黄龍丸ハ横濱ニ着同所ヨリ上陸一應休憩ノ
上揃ヒ鐵道ニ入京スヘシ及諸荷物モ同所
ニテ陸揚ヶ十ナレ瀧車ニ付シテ運輸スヘシ

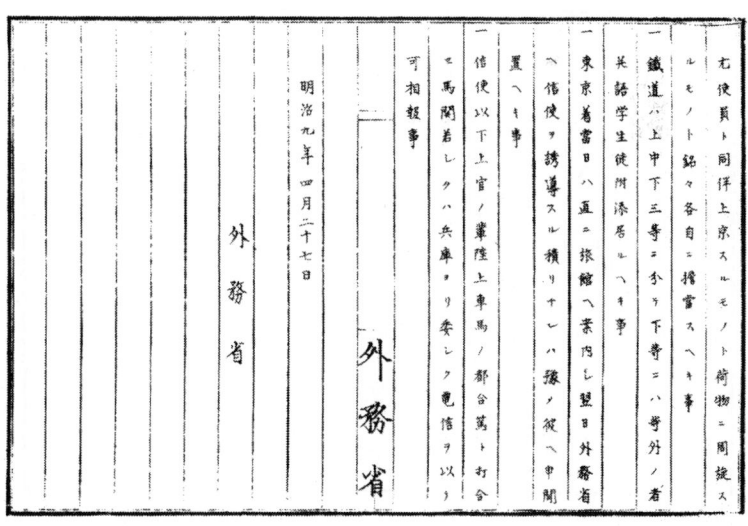

尤使員ト同伴上京スルモノト荷物ニ周捜入
ルモノト銘々各自ニ擔當スヘキ事
一鐵道ニ上申下三等ニ於テ下等ニ八等外ノ著
英語学生徒附添居ルヘキ事
一東京着当日ハ直ニ旅舘ヘ案内シ翌日外務省
ヘ偕使ヲ誘導スルニ頼リ十レ八豫ノ彼ヘ申聞
置ヘシ事
一偕使以下上官ノ輩陸上車馬ノ都合萬ト打合
ス馬開着レクハ兵庫ヨリ委レク電信ヲ以テ
可相報事

外務省

明治九年四月二十七日

外務省

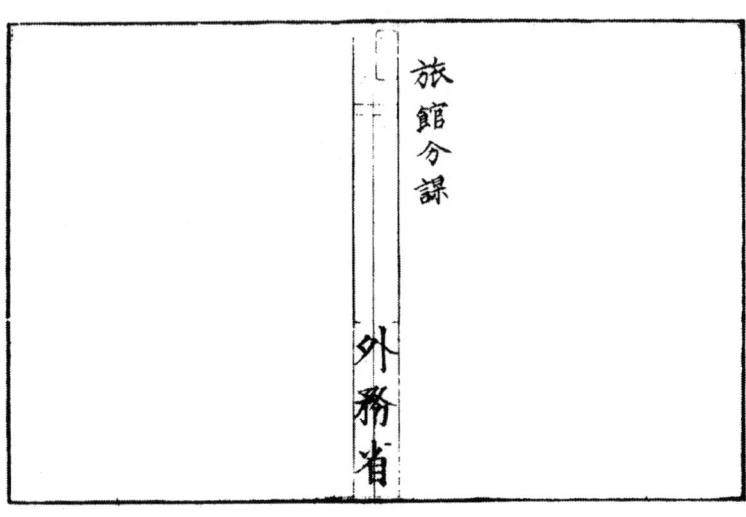

旅館分課

外務省

62　　　　　　61

丙子四月
修信使迎接中分課左ノ如シ
外務少錄水野誠一
庶務
船司へ引合受甘
金銀出納
會斗
韓使金銀預り　但尾間書記生兼任之事
外務七等書記生尾間啓次
食料賄方
食料諸品預り　但水野少錄兼任之事
諸縣引合并公信電信
外務六等書記生荒川德滋
日記并文書預り
外務六等書記生中野許多郎
使員一行ノ保護及取締
通譯
外務省等外一等原吉也

外務省

64　　　　　　63

韓人ノ火元

韓人荷物ノ総轄

韓人人数調　〃

韓人荷物ノ出入引受　但今井某衛兼任之事

〃　　外務省等外三等今井孝衛

食料之注意　但太田芳也兼任之事

外務省等外一等太田芳也

外務省

（65）

右之通不謀相定候ニ就テハ苦シ内ニ於
テ失錯アル月ハ主任ノ者ハ固ヨリ其責ヲ免
レズト雖モ同心協力互ニ其遺漏ヲ補輯シテ
政府ノ失体ニ相成ラザル様慎ハ八キ事

明治九年四月

外務大丞宮本小一

外務権大丞森山茂

（66）

丙子四月廿五日

○適拝分課

修信使

上々官

右三名一行惣体之適拝ヲ相兼

浦瀬裕

荒川徳滋

荒川徳滋

中野許太郎

中野許太郎

工官拾名

吉副喜八郎

中村庄次郎

（67）

中官四十九名

吉村平一郎

浅山顕蔵

黒岩清美

武田憲太郎

武田和太郎

阿比留祐作

大石又三郎

津江直助

住永珍三

下官十八名

外務省

（68）

右之通過辨多課相定置候得共上官附吉副以

下ハ下官附荃中官附ノ者ト五日目ニ輪直交

代可致事

　但非當ノ節ハ勿論平日ヨリ共相互ニ不足

　ヲ補ヒ可申候

明治九年四月廿五日

　　　　　　外務大丞官本小一

　　　　外務權大丞森山戊

外務省

航韓必携

三

参内順路
内謁見式
献品
賜品
舞樂拜観
省寮拜観
遊覧箇所

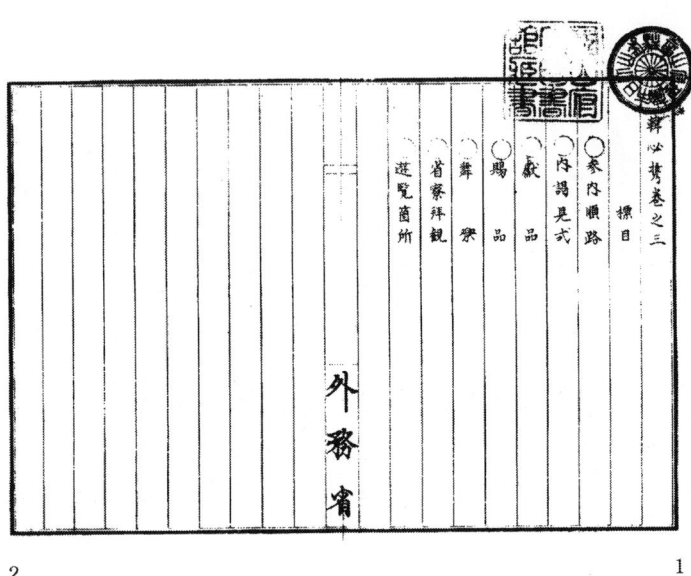

2　　　　　　　　　　　　　　　　　　　　　1

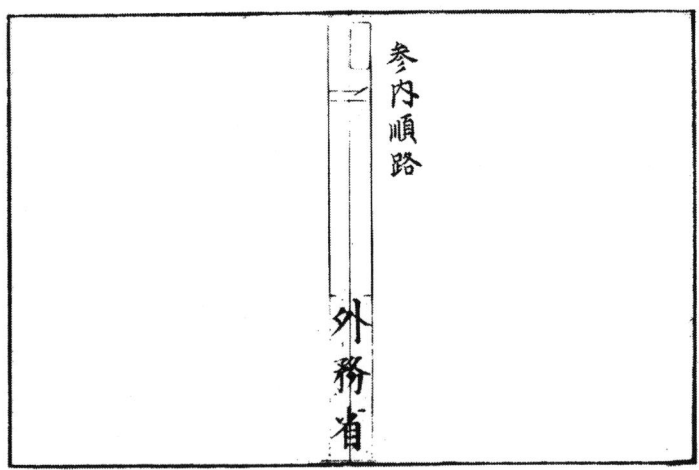

4　　　　　　　　　　　　　　　　　　　　　3

丙子六月一日

◎参内路順

午前八時半旅館ヲ出堀端通リ清水門前ヨリ
九段坂ヲ上リ堀ニ沿フテ半蔵門ヨリ麹町一
丁目ヨリ大通リ四ツ谷門ヲ出河岸通リ
皇宮ニ到ル

〇帰路

皇宮ヲ出テ四ツ谷門ニ入リ麹町通リ半蔵門
外ニ出古竹堀ニ沿フテ櫻田門ヨリ霞ヶ関大
手門ヲ入リ吹上御庭拝見了テ

外務省

一吹上東門ヲ出代官町通リ近衛兵営東門前ヨ
リ竹橋ヲ出一ツ橋ヲ経テ旅館ヘ帰ル

五月

右之通候也

吹上ヨリ半蔵門ヲ出通行ノ続ノ處事情有之
俄二面九大手ヨリ元光院前ヲ過ヶ左衛和田
倉門ヲ出左衛内務省表門前ヨリ一ツ橋門ヲ
出通ニ河岸通リ旅館ニ帰ル
吹上由撮本省官員ヨリ遠煎警視廳ヘ遠如テ

6　　　5

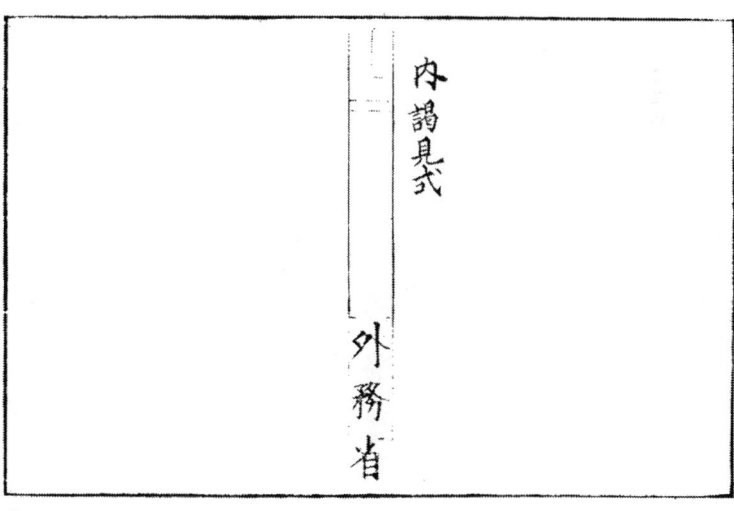

内謁見式

外務省

8　　　7

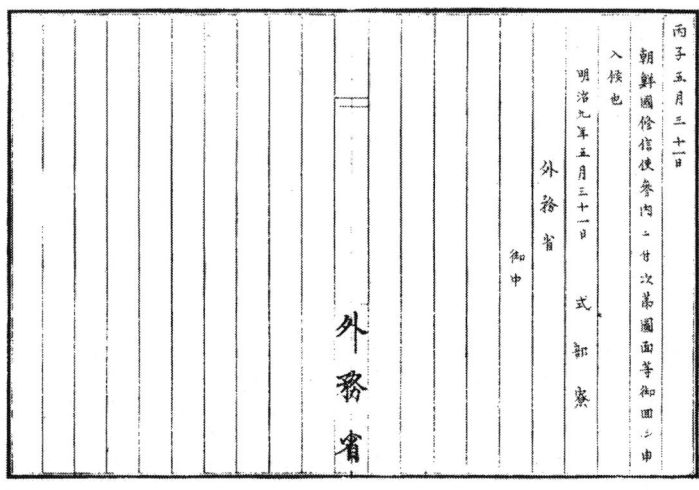

丙子五月三十一日
朝鮮國修信使參內ニ廿次萬圖面等御圖シ申
入候也

明治九年五月三十一日

外務省

式部寮
御中

外務省

10　　　9

◎朝鮮國修信使內謁見式
一當日午前第十一時修信使ヲ外務官員同伴參
內ノ事
但修信使出館注遠外務省之ヲ勤ム
一信使閣係ノ官員大禮服着用ノ事
一修信使御車寄ニ立リ下車昇殿ノ事
一當日閣係ノ官員ヲ迎ヘ候ハ諸導フ
但信使通行ノ節ハ行フ
一式部官員修信使內ヲ外務卿ニ告ク御修
信使ヲ引テ御前ニ進ム
一衣冠整了テ更ニ和ル所ヘ諸導ス

外務省

一外務卿官內卿式部頭之ニ接ス
一式部頭修信使參內ノ告ヲ言上ス
一內宮出御
一修信使ヲ召ス式部頭之ヲ外務卿ニ告ク御修
信使ヲ引テ御前ニ進ム
一立御
一修信使進シテ立ツ外務卿名ヲ披露ス入修信使
拜禮ス
一御默答アリ
一禮畢リ修信使退ク

12　　　11

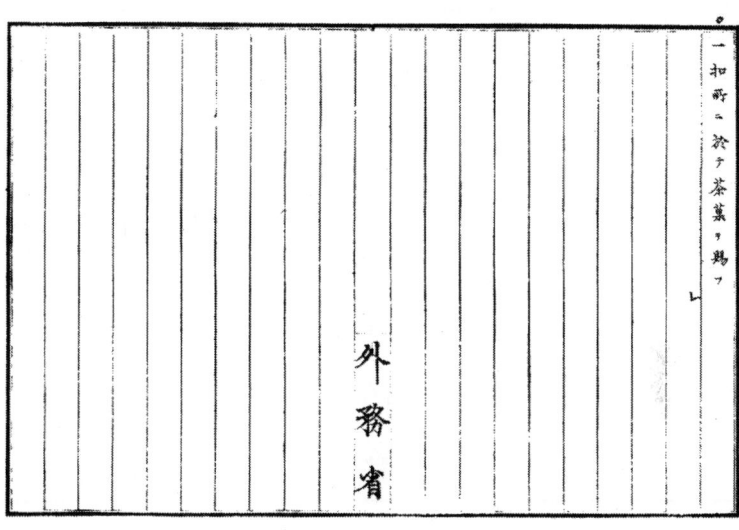

14　　　　　　　　　　　　　　　　　　　　　　13

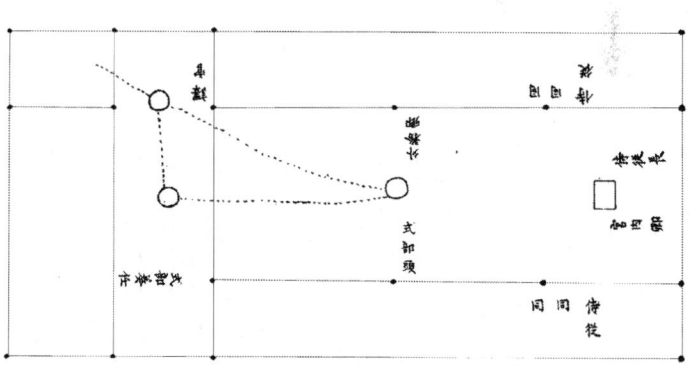

16　　　　　　　　　　　　　　　　　　　　　　15

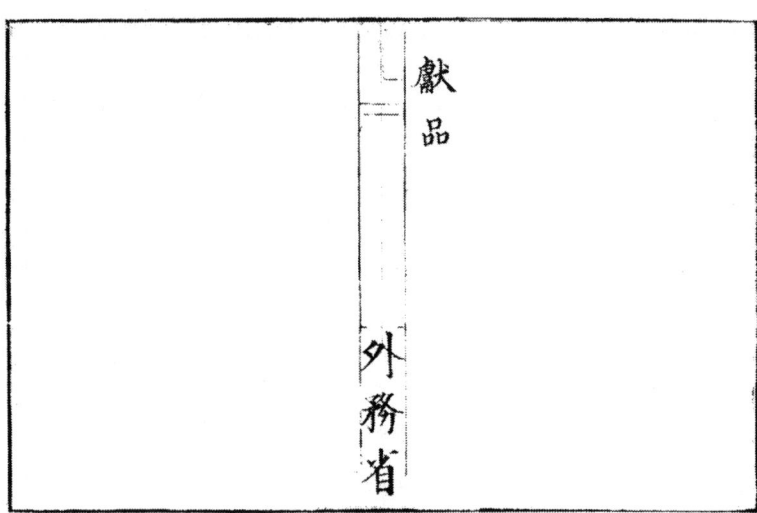

18   17

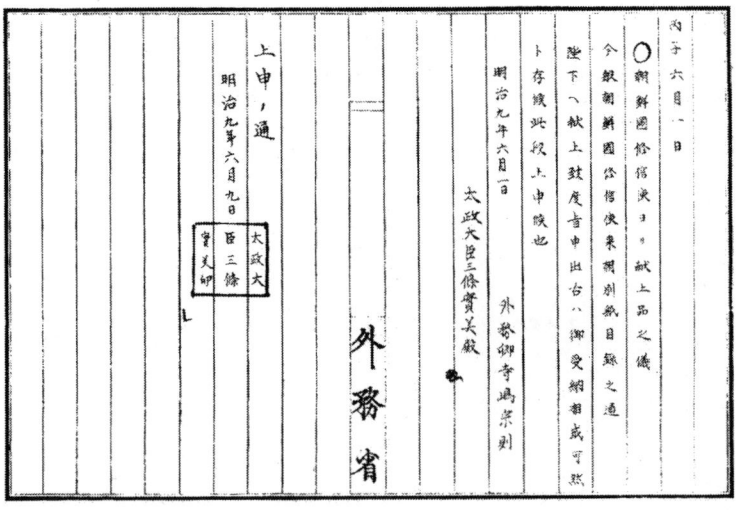

20   19

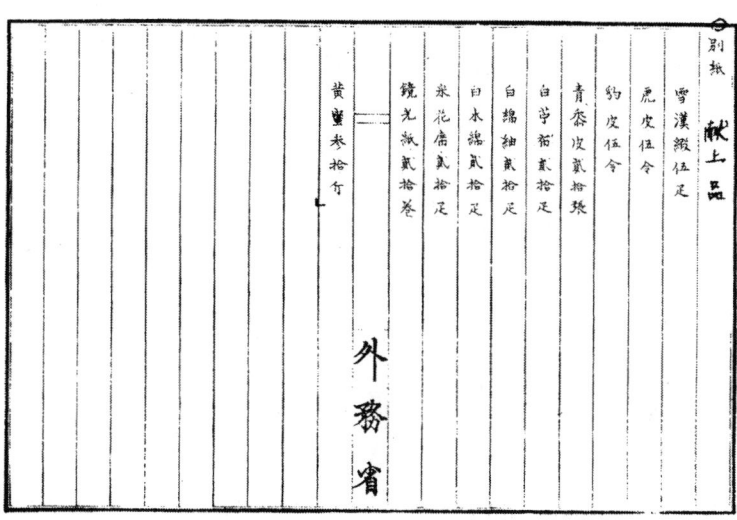

別紙

献上品

雪漢緞伍足

虎皮伍令

豹皮伍令

青黍皮拾張

白苧布貳拾足

白綿紬貳拾足

白水綿貳拾足

采花席拾足

鏡光紙貳拾卷

黄毫筆拾枝

外務省

21

22

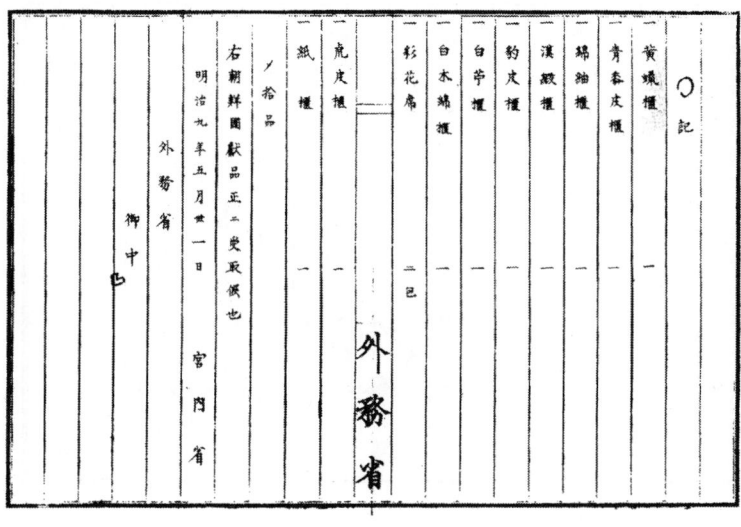

〇記

一　黄毫櫃　　　一

一　青黍皮櫃　　一

一　綿紬櫃　　　一

一　豹皮櫃　　　一

一　白苧櫃　　　一

一　漢緞櫃　　　一

一　白水綿櫃　　一

一　彩花席　　　二包

／拾品

紙品

一　虎皮櫃　　　一

右朝鮮國獻品正二使取候也

明治九年五月廿一日　　宮內省

外務省

御中

23

24

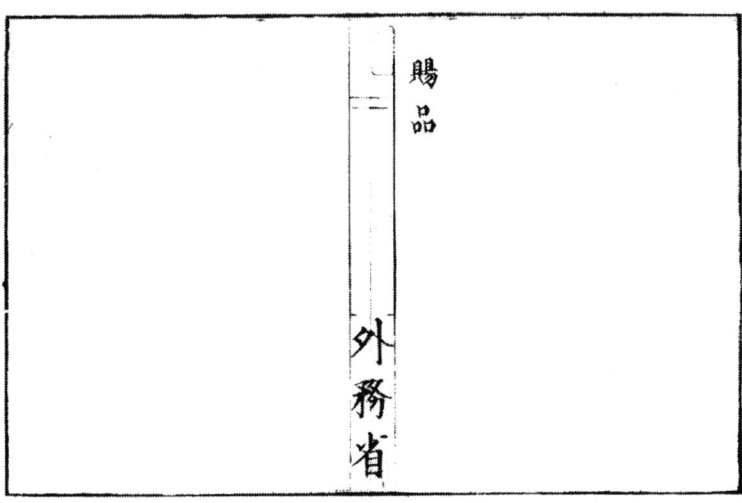

26   25

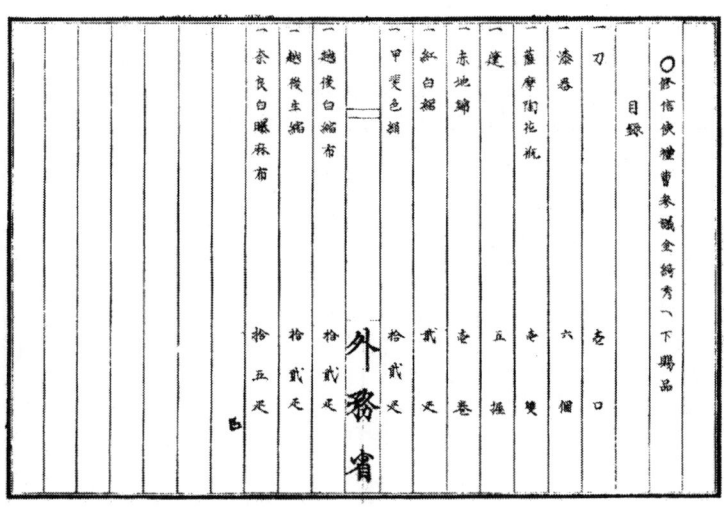

28   27

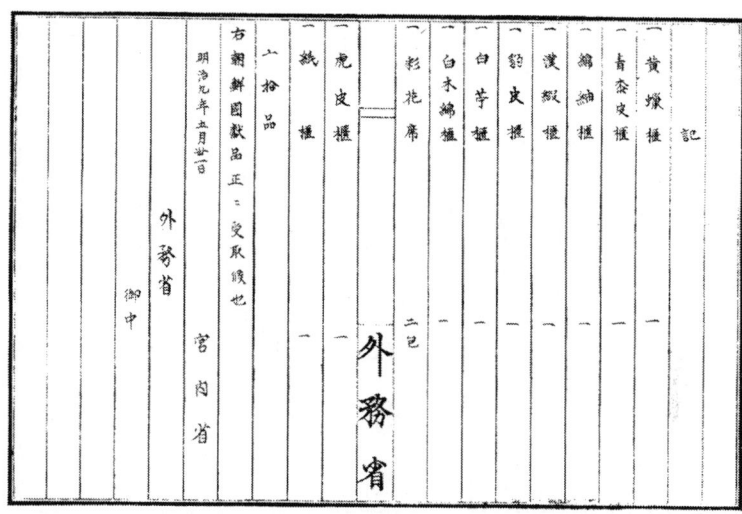

記

一　黄燭櫃　　　一
一　青杰皮櫃　　一
一　綿紬櫃　　　一
一　漢綴櫃　　　一
一　釣皮櫃　　　一
一　白苧櫃　　　一
一　白木綿櫃　　一
一　彩花席　　　二巳
一　虎皮櫃　　　一
一　紙品　　　　一
一　拾品

右朝鮮國獻品正二受取候也

明治九年五月廿一日

外務省

宮內省
御中

外務省

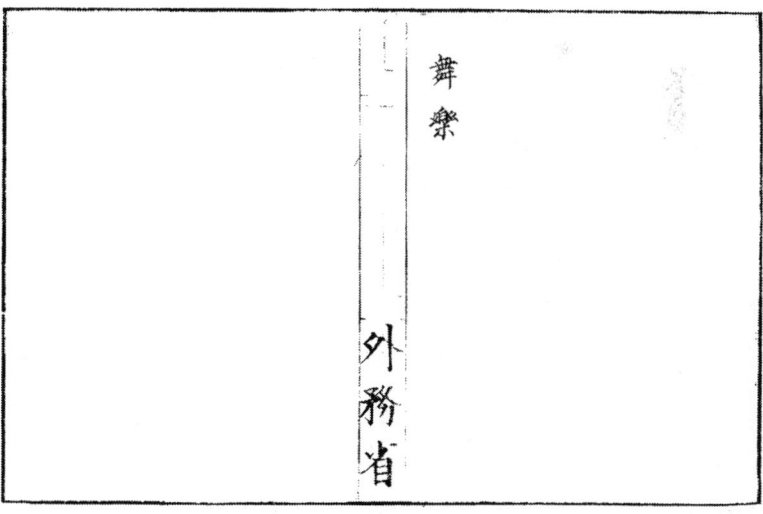

舞樂

外務省

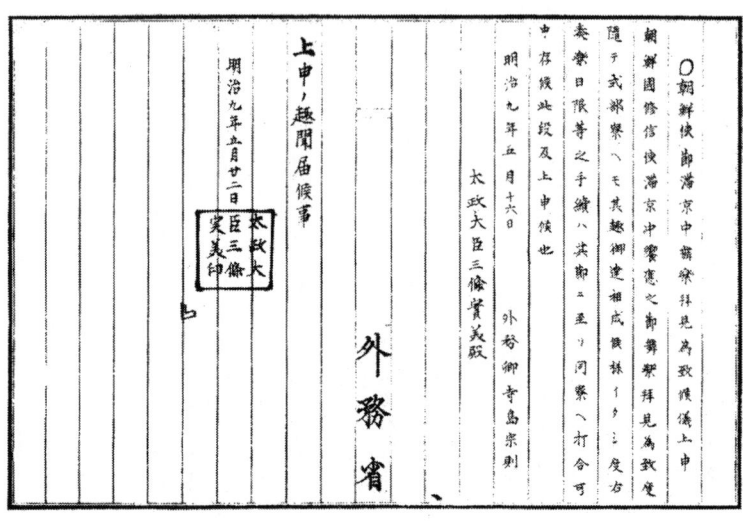

○朝鮮使節滞京中萬絳拝見為致候儀上申

朝鮮國修信使滞京中饗應之御馳走拝見為致度

隨テ式部樂ヘモ其趣御達相成候様仕度方

奏祭日限等之手續ハ其期ニ至リ同樂ヘ打合可

申存候此段及上申候也

　　明治九年五月十六日

　　　　　　　　　　　　外務卿寺島宗則

　　太政大臣三條實美殿

上申ノ趣聞届候事

　　明治九年五月廿二日

　　　　太政大
　　　　臣三條
　　　　實美印

外務省

33　　34

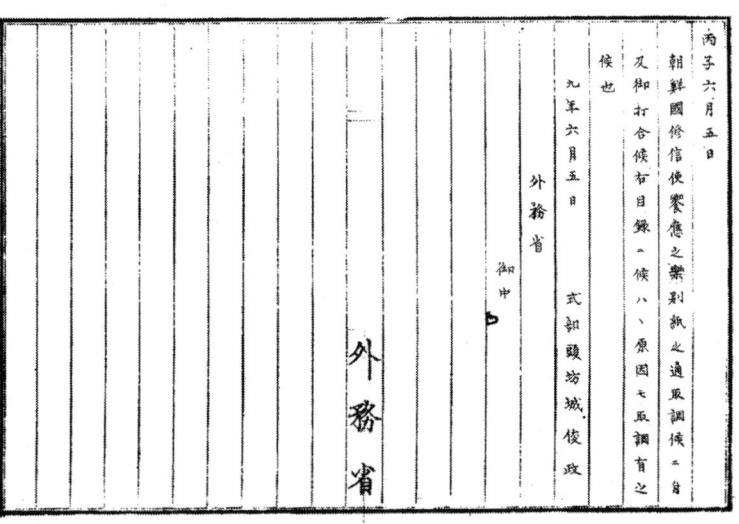

丙子六月五日

朝鮮國修信使饗應之宴剝製之通取調候二品

及御打合候右目録ニ候ハ、原因七五取調有之

候也

　　九年六月五日

　　　　式部頭坊城俊政

外務省

　御中

外務省

35　　36

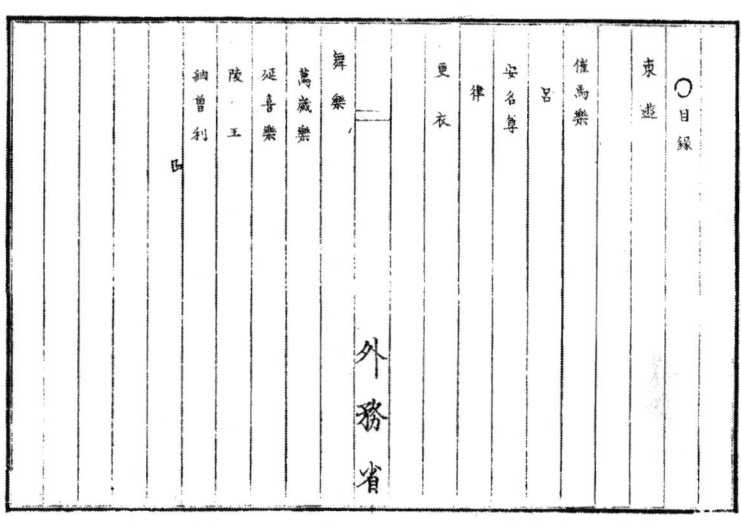

○目録

東遊

催馬樂
　呂
　安名尊
　律
　更衣

舞樂　一
萬歳樂
延喜樂
陵王
納曽利

外務省

38　　　　37

○舞音説明

東遊
吾國風俗ノ一部ナリ古昔駿河國有度郡有度濱ニ神女降リテ哥舞セシ事ノアリシニ起シリト云傳フ

催馬樂
　呂
　安名尊
　律
　更衣

外務省

催馬樂ハ國風ノ一部ナリ其名義濫觴トモ古來諸説アリ一定セス祖衆説左ニ
催馬樂ト云名ハ其初メニツイデタル吾ノ歌ニヨリルモノ也其歌ハ伊天覺加已末去タヽコト本ト萬葉十二ニ乞吾駒早去欲去タヽトアル歌也ケレ催久詞アルヲヤカテ催馬樂ト云ヲモテ催馬樂ト名ツケリ樂ハ書ノ樂曲トモノ名樂ヤクト云リテ深ヘタルニテヤガテ其字音ナリニヨリテ良トヨ□也廿テ興毎駒ノウタトリテ良トヨ□也廿テ興毎駒ノウタ

40　　　　39

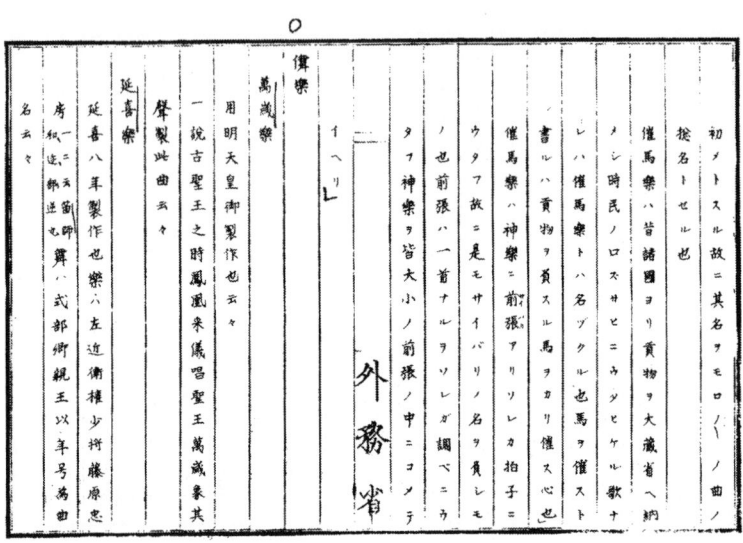

傀儡

萬歲樂

用明天皇御製作也云々
一說古聖王之時鳳凰來儀唱聖王萬歲象其
聲製此曲云々

延喜樂

延喜八年製作也樂ハ左近衛權少將藤原忠
房一云蜀卹近也郁延也算八式部卿親王以年号為曲
名云々

外務省

初メトスルル故ニ其名ヲモ口〱ノ曲ノ
掠名トセル也
催馬樂ハ昔諸國ヨリ貢物ヲ大藏省ヘ納
メシ時民ノ口スサヒニウタヒケル歌ナ
レハ催馬樂ト八名ヅクル也馬ヲ催スト
書ル八貢物ヲ貢スル馬ヲカリ催ス心也
催馬樂ハ神樂ニ前張アリソレカ拍子ニ
ウタフ是ヲモサイバリノ名ヲ員レモ
ノ也前張ハ一首ナルヲソレガ調ベニウ
タフ神樂ヲ皆大小ノ前張ノ中ニコメテ

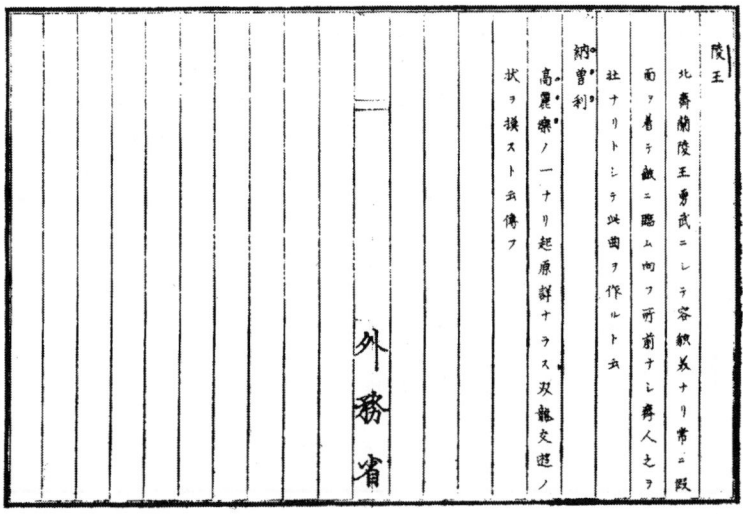

陵王

北齊蘭陵王勇武ニシテ容貌美ナリ常ニ假
面ヲ着テ敵ニ臨ム向フ所前ナシ寿人モヲ
杜ナリトシテ此曲ヲ作ルト云

納曾利

高麗樂ノ一ナリ起原詳ナラス双龍交遊ノ
状ヲ擬スト傳フ

外務省

修信使饗應樂之原因漢譯

東遊
國風之一也昔者駿河國有度郡有度濱有神女

催馬樂
律歌舞馬擬以作以樂云

律

更衣

律

呂
安名尊

催馬樂

催馬樂亦國風之一其名義起原古來有異說
今舉其近是者曰催馬樂者在昔四方人民被
德澤競貢獻京師馬夫驅震唱歌相率以催他
人馬也

傳樂

萬歲樂
用明天皇御製云
一說古聖王之時鳳凰來儀唱聖王萬歲此曲
象其聲而作之云

延喜樂

外務省

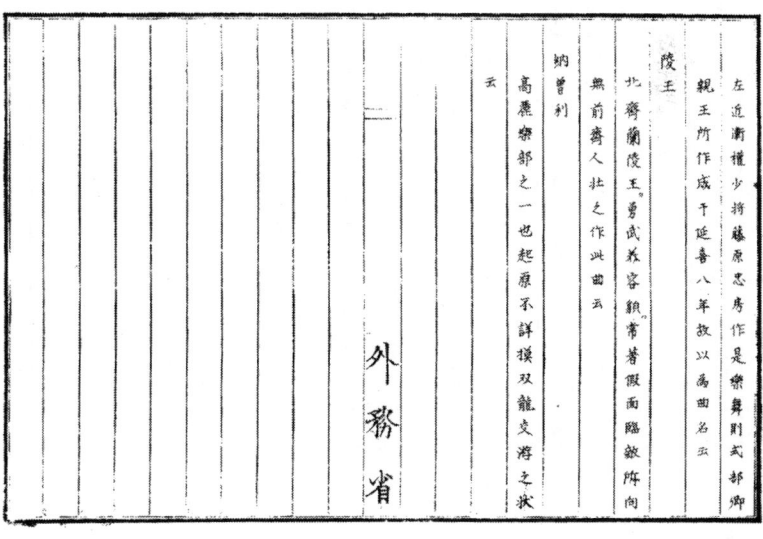

左近衛權少將藤原忠房作是樂舞則式部卿
親王所作成于延喜八年故以爲曲名云

陵王
北齊蘭陵王。勇武義容鎮常著假面臨敵所向
無前齊人壯之作此曲云

納曾利
高麗樂部之一也起原不詳摸雙龍交游之狀
云

外務省

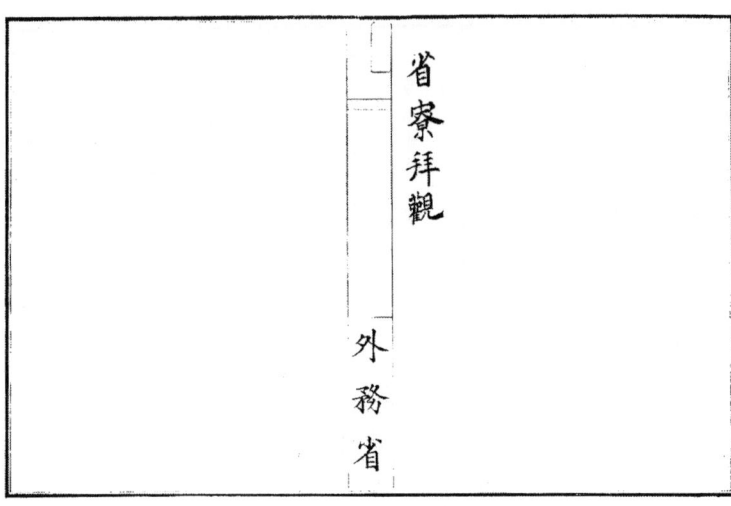

省寮拜觀

外務省

50   49

○修信使滞京中諸省寮之体裁一覧為致候儀

二付上申

外務省

今般朝鮮国修信使滞京中海陸軍調練一覧為致
候儀二付上申之趣諸省寮之体裁兼兵營等ヲ巡
視為致旦公園其他処々遊覧セしム候様相
成候右御指令申候ヘハ追テ諸省ヘ八御達相
歳候条地視之都合等更二上陳可致旨御措令有
之右八処視之場処二依リ其技術等モ目野為致
候ハ、大二使ヒタ見聞ヲ開ク之稍捗テ我情

學ヲモ熟知致人ベクト存候依テ場処近進技術等
別妨之通リ撮縣仕候尤東京府外遠開之場処八
ヲ今縁導不致積二候得共時屆二旨一覧ヲ顧出
候二其内可致積二有之且誠候誘引之日限八
其卿二至リ前以本省ヨリ直ニ其呼暗八申入候
二甘方之趣意ノ其筋八御達相成候様致度此段
及上申候也

明治九年五月二十六日

外務御寺島宗則

太政大臣三條實美殿

上申ノ趣開屆諸省使應(別紙ノ通相達候事

52   51

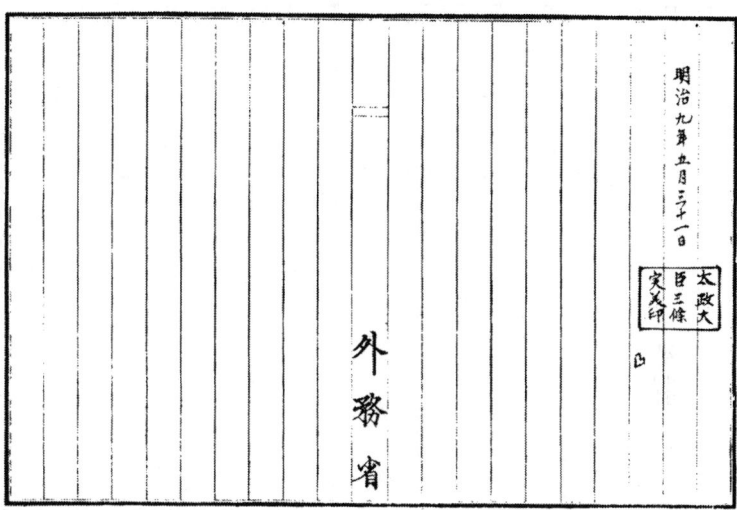

明治九年五月三十一日

太政大臣三條
實美印

外務省

〇條約港京中並帝國途中誘導之為メ一覧可爲致見込之箇所書

但省轄外之分

外務省

宮内省轄内
一吹上禁園
一以上禁園
一濱離宮

陸軍省轄内
一陸軍練兵
一同局廠
一近衛步兵營
一黒馬司
一同局勤政製所
一同局箱馬場運動

一士官學校
一同校理化學器械并石版揚
一同管兵敷整的法
一同校教場

一戸山學校
一同校演操門場
一同校射擊術
一同校野毀術
一砲兵工廠
一同廠木工
一同廠大工
一同廠銅令折
一同廠鑄物
一同廠大砲小銃
一同廠見本昌械
一同廠鞋具製造
一同藏琉黒製造

海軍省轄内
一同廠園廃

【57】

外務省

内務省轄内

一　同省中練砲場発砲　一　同ニ練兵砲場発砲
一　横須賀造船所　一　東磁
一　越中島抜板発伝試験所　一　矢学寮
一　同築帆前調練

内務省轄内

一　博物館　一　浅草文庫
一　勧業寮出張所縦物図　一　衛生局司薬所
一　石川島懲役場　一　上州富岡製糸場
一　市ヶ谷囚獄庁　一　横浜製鉄所
一　泉州堺紡績所

【58】

工部省轄内

工学寮　一　同察教場
書籍館　一　同館孔子其他木像及彝尊是
師範学校　一　同校教場
女子師範学校　一　同校教場
英語学校　一　同校教場及理化学器械

文部省轄内

赤羽根製作所　一　同所鋳物
同察博物　一　同察風船
同察理化学昌威其栄光乾革　一　同察教場

【59】

外務省

大蔵省轄内

一　同状西洋器具並計割図　一　同状教場及理化学器械
外国語学校　一　同校教場及理化学器械
閲成学校　一　同校電機
同校博物　一　同校電機
医学校附病院　一　小石川植物図
薬学校製作教場　一　同校解剖及治療手術器械破境事
紙管寮　一　同察銅版彫刻
同察版指表紙截　一　同察製肉
活版寮　一　同察銅版彫刻
同局版指表製本　一　同局石版
鋳造察郵便取扱　一　同局治字鋳造

【60】

外務省　附棄

司法省轄内

同察女工職　一　同察所轄王子抄紙局事
東京裁判所
大坂造幣寮
消防ポンプ調練

開拓使轄内

寧現康轄内　一　同校教場及理化学器械
北海道物産博物図　一　釣業試験場
閉拓使轄内

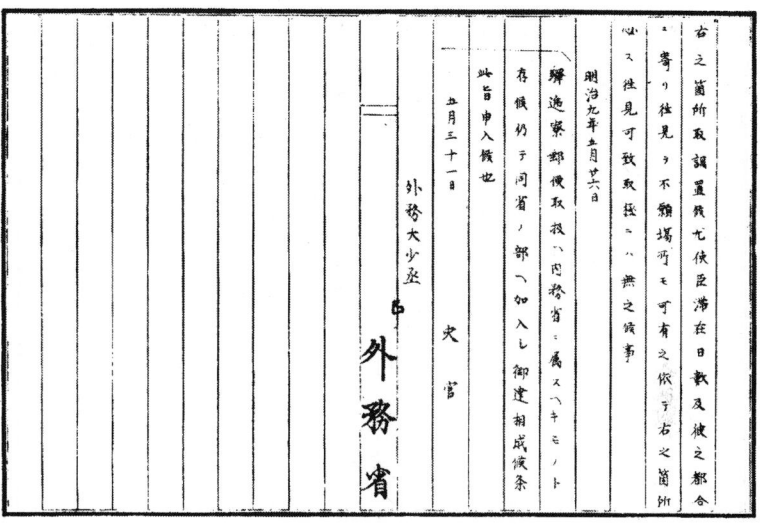

古之簡所取調置置候処七使臣滞在日數及彼之都合
ニ寄リ往見ヲ不賴揚所モ可有之依テ右之簡所
心又往見可致取扱ニハ無之儀事

明治九年□月廿六日

一驛逓寮郵便取扱ハ内務省ニ属スヘキモノト
存候仍テ同省ノ部ヘ加入シ御達相成候条

一此旨申入儀也

一五月三十一日

史官

外務大少丞　印

外務省

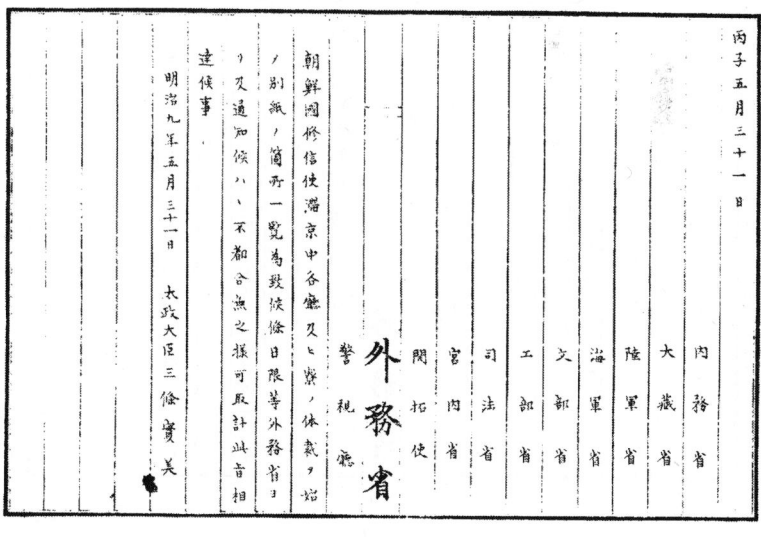

丙子五月三十一日

内務省
大藏省
陸軍省
海軍省
文部省
工部省
司法省
宮内省
開拓使
官

外務省　稅寮

朝鮮國修信使滯京中各廳及ヒ賽ヒ體裁ヲ始
ノ別紙ノ簡所一覧為致候日限等外務省ヨ
リ及通知候ハ不都合無之撰可取計此旨相
達候事

明治九年五月三十一日　太政大臣三條實美

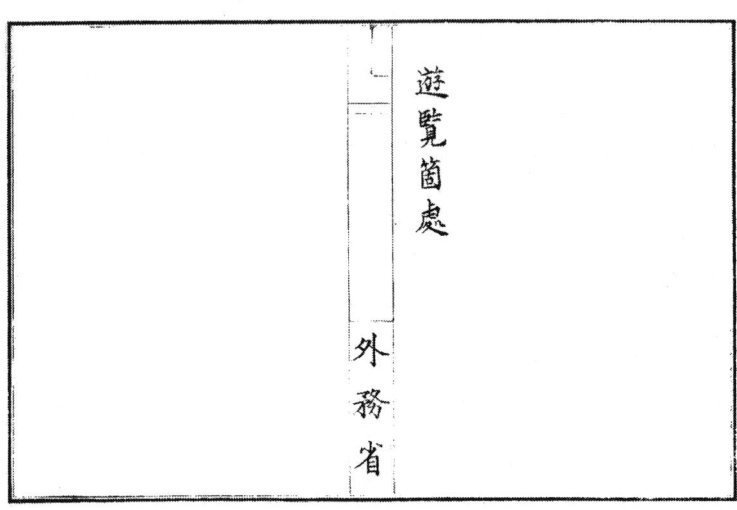

66   65

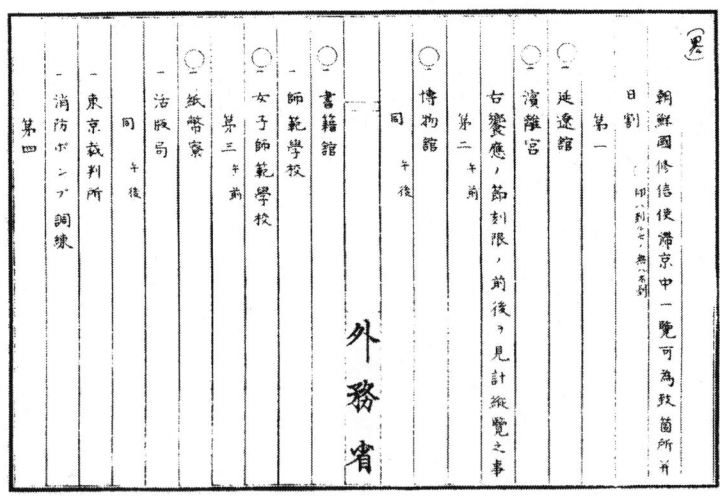

68   67

【69】

一 吹上禁園　但茶菓ヲ出シ

一 骨董　十軒店大阪屋

第五午前

一 上野公園賞不忍池弁天

一 淺草本願寺奥山

一 淺草觀音仲見世

一 電機器械　廠廠

一 骨董　諏訪町富山
但シ廣小路住屋ニ而午餐ヲ了

一 淺草文庫

外務省

【70】

一 喜世留　本所町村田
第六　魚十二甲ノ十二午餐

一 嘖天堂病院

一 神田社

一 湯島天神

一 砲兵本廠

一 小石川植物園

第七

一 陸軍練兵

第八

【71】

一 海軍堀練　午二刻度后二字午餐
第九

一 竹橋近衛兵營

一 士官學校

一 戸山學校

第十

一 書畫　日本橋赤松

一 書林　北島茂兵衛

一 筆文房具　日本橋文魁堂

一 漆器　日本橋黒江屋

外務省

【72】

一 墨　日本橋古梅園

一 西洋裁縫　吳服町鈴木

一 西洋秤座　朱物町森谷
但シ賣茶亭ニ而午餐ヲ了

一 赤羽根製作所

一 芝山内德川墓所

第十一

一 巢鴨植木屋　長太郎

一 飛鳥山并王子抄紙所　粂次郎
但シ扇屋ニ而午餐ヲ了

外務省

外務省

一川口ノ鑄物師
一千住屠午場　第十二ヶ所
一陶器　今川橋今利屋
一三ツ井洋館
一呉服及糸店　同　午後　越後屋
一工部省中製糸所
一愛宕山
一北海道物産博物

一獨乙博物
一瓦斯燈製造所　芝金杉
　但シ神明前日陰町通リ歸ル
　第十三ヶ前
一兵學寮
一蒔繪漆器　同　午後　竹川町工商會社
一醫學校并病院
一司藥場　第十四ヶ前

74　　　　73

外務省

一軍馬司　同　午後
一問成學校
一外國語學校
一英語學校　第十五ヶ前
一工學寮
一議事堂　同　午後
一藥種及外科道具　室町鶺屋

一呉服　大丸　大門通り
一金物屋
一筆及文房具　大傳馬町高木
一刃物　濱町炭屋
一錦繪　猿山町
一漆器細工所　元濱町荒井
一玩弄物　照降町宮川
　第十六ヶ前
一擬種紙　四日市竹屋
一烟草入筆墨　四日市布屋

76　　　　75

一郵便取扱振
　　　　驛遞寮

一國立銀行

一日報社
　　　　第生

一時計
　　　　鑄生

問
　　午後

一拓塊社
　　　　高田

一陶器師

一深川八幡

一第十七

一洲崎弁天

但此間猿江材木ヲ石置場ヲ看過ス

外務省

一龜井戸

但橋本ニ而午餐リ了

一柳島妙見
　　　　油堀肥前屋

一蒔繪物

一第十八

一堀切菖蒲
　　　　土午下夕

一製草場

一墨陵花屋敷

但八百松ニ而午餐リ了

本所不平町

一佐竹園庭

一瓦燒

一金魚
　　　　石原

一第十九

一目黒不動

一目黒火藥庫
　　　　但外見

一池上本門寺
　　　　第二十午前
但ニ屋ニ而午餐リ了

一横濱縣廳

外務省

一燈臺寮

一瓦斯製造所

但二而午餐リ了

一税關波戸場荷物ノ出入
　　　同午後

一各國商舘二三ヶ所

一製鐵所

一山午遠一覽

但横濱ニ止宿

第二十一午前　横須賀造船場　但シ横濱ゟ船ニテ列ル

同　午後　横須賀ゟ舟行

一鎌倉ニ一泊　第二十二

一八幡宮

一大佛

一建長寺并圓覺寺

一繪島岩本本院

但シ午餐ヲ了

外務省

一弁天社等一覧人力車ニ而神奈川迄戻ル

鐵道ゟ歸京　第二十三

一越中島鐵板打抜試驗場

一東艦

一平清ニ于午飯ノ

但シ第二十四午前

一市ヶ谷囚獄　同　午後

一硝子製造役所　懲役所

第二十五

一上州富岡

但シ一泊

第二十六午前

一製糸場

但シ午餐ヲ了

一中小坂鐵山

但シ一泊

第二十七午前

一桐生織物

但シ一泊

第二十八

一日光

但シ一泊

第二十九

一日光見物ヲ了テ出立

外務省

第三十

一東京ニ歸ル

第三十一

一堀ノ内妙法寺

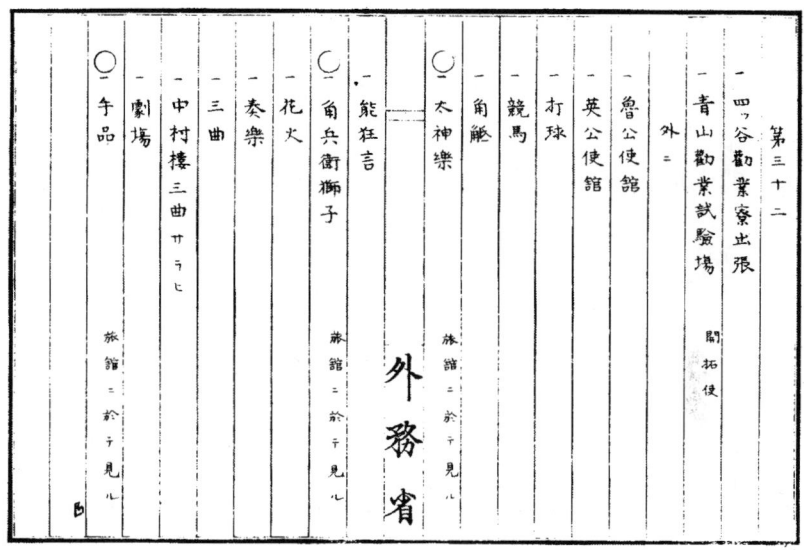

第三十二

一　四ッ谷勸業寮出張

一　青山勸業試驗場　開拓使

　外ニ

一　魯公使舘

一　英公使舘

一　打球

一　競馬

一　角觝

○一　太神樂　　旅舘ニ於テ見ル

○一　能狂言　　旅舘ニ於テ見ル

外務省

一　角兵衛獅子　旅舘ニ於テ見ル

一　花火

一　奏樂

一　三曲

一　中村樓三曲サラヒ

一　劇場

○一　午品　　旅舘ニ於テ見ル

航韓必携

四

贈品受否申議

贈品

謝品

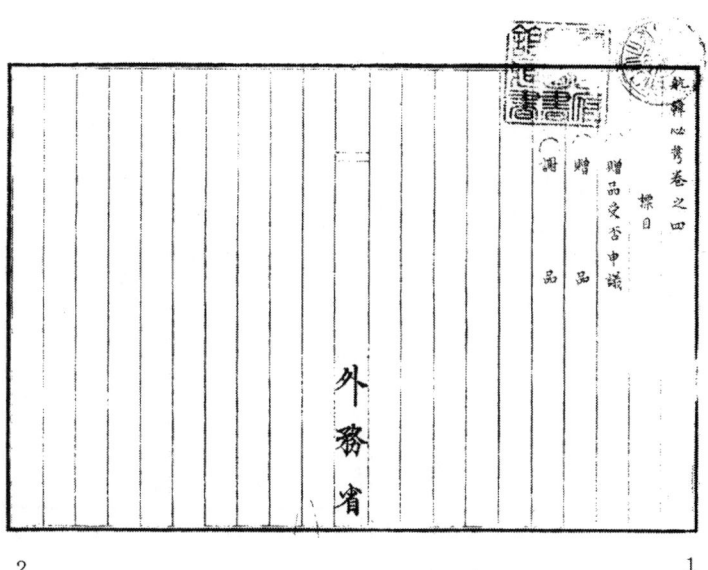

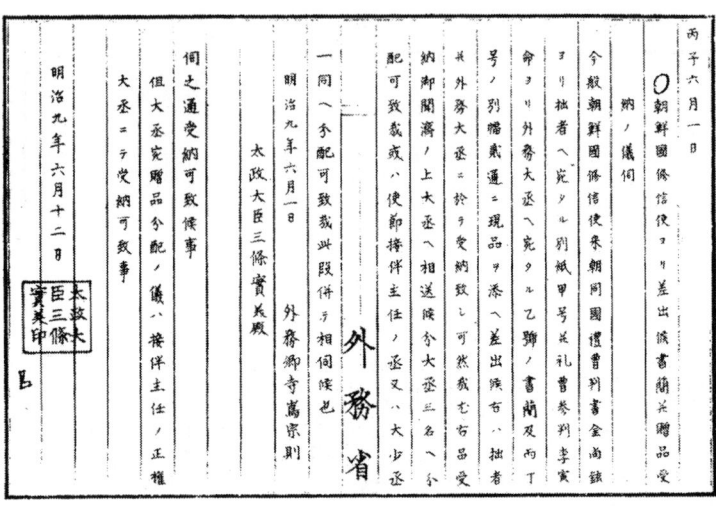

丙子六月一日

○朝鮮國修信使ヨリ差出候書簡并贈品受納ノ儀伺

今般朝鮮國修信使来朝問國禮曹判書金尚鉉ヨリ拙者ヘ宛タル別紙甲号并礼曹参判李寅命ヨリ外務大丞ヘ宛タル別紙乙号ノ書簡及丙丁号ノ別幅贈通ニ現品ヲ添ヘ差出候古ハ拙者其外務大丞ノ上大丞ヘ相送候分大丞三名ヘ不納御関廰ノ上大丞ヘ於テ受納致し可然哉若品受配可致裁候ハ使節接伴主任ノ丞又ハ少丞一同ヘ予配可致裁此段併テ相伺候也

明治九年六月一日

外務卿寺島宗則

太政大臣三條實美殿

大丞ニテ受納可致事

但大丞宛贈品分配ノ儀ハ接伴主任ノ正權

伺之通受納可致候事

明治九年六月十二日

太政大臣三條實美印

5

6

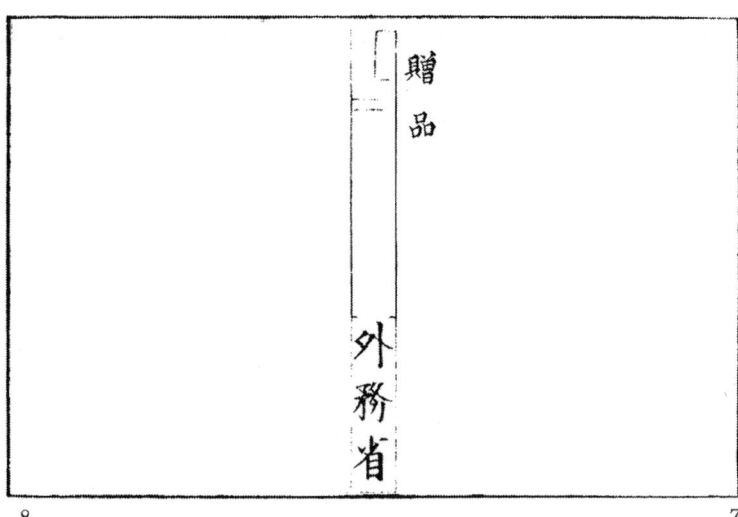

贈品

外務省

7

8

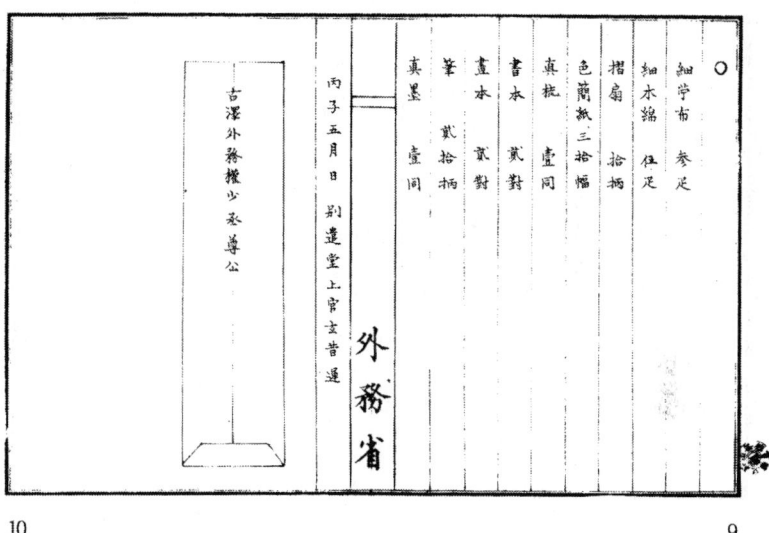

○

細学布　参足

細木綿　住足

摺扇　拾柄

色簡紙三拾幅

真梳　壹同

書本　貳對

畫本　貳對

筆　貳拾柄

真墨　壹同

外務省

丙子五月日　別遣堂上官玄昔選

古澤外務權少丞尊公

10　　　　　　　　　　　9

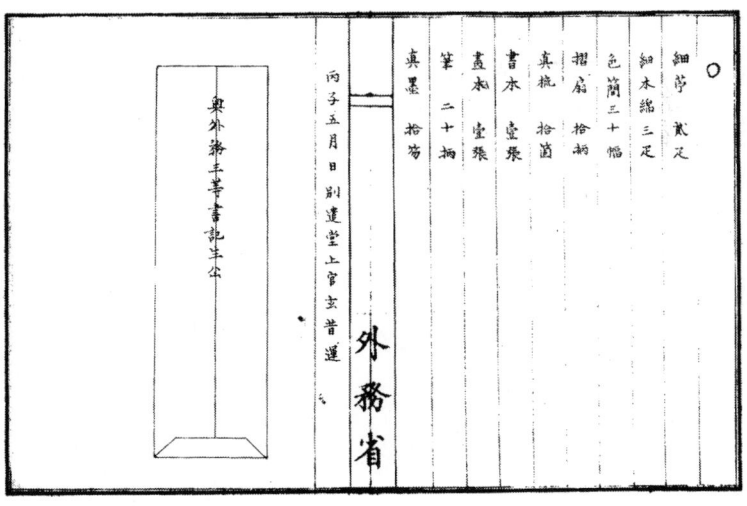

○

細学　貳足

細木綿三足

色簡三十幅

摺扇　拾筒

真梳　拾筒

書本　壹張

畫水　壹張

筆　二十張

真墨　拾筒

外務省

丙子五月日　別遣堂上官玄昔選

與外務卿等書記生公

12　　　　　　　　　　　11

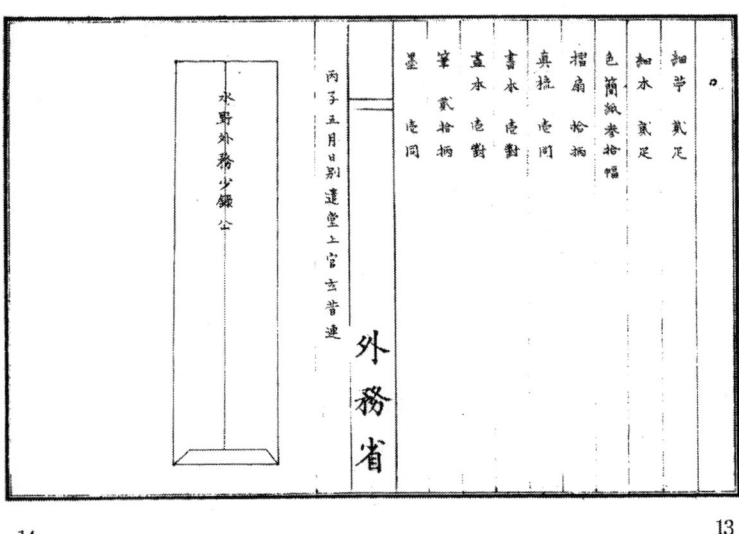

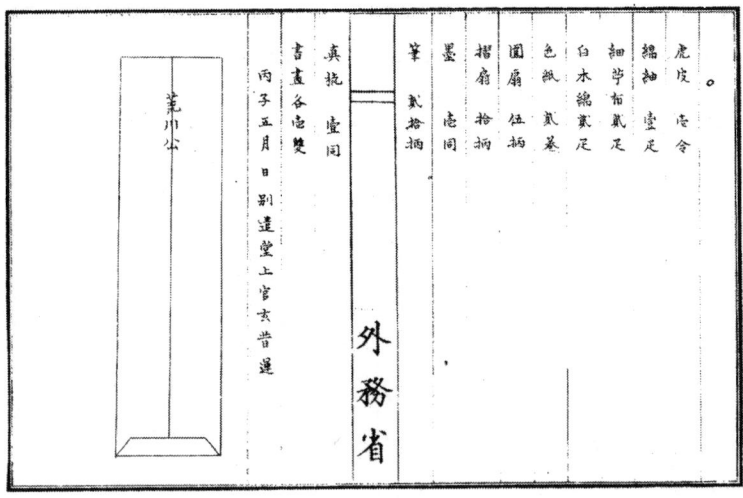

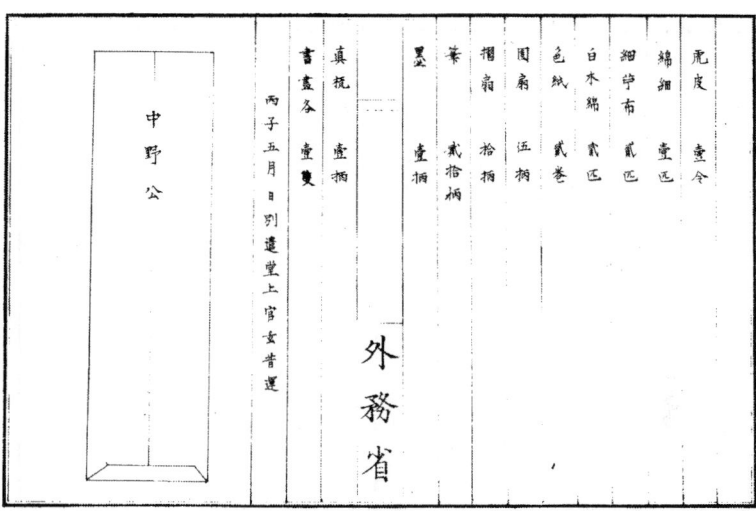

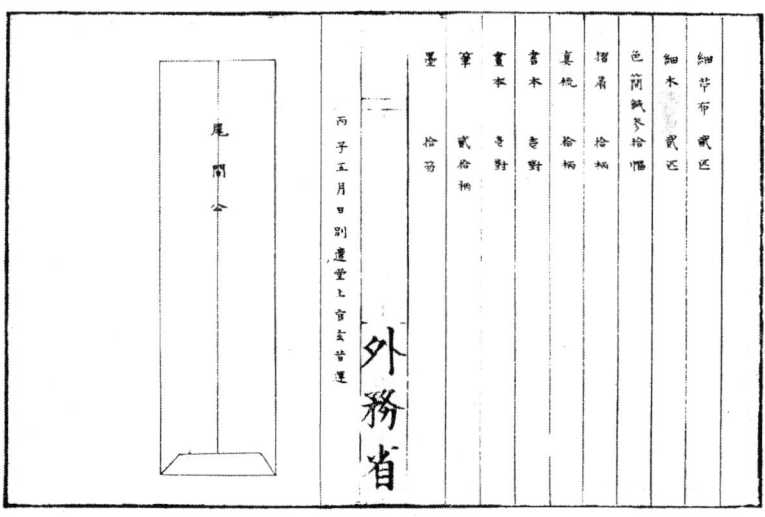

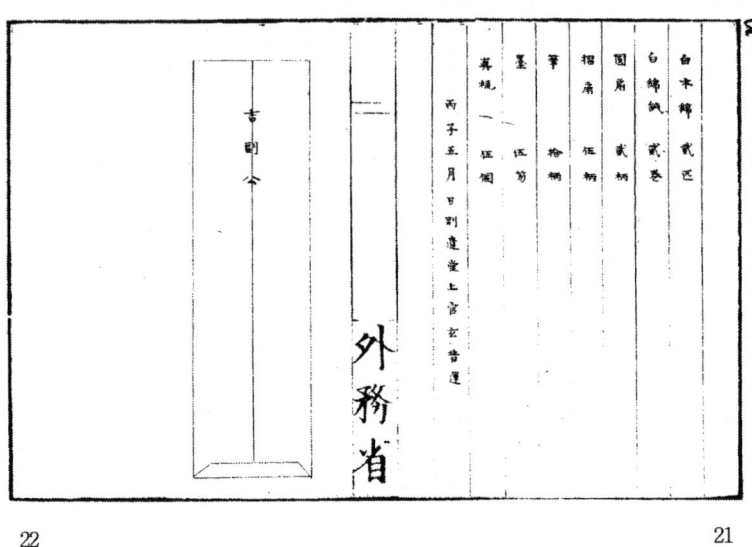

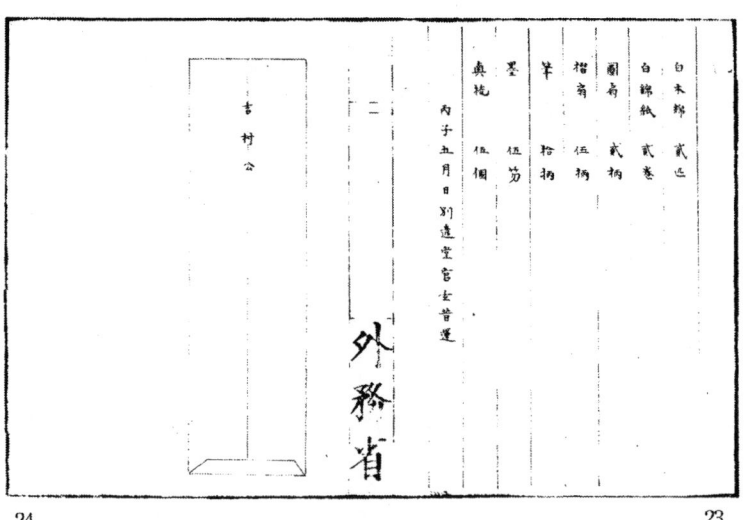

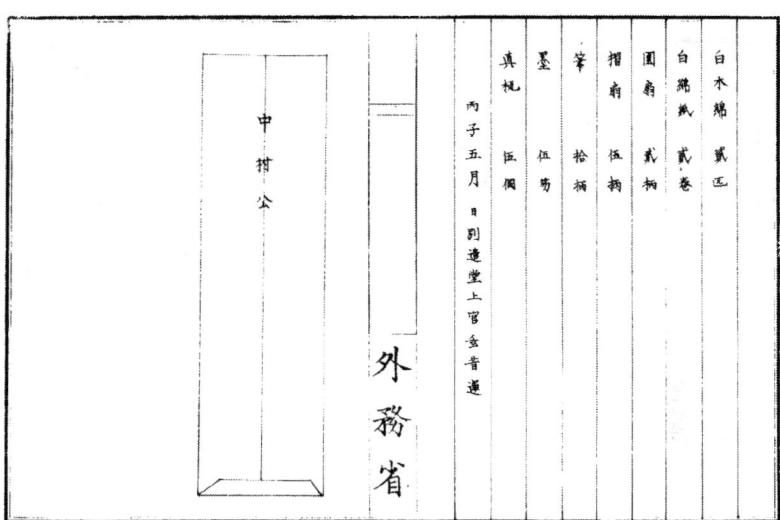

白木綿　貳匹
白紙　貳卷
圓扇　貳柄
摺扇　伍柄
筆　拾柄
墨　伍笏
眞梳　伍個
丙子五月　日別遣堂上官全昔運

中村公

外務省

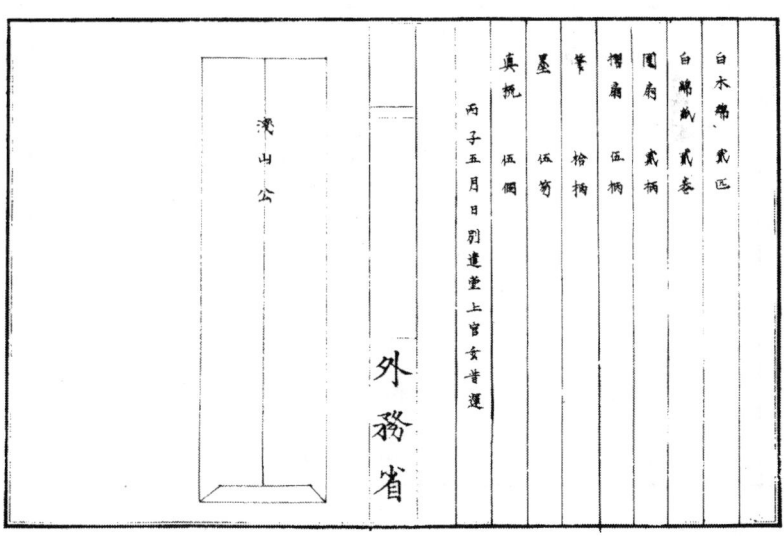

白木綿　貳匹
白綿紙　貳卷
圓扇　貳柄
摺扇　伍柄
筆　拾柄
墨　伍笏
眞梳　伍個
丙子五月日別遣堂上官玄昔運

淺山公

外務省

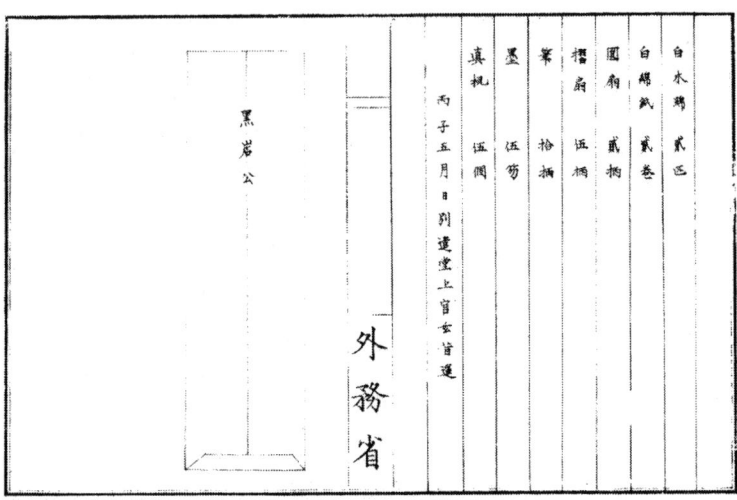

30   29

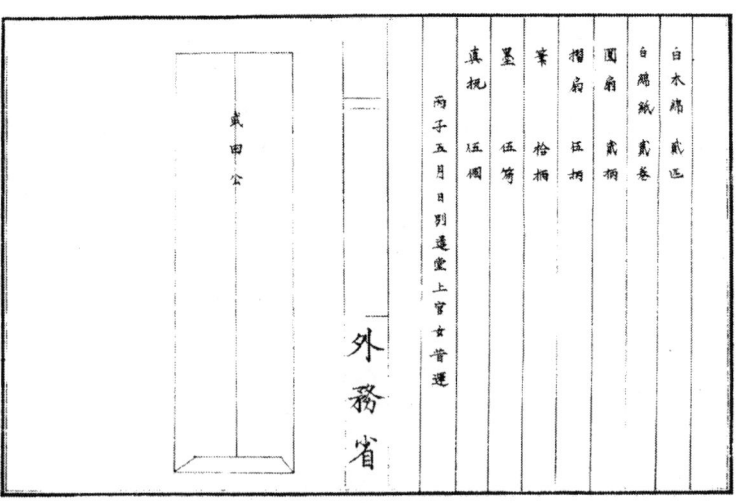

32   31

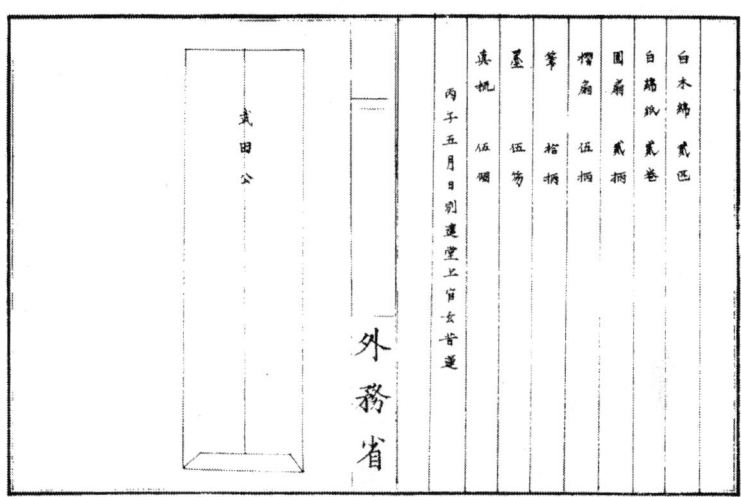

34　　　　　　　　　　　　　　　　　　　33

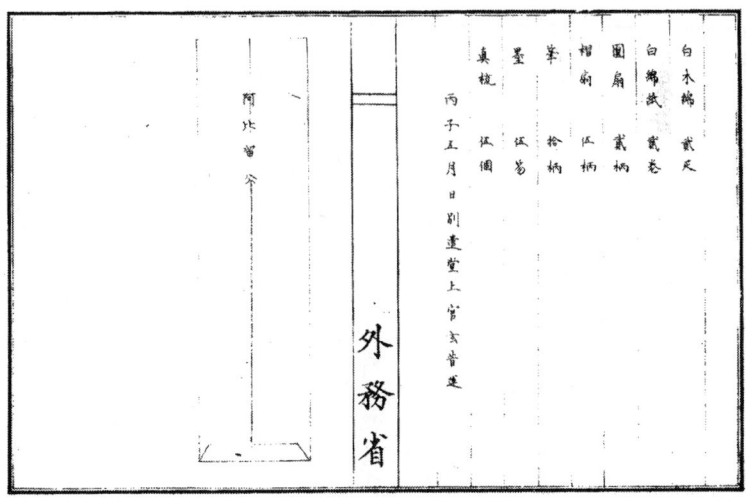

36　　　　　　　　　　　　　　　　　　　35

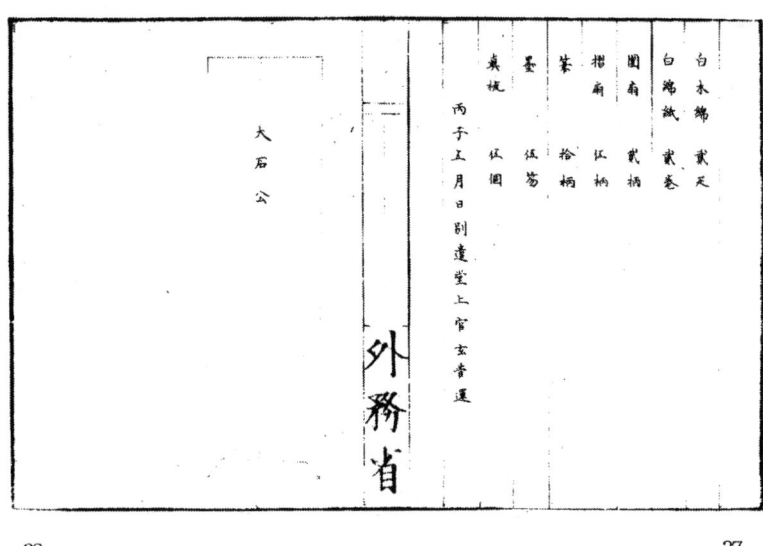

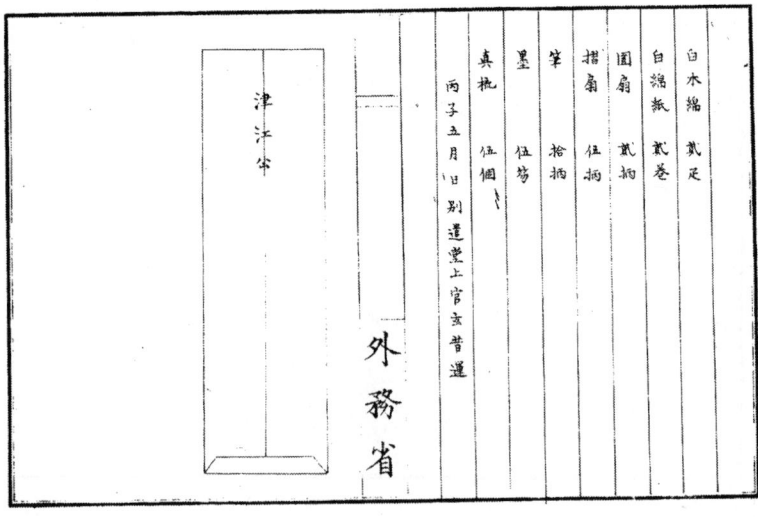

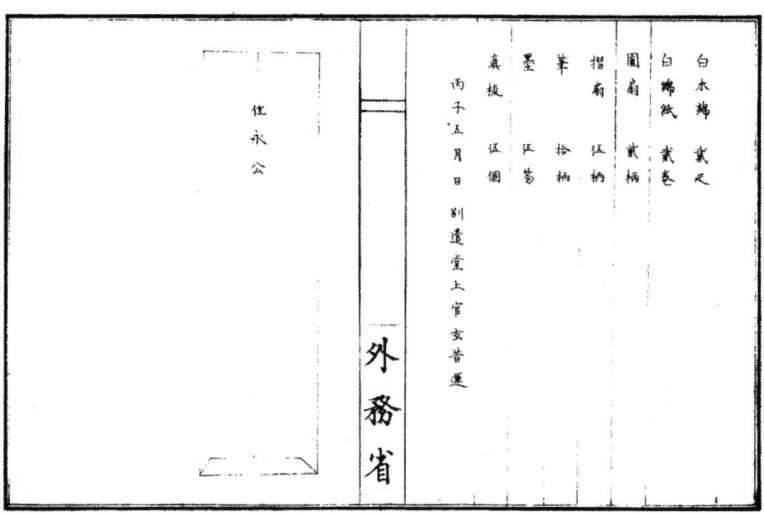

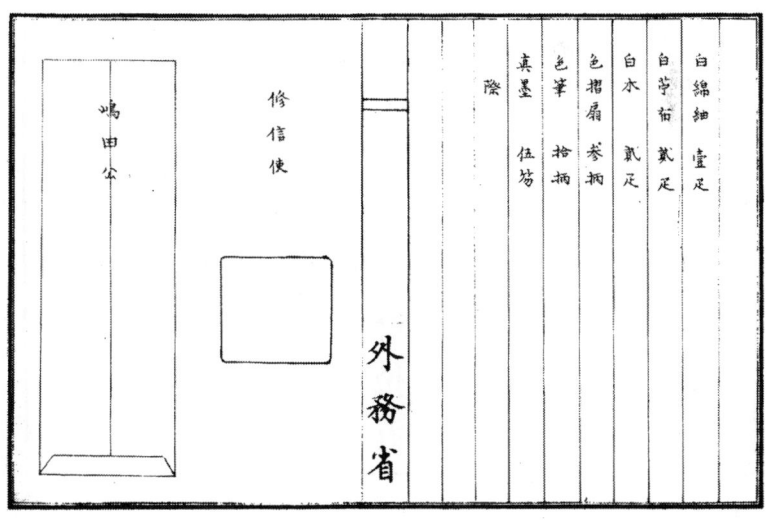

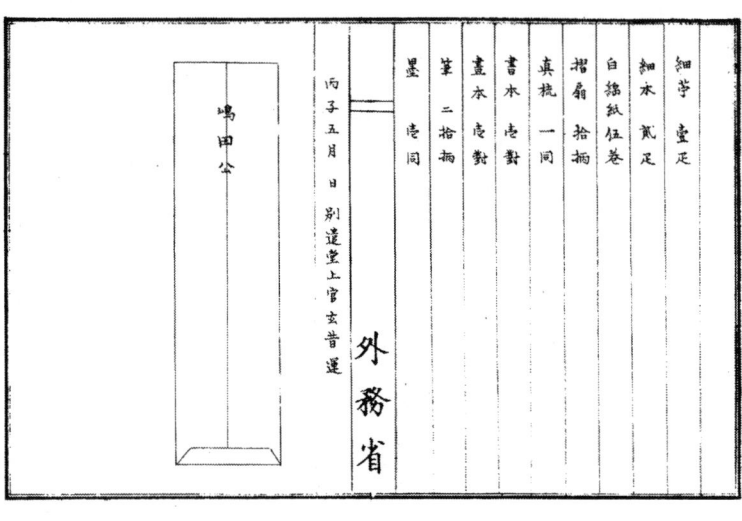

46　　　　　　　　　　　　　　　　　　　　45

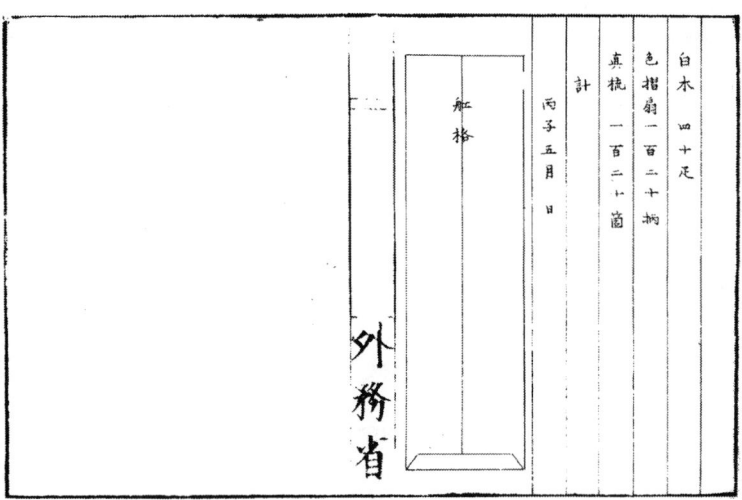

48　　　　　　　　　　　　　　　　　　　　47

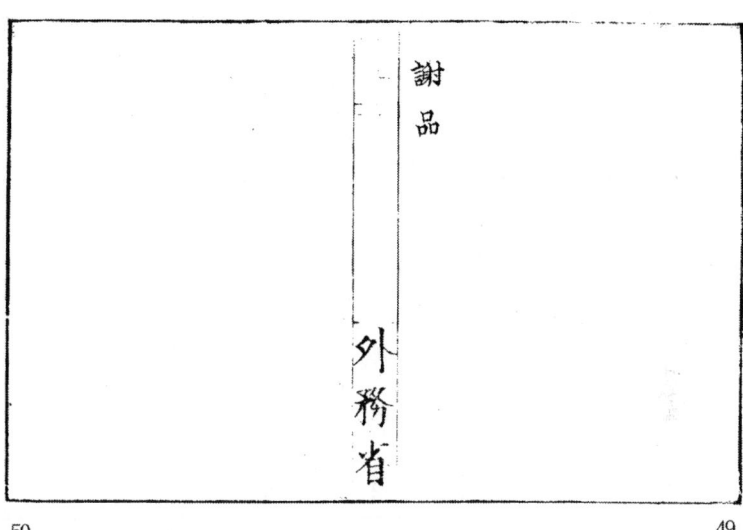

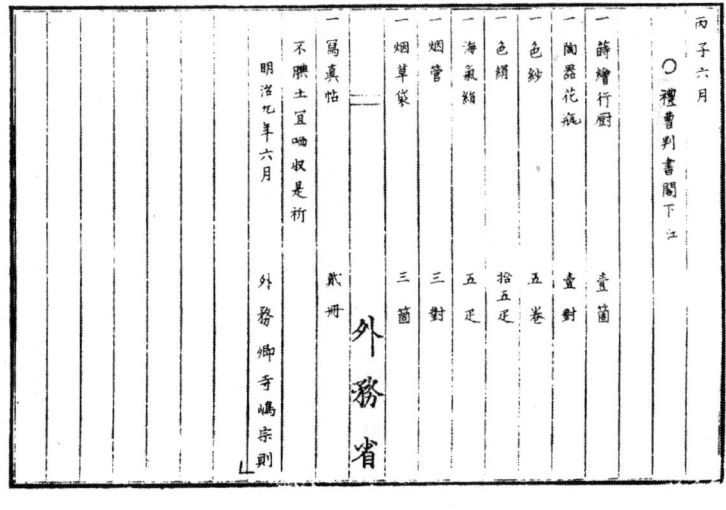

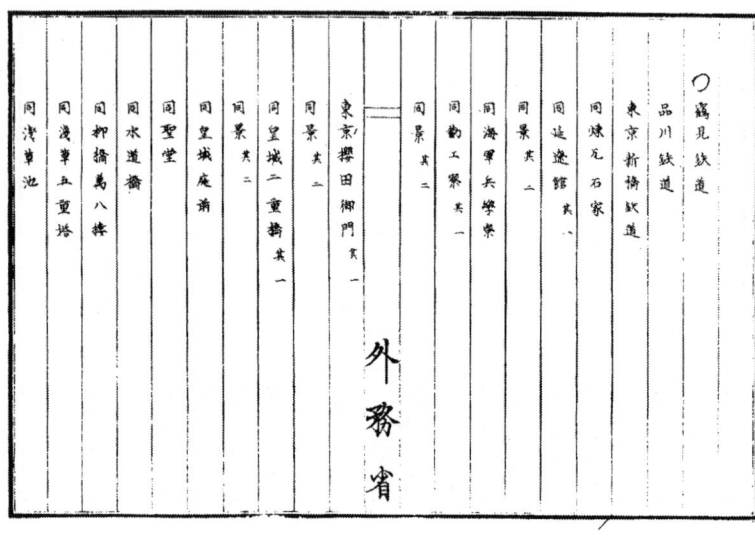

○江華府使趙氏

自草梁公館遠望釜山城

草梁公館

草梁公館

草梁公館前灣

草梁公館内龍尾山

喬桐

江華島砲台

自鎮海門望通津

鎮海樓

鎮海樓内屯兵

辦理大臣一行入江華府之圖

外務省

江都南門之圖

江都南門

江都南門

自江華城望漢江口

江都南門側面

江華府

江華府

江華府

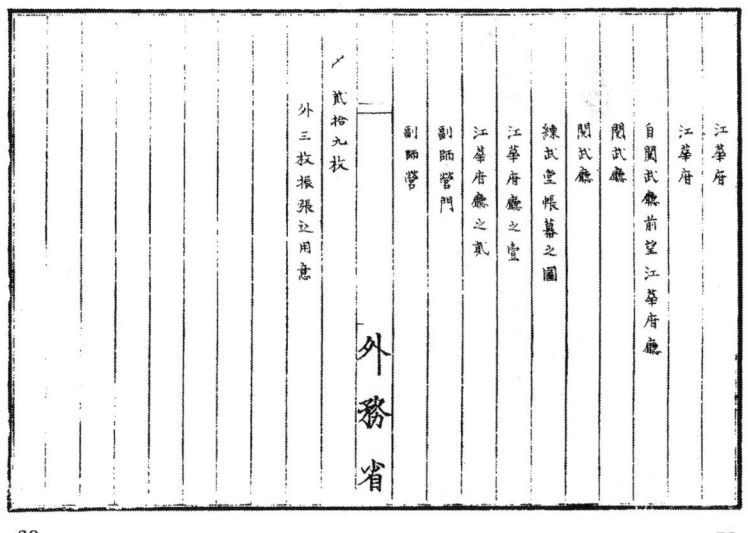

江華府

江華府

自閱武廳前望江華府廳

閱武廳

閱武廳

練武堂帳幕之圖

江華府廳之堂

江華府廳之貳

副師營門

副師營

外務省

貳拾九枚

外三枚振張辷用意

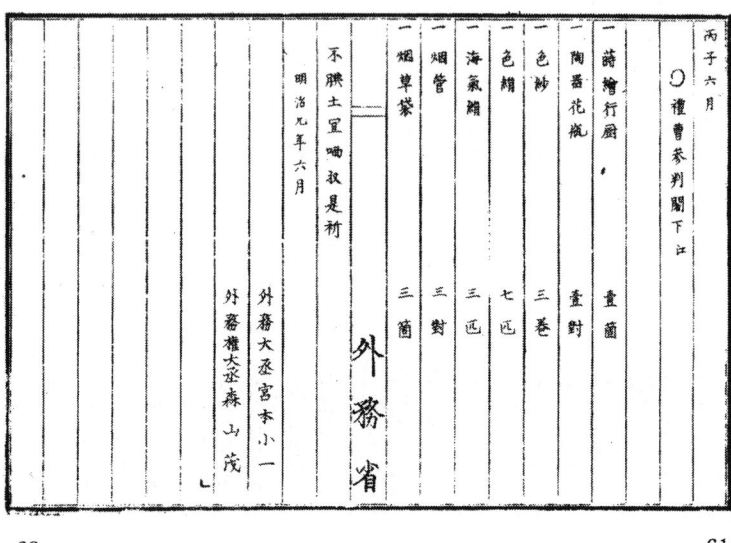

丙子六月

○禮曹參判關下江

一蒔繪行廚，　壹箇

一陶器花甁　壹對

一色紗　三卷

一色絹　七匹

一海氣絹　三匹

一烟管　三對

一烟草袋　三箇

外務省

不腆土宜聊叔是祈

明治元年六月

外務大丞宮本小一

外務權大丞森山茂

61

62

目錄

一馬具　壹具

一陶器香爐　壹對

一精好織　貳卷

一烟管　壹對

一烟草袋　壹水

一扇　壹對

以上

修信使

外務省

目錄

一刀　壹口

一白縮緬　壹匹

一烟管　壹對

一烟草袋　壹對

一扇　壹對

以上

別遣堂上嘉善大夫

別遣堂上嘉善大夫

別遣堂上嘉義大夫

63

64

目錄

一煙管　　　　　壹對
一煙草袋　　　　壹對
以上
一扇　　　　　　貳對

上判事前參奉
上判事副司果
別遣

一煙管　　　　　壹對
以上
一煙草袋　　　　壹對
一扇
以上

外務省

書記副司果　　　壹對
畫員司果　　　　壹對
軍官前郎廳
前判官
伴倘副司果
前郎廳

一煙草袋　　　　壹對
以上
一扇

外務省

一煙管　　　　　壹對
一煙草袋　　　　壹對

禮單直
鄕書記金
同遵
同姜

使奴子二名　　　壹箇

一煙管　　　　　壹本
一煙草袋　　　　壹箇

外務省

通事四名　　　　壹箇
一扇

中官四拾五名
一煙草袋　　　　壹箇
一扇

下官拾名
一煙草袋　　　　壹木
一扇　　　　　　貳木

航韓必携

五

禮曹判書往復
禮曹參判往復
信使往復
理事官辭令
理事官發遣告知

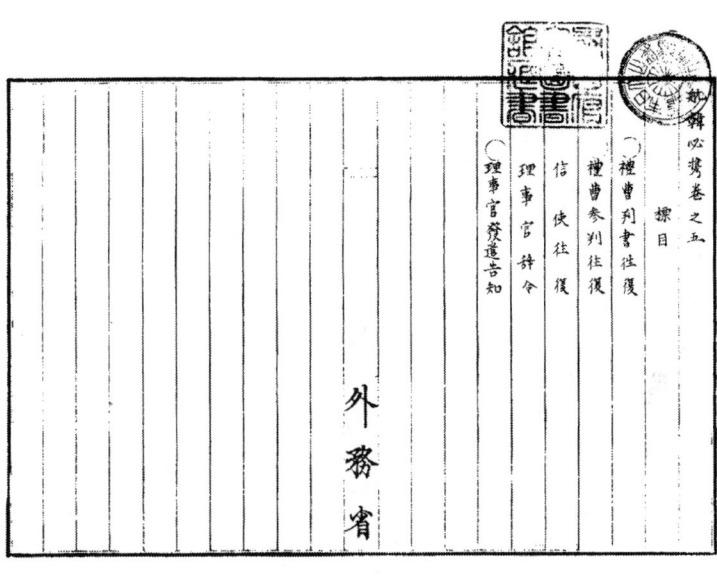

外務省

禮曹判書往復

外務省

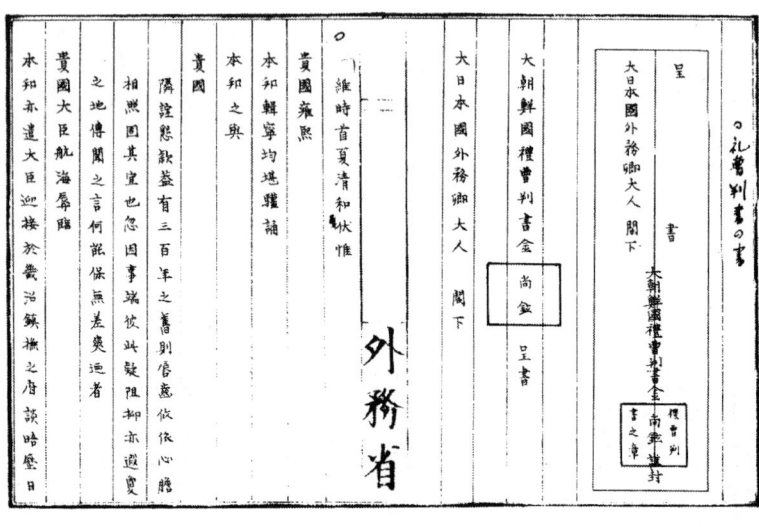

○礼曹判書の書

呈　書

大日本國外務卿大人閣下

大朝鮮國禮曹判書金 尚鉉
（禮曹判 南樂 書之章）

大朝鮮國禮曹判書金 尚鉉 呈書

大日本國外務卿大人閣下

○維時首夏清和 伏惟

貴國雍熙

本邦輯寧均堪馳誦

本邦之與

貴國

隔詮懇款蓋有三百年之舊別營意依依心膽

相照固其宜也忽因事端狹此疑阻柳亦遐夏

之地傳聞之言何詎保無差奧逅者

貴國大臣航海辱臨

本邦亦遣大臣迎接於釜浦鎮撫之官誤哣壓日

外務省

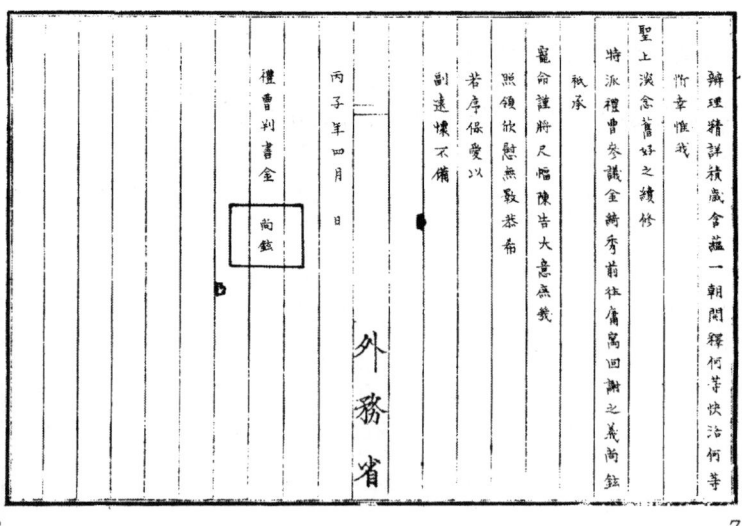

辦理精詳積歲含蘊一朝問釋何莫快活何等

忻幸惟戊

聖上深念舊好之續修

特派禮曹參議金綺秀前往備寫回謝之義尚鉉

寵命謹齎尺幅陳告大意焉戋

祇承

若序保愛以

副遠懷不備

照領欣慰無致恭希

丙子年四月 日

禮曹判書金 尚鉉

外務省

〇別幅

虎皮貳張

豹皮貳張

雪漢紬貳疋

白苧布拾疋

白綿紬拾疋

各色筆任拾柄

真墨壹拾笏

憑眥陸貿畧伸菲儀

哂收是荢

丙子年四月　日

禮曹判書金　尚鉉(印)

外務省

10　　　　　　　　　　　　　　　9

丙子六月十七日

貴晉兩子年四月附ノ貴翰接到致披見候

貴政府令般禮書参議金氏タ以修信使トシ本

邦ヘ派出セラレ舊好ヲ續修シ且水年我特命全

權辨理大臣　貴國ニ前往セシ回謝ノ美ヲ寓

スルノ盲趣等具ニ了承イタシ候細両國ノ交

誼アル廿日久ニ一旦契濶十九ニ及ヒ情味渙除ヨリ

貴政府令信使ヲ派シ懃敦ニ達ヘ周旋懃敦大ニ両國ノ交誼ヲ

亦鄭重信命ヲ達ヘ周旋懃敦大ニ両國ノ欲京之ヨリ大

ニ千嬈欽スルノ地ヲ爲セリ

十九八無ノ我

皇帝陛下深ク之ヲ嘉賞ニ特ニ音ヲ以信使ニ引其ヲ

觀ハリ寵遇淺ラス信使復命ヲ日閣下亦此事ヲ國

滿足セラルヘシト信用イタシ候速ニ　貴國ノ雍熙ヲ

祝シ并セテ閣下ノ福祉ヲ祈ハ敬具

大日本國

明治九年六月十七日

外務卿寺島宗則(印)

大朝鮮國

禮曹判書金尚鉉　閣下

外務省

12　　　　　　　　　　　　　　　11

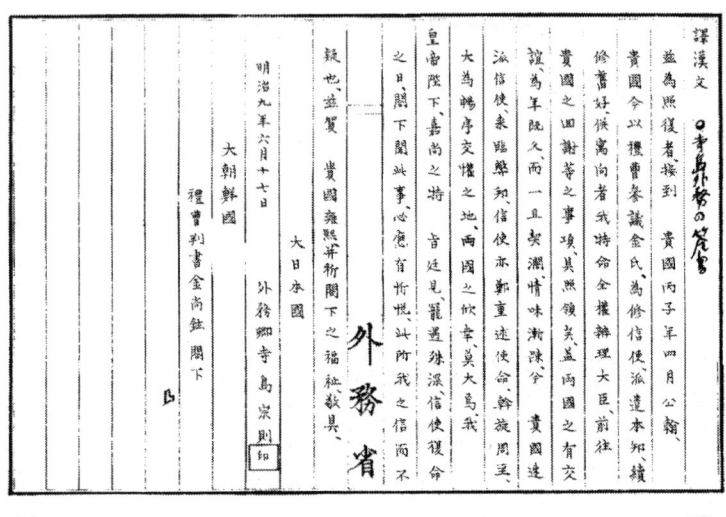

譯漢文

此事島外務の筆蹟

玆爲照復者接到貴國丙子年四月公翰、

貴國今以禮曹參議金氏、爲修信使派遣本知續

修舊好、候寓向者我特命全權辦理大臣前往

貴國之四謝蕓之事項、其照鏡矣益兩國之有交

誼爲年院久、而一旦契濶情味漸陳今、貴國遣

派信使來此、槃知信使朩鄭重遠使命、斡旋周至

大爲將序交懽之特言、廷見寵遇殊深信使復令

皇宮陛下嘉尚之特言廷見寵遇殊深信使復令

之日、關下開城事心懷有怡悅此所我之信而不

疑也、玆復貴國雅贶芳祈關下之福祉故具

大朝鮮國

禮曹判書金尚鉉閣下

明治九年六月十七日

大日本國

外務卿寺島宗則印

外務省

14　　　　　　　　　　13

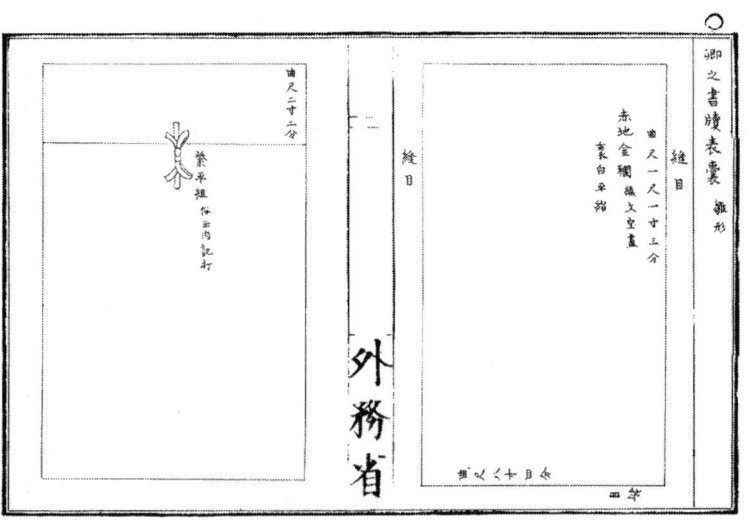

卿之書牘表裏　雛形

○

縫目

赤地金襴織文空畫
袤白朱緣

由尺一尺一寸三分

四年

由尺二寸二分

繁乎提你赤內記打

外務省

16　　　　　　　　　　15

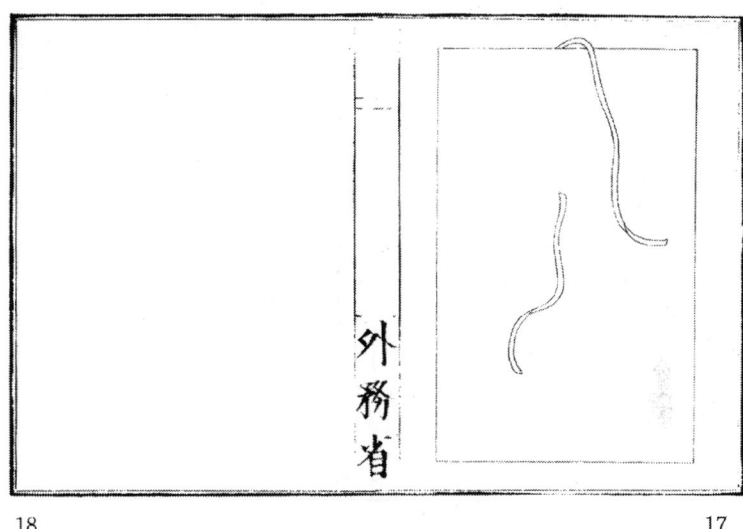

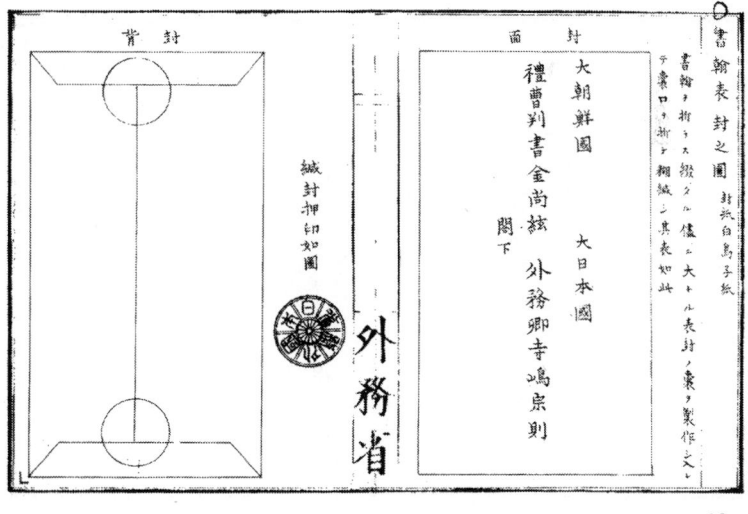

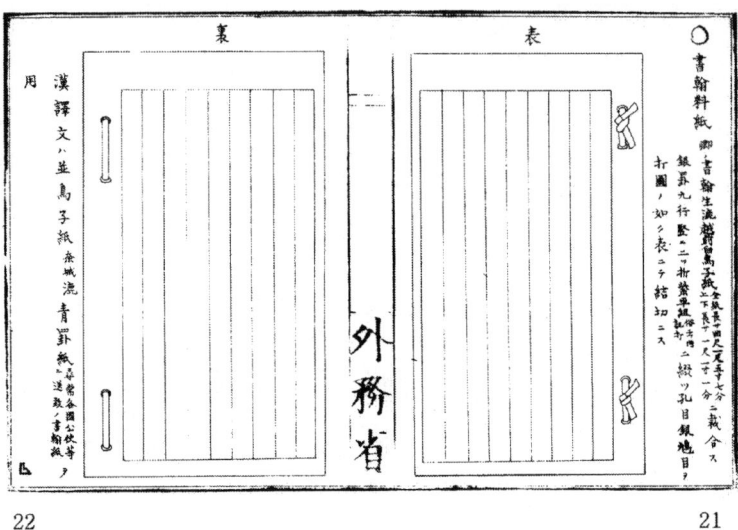

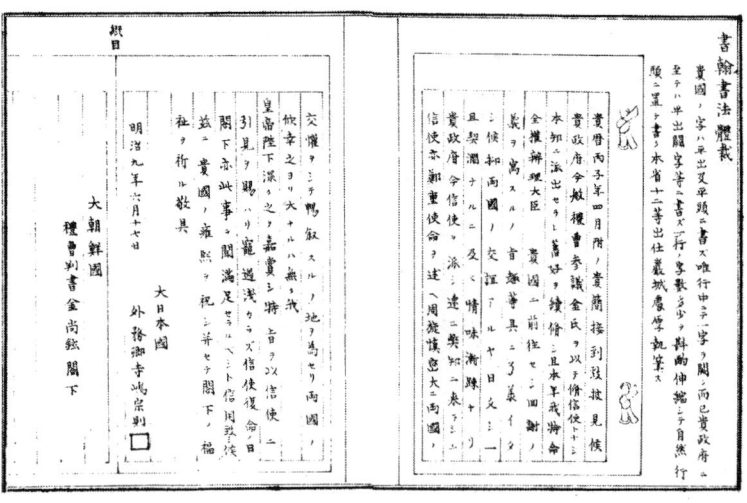

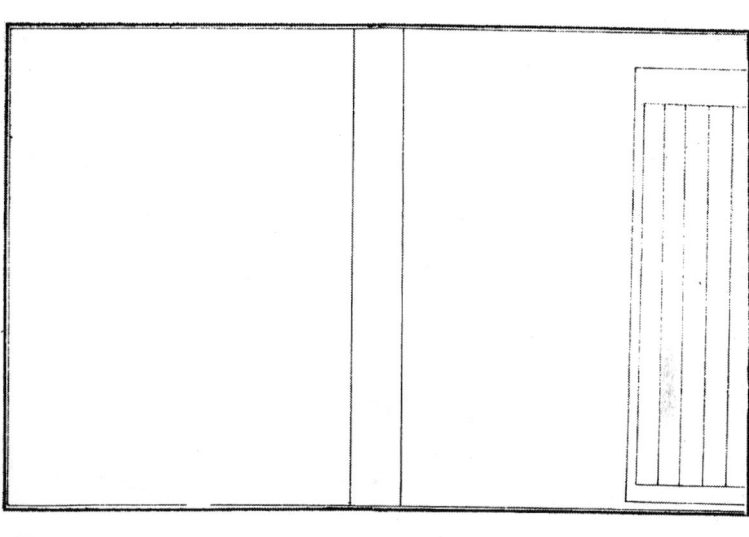

26   25

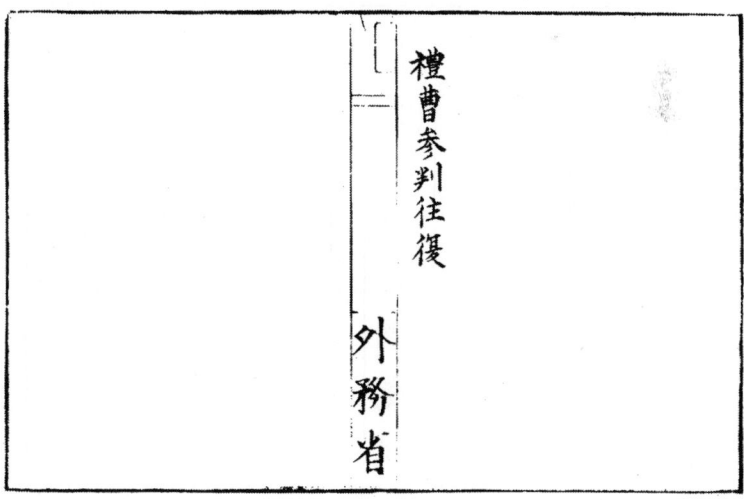

禮曹参判往復

外務省

28   27

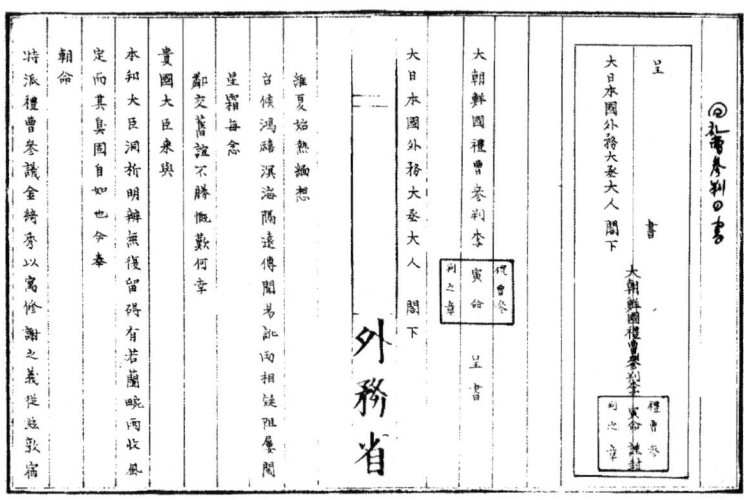

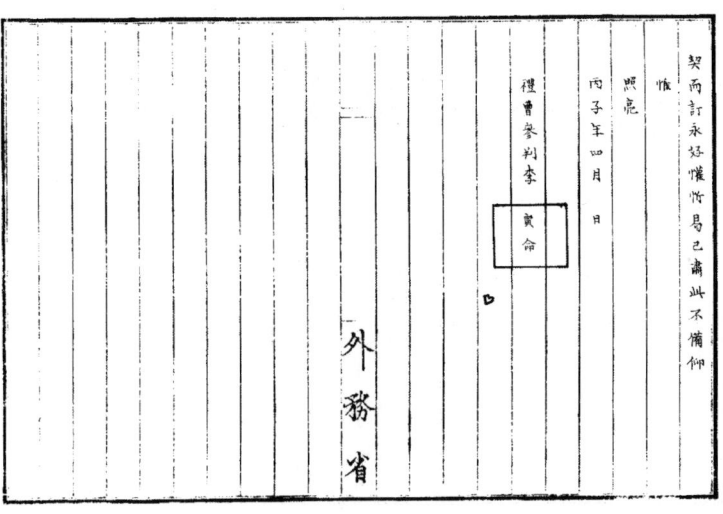

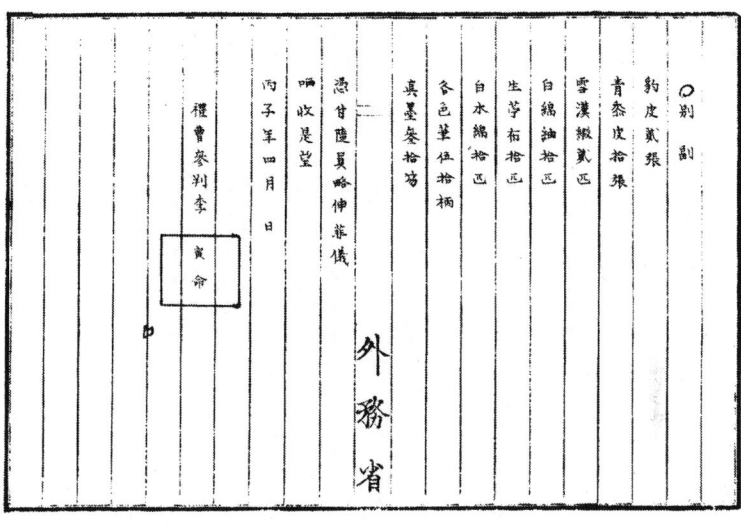

○別副

豹皮貳張

青黍皮拾張

雪漢緞貳匹

白綿紬拾匹

生苧布拾匹

白水綿拾匹

各色筆伍拾柄

真墨叅拾笏

憑甘隨員略伸慕儀

嗚收是望

禮曹叅判李
寅命

丙子年四月 日

外務省

丙子六月十七日

貴國本年四月階ノ貴翰致披見候、貴國ト媾
紹八一葦相航スルノ地隣交ノ舊誼ナル八日久
シ貴使ノ本知ニ来ラサル院二六十餘年ノ星
霜ヲ經タリ是ヲ以両間ノ情味漸非離ス本年
我辨理大臣貴國ニ前往シ旧好ヲ重修シ新
盟ヲ建立ス貴國亦速ニ信使ヲ本知ニ来ラ
シノ僧謝ノ義ヲ我政府来實ニ接遇スル
ノ次萬ハ今益ニ式セスト離平素傾慕ノ念
慮深カリシヲ是時ニ顯シ貴賓ヲ来ラ

知セラレシヲ ラン是ヨリ両間交際ノ進歩ニ
ヲ益親密ノ域ニ達スヘ八期シテ待ツヘク蓋
生ノ福是ヨリ大ナル其シ今信使本知ヲ告ル
ニ臨ミ貴憲ニ回謝ス敬具

外務省

大日本國

外務權大丞森山茂

明治九年六月十七日

外務大丞官本小一

大朝鮮國

禮曹叅判李寅命閣下

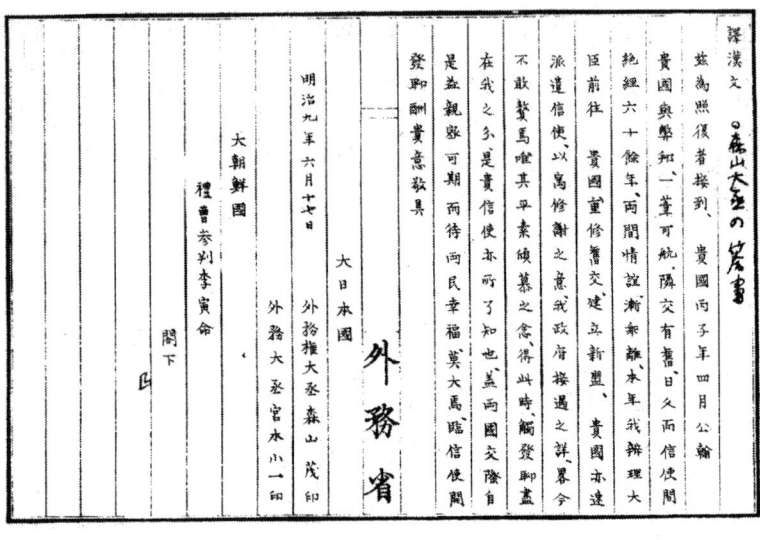

譯漢文　◎森山大丞の覚書

茲爲照復者接到、貴國丙子年四月公翰

貴國與弊和一筆可航、隔交有舊、日久兩信聞

輾經六十餘年、兩間情誼漸和雜水年我辦理大

臣前往、貴國重修舊交建立新盟、貴國亦遠

派遣信使、以爲修謝之意我政府接遇之詳、畧今

不敢贊馬唯其平素傾慕之念得此時、觸發聊盡

在我之心是貴信使不可不得了知也、蓋兩國交隆自

是益觀親可期兩待兩民幸福莫大焉臨信使閒

發卿酬貴意敬具

大日本國

外務權大丞森山茂印

外務大丞官永小一印

明治九年六月十七日

大朝鮮國

禮曹參判李寅命

閣下

外務省

38　　　　　　　　　　37

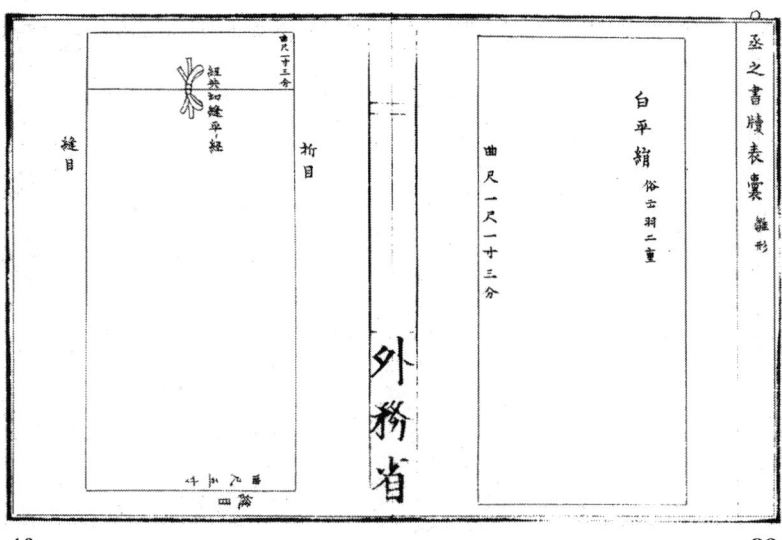

白平絹　俗士羽二重

曲尺一尺一十三分

丞之書牘表裏　雛形

外務省

折目

縫目

綎緤細縫平経

40　　　　　　　　　　39

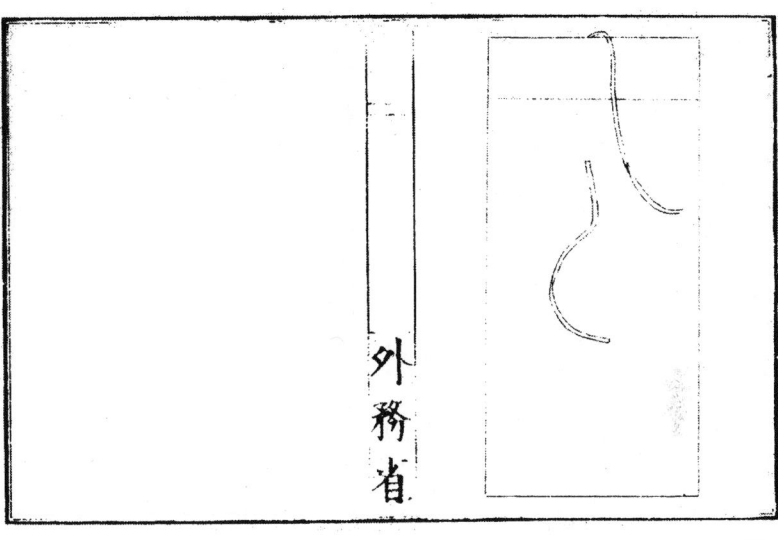

42　　　　　　　　　　　　41

44　　　　　　　　　　　　43

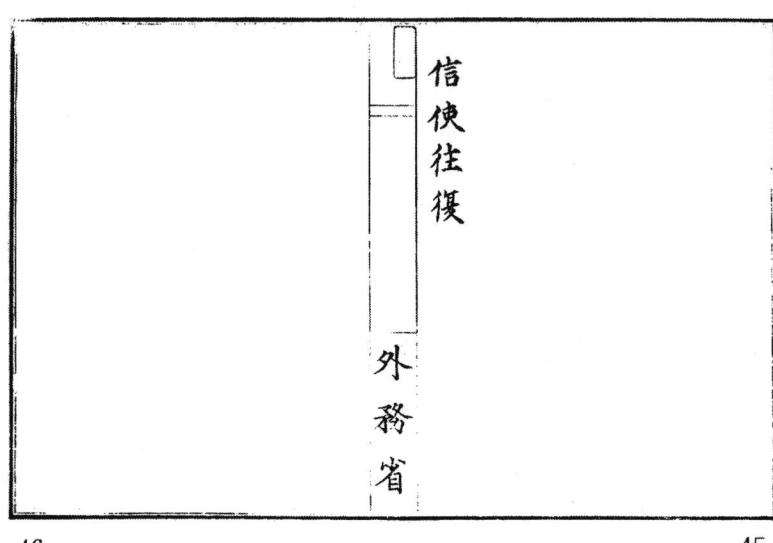

信使往復

外務省

46　　　　　　　　　　　　　　　45

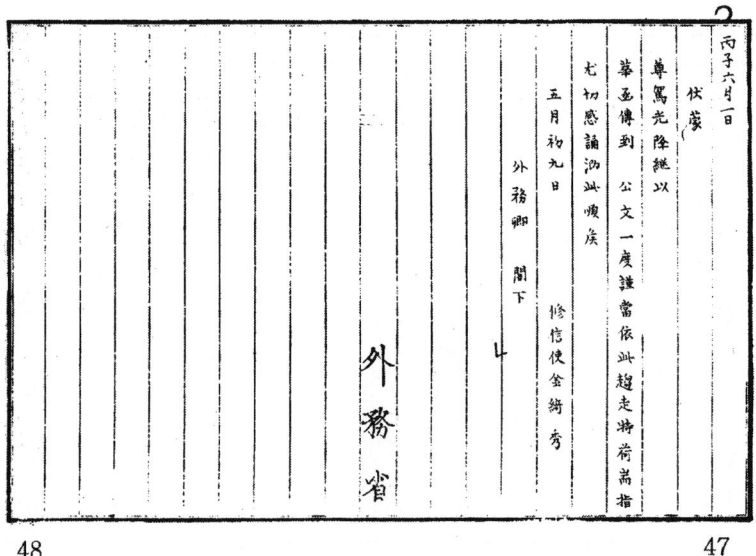

丙子六月一日

伏蒙

尊駕先降繼以

華函傳到公文一度謹當依此趨走矣荷萬指

尤切感誦泗州復竦

　　　五月初九日　　　修信使金綺秀

外務卿　閣下

外務省

48　　　　　　　　　　　　　　　47

49

丙子五月三十一日

以書簡致啓上候然者貴下今般修信使トシテ
御来着之趣我
皇帝陛下へ及奏聞候處満足ニ被思召候依テ
特別之
叡思ヲ以テ貴下ヲ御引見可被成旨被仰出候
就而ハ来ル六月一日午前十一時赤坂皇居へ
御参内可被成候此段得御意候敬具
明治九年五月三十一日 外務卿寺島宗則
朝鮮國修信使金綺秀
　貴下 印

50

外務省

51

譯漢文

慈照會者貴下以修信使來我東京即恭峩我
皇帝陛下陛下深嘉之特
音准貴下謁見我六月一日午前十一時須昇赤坂
皇居為之告示敬具
明治九年五月三十一日 外務卿寺島宗則 □
朝鮮國修信使金綺秀
　貴下

52

外務省

丙子六月三日

以書翰致啓上候陳者昨年十月貴國平安道義
州人李元春ト申者洋中ニ漂流スルヲ數日至
難至尼ノ漂ニ方リ不圖英國舩カスカワイカレ
將ニ救助セラレヲ再ヒ天日ニ拜スルヲ得
タリ我北海道函館在留間圓領事官ヨリ轉シ
ケ本年一月我東京英國公使館ニ送達スル盖シ
前后六ヶ月間救護至ル所口實ニ衣食ノ恩ヲ

ヲ經テ貴國エ轉運致シ呉候條照會得御別
紙ノ通及住復候柳航海者ノ漂到及ヒ危難ノ
境ニ臨ム有ルヤ見ハ八之力愛護ヲ加ヘヲ之力
救恤ヲ施ス八天下ノ通法萬國ノ通義ニシテ
圓ヨリ其國ト通好ノ有無ヲ不問然則英舩ノ
救護英官ノ額恤モ亦其愛性ノ通義ニ出ル
難厄數月ノ久キ恩義モ亦至ル八豈義激セサ
ルヲ得ンヤ今ヤ此漂民ヲ貴下ニ附セントス
貴下宜シク此意ヲ諒シ以テ還籍セシメンヘレ
而ノ英國政府專運ヲ致ス所貴國ニ在テ同圓

外務省

ヘ相當ノ謝辭可有之義存候且此漂民遭厄セ
シハ事實相違無之義ニ候得者歸國ノ上ハ貴
政府ニ於テモ必ス安ク本業ニ就クレノ候義
ト信シテ疑ハサル所ナリ此段併テ得御意候

敬具

明治九丙子年六月三日

外務卿寺嶋宗則

朝鮮國修信使

金綺秀

貴下

外務省

57

茲照會者貴國平安道義州人李元春者昨年十
月漂沒於海洋中國尼敢日偶陷葉國松遠須加
波留樂船過為所救助由在我民海道西館港英
國領業官以本年一月樣送在東京其公使館項
日貴國癸我締約方成於是本年四月英國公使
照會矣余回將該民由本省還其救國其書截在

別簡盖前後六湖定其愛護以得保全性命不當
衣食之恩乃夫航海者失路漂泊到岸及遭颶風
臨危難者是之何人不加保護拖是天下之

外務省

58

通法為國之通義曹不問其國通好有無也則衆
松救怎英官變情自是人世常發從其至如戰月
人不敢怨累官安其是義道海無感戒分將諫
漂民送附貴下為整貴下即應自所謝於英
英國政府摩證所在便知貴民自有法而諫民之遺
官之持七閭之貴國庶漂民自是而遺其故上則貴國其使之安乾
未貴也我信之而不容元疑也得茲陳之欲其

59

為田報者貴國送泉漂民獎國平安道義州人李
元春並以領受念其流離頻遭嚴朔支保之恩
非直漂一人受賜訓獎國一國之人問受其賜也
感々激々至若英國之人特無救恤死者而泣之
凍餒者而衣食之赤子并勤心惻隱雖人々皆
然々當之者安得不千感萬感依式馳謝之曹動救治
特仁之事耳寧或區々銘肺鏤肝以為怨々之報
當端此一副感々之心
然而惻隱之心仁之端也望今日稠謝之曹動在所
可也安知不他時英國人盲難而獎國人克如救

外務省

60

可也安知不他時英國人盲難而獎國人克如救
恤也只此伸謝欲望下一轉語傳英國人知獎國
人之無限感々斯可矣餘外李元春之當還故土
使之安業則在我者耳何至過勞盥念也於此於
彼感激無已諧晉照亮敬具

丙子五月十二日

日本外務卿

寺島宗則 閣下

修信使金綺秀印

曰英國人救恤ノ朝鮮漂民引渡云々修信使復縅ノ
四答書

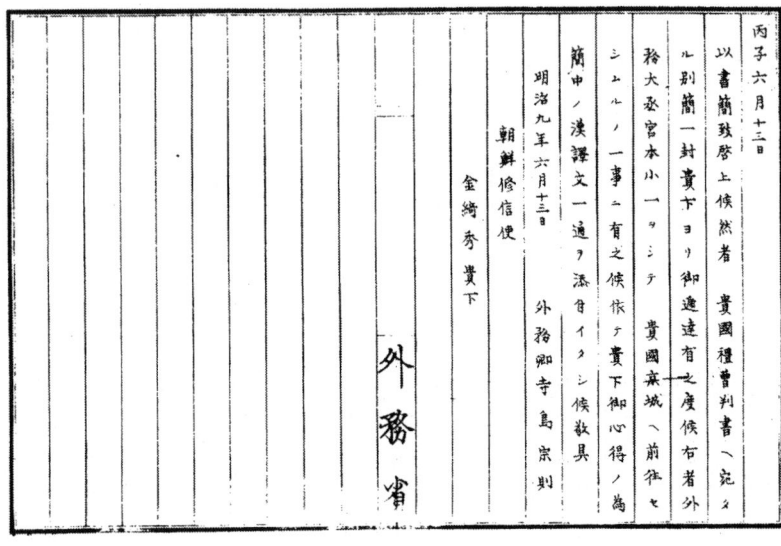

丙子六月十二日

以書簡致啓上候然者貴國禮曹判書ヘ宛テ
ル別簡一封貴方ヨリ御遞達有之度候右者外
務大丞官本小一ヲシテ貴國京城ヘ前往セ
シムルノ一事ニ有之候依テ貴下御心得ノ爲
簡中ノ漢譯文一通ヲ添テイタシ候敷具

明治九年六月十三日

外務卿寺島宗則

朝鮮修信使

金綺秀貴下

外務省

茲ニ照會者ハ致ス貴國禮曹判書之別簡致煩貴下
遞達書意非他外務大丞官本小一前往貴國
京城一事也今另錄送其封內譯漢文以關知於
貴下敷具

明治九年六月十三日

外務卿寺島宗則

朝鮮修信使

金綺秀貴下

外務省

61

62

63

64

丙子六月十三日

兹回報者　來致鄰國禮曹判書別幅二裘鞾領受
順便齎去以爲即達之意仰報敬具

五月二十二日

修信使金綺秀印

日本國外務卿　寺島宗則
閣下

石八外務卿ヨリ禮曹判書ヘ返翰受承証書

外務省

丙子六月十三日

伏惟天晴
台體萬棋區々禱祝綺秀歸期統與貴省權少丞商
確以今二十七日敦定即　貴國歷六月十八日也
凡關事務指麾幹辦專係
台下軌兹敢仰報伏希
紫裁

丙子五月二十二日

修信使金綺秀印

外務卿　閣下

右歸期商定之報知書

外務省

丙子六月十七日

○大坂造幣寮経覧之儀信使ヘ達達書

以手簡致啓上候陳者貴下等船黄龍丸儀往路
以手簡致啓上候陳者貴下等船黄龍丸儀往路
神戸港ニ於テ九二至夜潘泊煤炭其外諸品積
入渡ニ付丙其間同港ヨリ蒸車ニ附シ坂府
ニ到リ同所造幣寮御経覧有之度亦有望候却
両國交際之道ハ八々使幣之往来ノミニ無之
有無相通シ長短相補ヒ以テ両國ノ便利ヲ計
ルヲ目的トヽ致シ候得ハ之ヲ要スルニ貨幣之
媒ヲ藉ラサルヘカラス貨幣ハ各國共皆其

積ヲ異ニシ品位亦同シカラス乍去比較照計
シテ世間ノ之便相生シ且其知内之独立タ
ルハ貨幣之品位如何ヲ見テ指定スヘキ理ニ
有之候関今幸ニ我邦ニ来臨アルニ依リ売リ
我貨幣鋳造ニ注意スル両ヲ観シタ経覧相先
候ハ八自ラ信認セラルルノ端トモ相成可申
是我知ニ於テモ大ニ貴國ニ望ム所ナリ則
貴下今般ノ職掌ニ於テモ最御注意可有之儀
ト存候就テハ坂府地方官又ニ造幣鋳貨之度
預シメ通知致シ置候間此段御案引有之度存

外務省

候尤該両経覧手続等惣テ本省出張官員ヨリ
御打合可申候数具

明治九年六月十七日　外務御寺島宗則

朝鮮國修信使

金綺秀

貴下

外務省

譯漢文

大坂造幣察觀覽之議信使汇遠達書

茲照會者貴下歸途所駕之船黃龍丸發橫濱至
神戸港碇泊可以二晝夜間以積載需用煤炭又
雜具望貴下不徒過其時閑漫車一瞥到大坂府
有覽觀我造幣寮者也蓋貴於交際者不獨使幣性
來兩已而兩國人民將以有無相通長短相補互利
益其國則不可不賴貨醫媒妁兩貨幣者各國各
異其形貿質亦不勻同唯其相此載照訴以代縮
盟國孔通之使馬故各和之獨立與否則視貿幣
之良否如何可以北之今貴下幸來辱則親睹我
知注意鑄造錢幣或將有所信認是我邦所大望
也貴國也在貴下職掌上宜涉不亦所應用意
共此一行征吉大坂地方官無育術行路登歇
黃此一行征吉大坂府地方官無育術行路登歇
枉駕若夫遠次事宜復本省撿送官員幅辦也敕
其

外務省

丙子六月十八日

○金綺秀の答書

茲仰覆者俄既面誨今又書諭懃々懇々以交好之
地洞然無間察其風土觀其俗尚習其器械聽其議
論以至城郭山川之險秀政令民物之利病無不使
之知之珮眼無量銘之心肺貴國盛意何可忘年而使
申诫神戸滯留之閒大坂城玩遊事謹當奉依而但
恨鄙國規度有方不敢踰越他日貴价之枉屈也
九百蓋遊萬々不能親切越劍今日貴國之待辭
人也級或海量之隨處存便安得無預為之不安者

手茲敢披露萬乞　保重加順候敬具

丙子五月二十六日
修信使金綺秀印
外務卿寺島宗則
　　　　　閣下

外務省

右大坂府造幣寮一覽云々之返翰

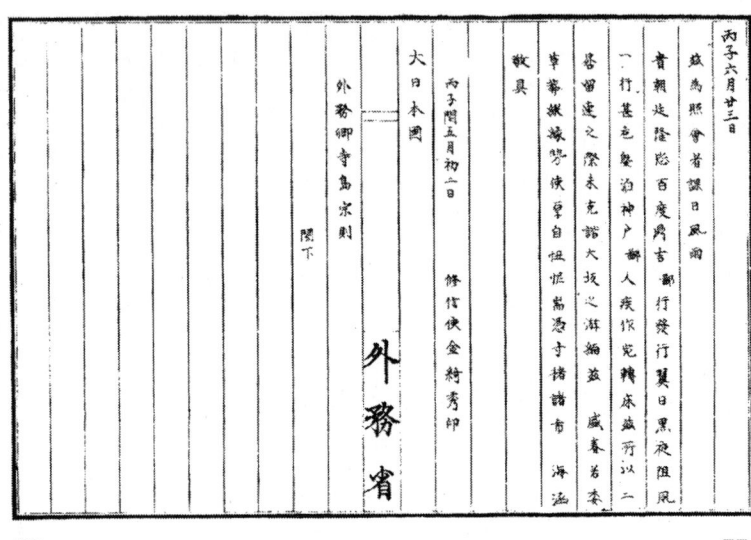

丙子六月廿三日
茲爲照會者課日風雨
貴朝廷隆盛百度興吉鄰行發行翌日黑夜阻風
一行甚危險治神戸一觧人疾作竟轉床盛所以二
客留連之際未克諧大坂心郒稠茲　咸春若委
車審娥勞俠壘自恨怳篤憑寸楮諸布　海涵
敬具

大日本國
丙子閏五月初二日　修信使金綺秀卯
外務卿寺島宗則
　　　閣下

外務省

78　　　　　　　　　　77

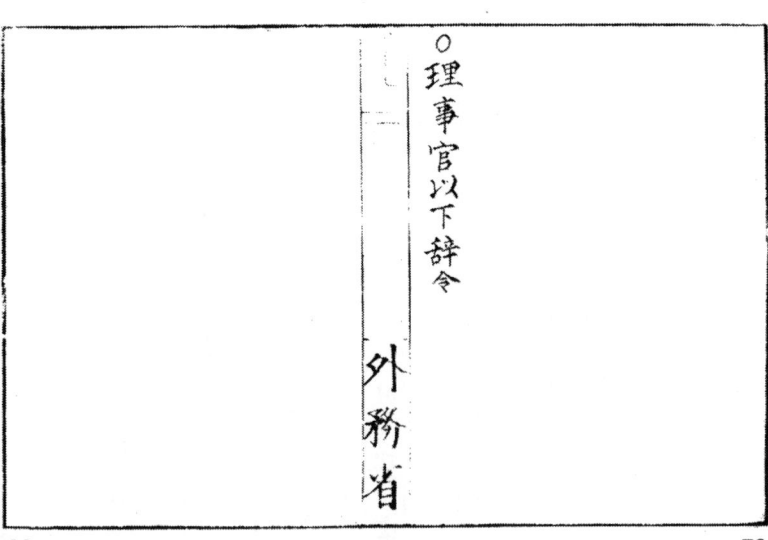

○理事官以下辭令

外務省

80　　　　　　　　　　79

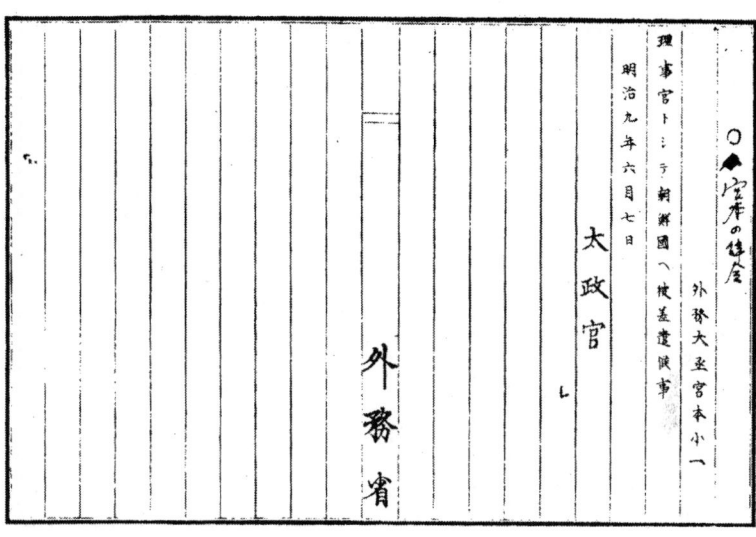

○▲宣庫の往信

外務大丞宮本小一

理事官トシテ朝鮮國ヘ被差遣候事

明治九年六月七日

太政官

外務省

丙子六月十七日　○

外務　大録　河上房申

外務　三等書記生　奥義劃

外務　三等書記生　石幡貞

各通

外務　四等書記生　浦瀬裕

外務　六等書記生　荒川徳滋

外務　六等書記生　中野許太郎

外務省十三等出仕　仁羅山蕉孝

外務大丞宮本小一理事官トシテ朝鮮國ヘ被差

遣候ニ付随行申付候事

外務省

各通

外務　三等書記生　浦瀬裕

外務　六等書記生　荒川徳滋

外務　六等書記生　中野許太郎

外務　七等書記生　尾間啓治

朝鮮國修信使帰國ニ背送船東組申付候事

明治九年六月十七日

正院

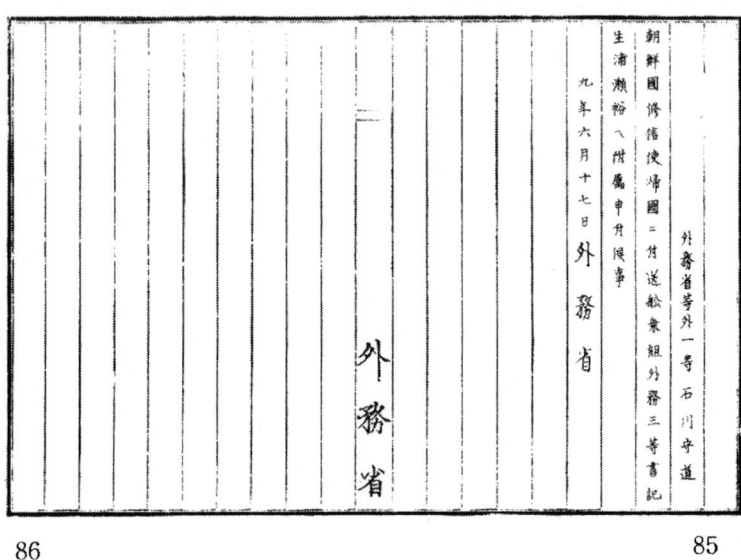

朝鮮國修信使歸國ニ付送輪東組外務三等書記

生浦瀨裕ヘ附屬申付候事

九年六月十七日　外務省

外務省等外一等　石川守道

外務省

86　　　　　　　　　　　　　　　　　　　　85

理事官發遣告知

外務省

88　　　　　　　　　　　　　　　　　　　　87

〇以書簡致啓上候然者今般我
朝廷外務大丞官本小一ヲシテ理事官トシ
貴國京城ヘ前往イタサセ候右者修好條規萬
十一款ノ趣旨ニ因リ両國ノ人民通商ノ爲要
同十九ル各章程及修好條規中ノ爲ニ更
二委四ノ件々ノ約束辨理スル爲ニ派出候事
也然テ八
貴朝廷ニテモ右商議決定ノ權アル貴官ヲ簡
三同人ヘ對シ御接過有之度候數具

明治九年六月　日

大朝鮮國
　　禮曹判書金尚鉉
　　　　閣下
　　　　巴

外務卿寺島宗則
大日本國

外務省

89

90

並爲照會者我
朝廷以外務大丞官本小一爲理事官前往
貴國京城有所辨理即將修好條規萬十一款内
預經揭載更議立通商章程約束兩國人民且係
規内應補添細目以便遵照也
貴朝廷亦使貴官有權可決定者會接面商則
甚數具

明治九年六月三日

大日本國
外務卿寺島宗則印

二

大朝鮮國
　禮曹判書金尚鉉閣下

外務省

91

92

航韓必携

六

筆 譚

締盟國名
各國公使領事列名
開港開市場
奧羽巡狩還幸日期
德川近狀
公私雇外國人員

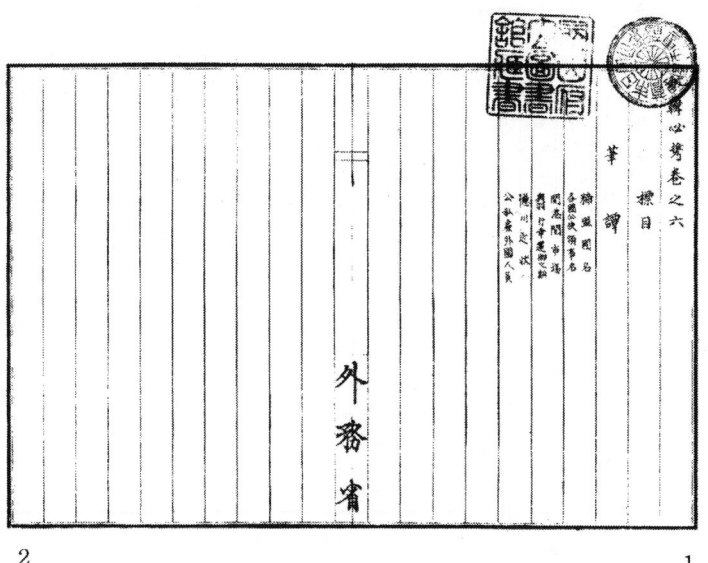

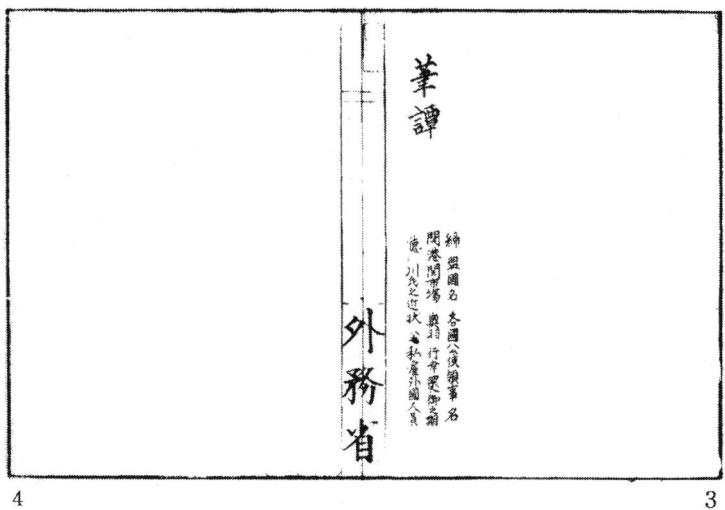

丙子六月

交際之國九箇國并其國号錄示

締盟國名如左

米利堅

和蘭

魯西亞

英吉利西

佛蘭西

葡萄牙

獨逸

瑞西

白耳義

伊太利

丁抹

西班牙

瑞典

澳地利

外務省

6　　　　　　　　　　　　5

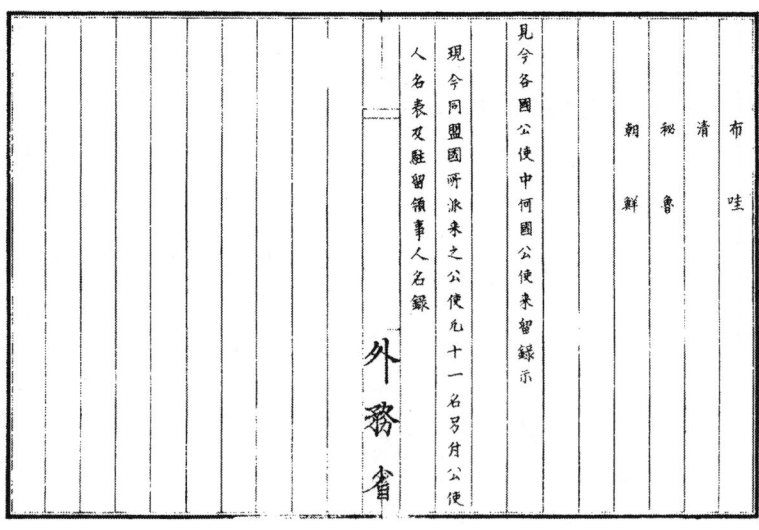

見今各國公使中何國公使來留錄示

布哇

清

秘魯

朝鮮

現今同盟國所派來之公使九十一名号并付公使

人名表及駐留領事人名錄

外務省

8　　　　　　　　　　　　7

東京第三大區示區五番町壹番地
横濱居留地山手百二十番

大不列顛國　特命全権公使　ハルリー、エス、パークス

東京芝區大區示區虎門内三年町第壹番地

伊太利國　特命全権公使　コントー、アレサントロフエ

9

外務省

東　第貳大區十示區肴坂上濱會
横濱海岸通五丁目

佛蘭西國　特命全権公使　ジフギベルトミー

東京居留地七番地
横濱海岸廿番地

米利堅合衆國　特命全権公使　ジョン、エ、ビンガム

10

東京小第六重京示區水田町子百目拾七番地

獨逸國　辨理公使　エム、フオン、ブラント

横濱翠衣大區北神道六町目

和蘭魯典那威國　辨理公使　フオシ、ウヱックヘルリン

11

外務省

横濱山手居留地九番

白耳義國　辨理公使　シ、ド、グロート

澳國　辨理公使　シバリエ、デ、シュフル

12

横濱山手居留地五十三番

外務省

（二）

丁抹國
代任公使
フオンウエックヘルリン
即和蘭辨理公使

西班牙國
代理公使勤方
ヱミリード、オエタ

13

横濱居留地海岸十四番

布哇國
代理公使
ロベルト、エム、ブラウン

露西亜國
代理公使
スツルウヱ

外務省

東京景ヶ大豊霞ヶ関ヶ八番地
横濱山手居留地九番

14

横濱グランドホテル

秘魯國
代理公使
ドクトル、ゼー、フエデリコ、エ会モール

横濱居留地九十番

瑞西合衆國
總領事
シー、アブレンワルド

外務省

（二）

15

東京三田大中寺

葡萄牙國
總領事
イ、クレーロ

外務省

（二）

16

［17］

各國派來領事官人名

○米國總領事
横濱　トマス、ピ、ヴァン、ビューレン

同　副總領事
　　ヘンリー、ダフリウ、テニソン

同　副領事
　　ジョルジ、エス、ミツチエル

［18］

同　副總領事

大坂兵庫　米國領事　ナーサン、ゼニウ、ウイットル

長崎　副總領事兼葡國代辨領事
　　ドフリエ、ビー、アンブム

同　副領事
　　ドリエ、ビー、アンブム

同　副領事
　　チヤーレス、エス、ブサツセル

外務省

［19］

箱舘　エム、レ、ハリス

東京横濱　○和蘭國領事兼瑞典代辨領事
　　ウエ、セ、ハン、ヲルドト

大坂兵庫　同　領事
　　ヒ、ゼ、イ、ケレーン

同　領事瑞典兼事務東投
　　ゼ、ゼ、ファン、デル、ホツト

長崎　同　領事

外務省

［20］

横濱　○露國副領事
　　アレキサンドル、ベリカン

大坂兵庫　同　副領事
　　ジョルジ、ウエスト、ホウル

同　領事兼伊國代辨領事

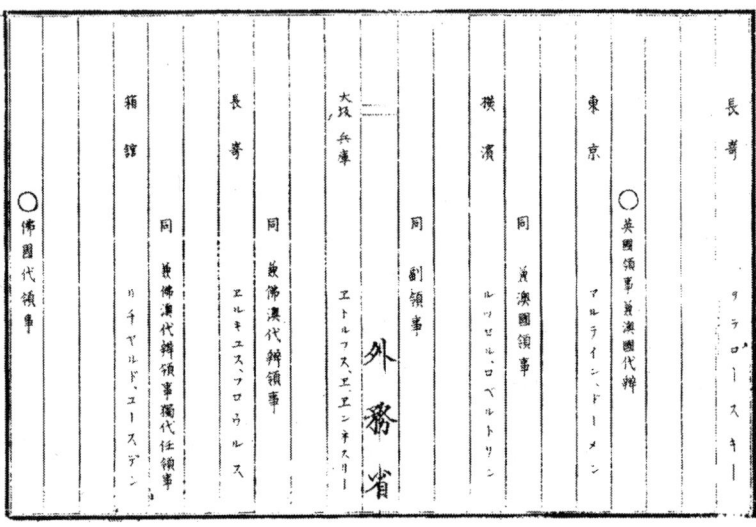

22　　　　　　　　　　　　　　　　21

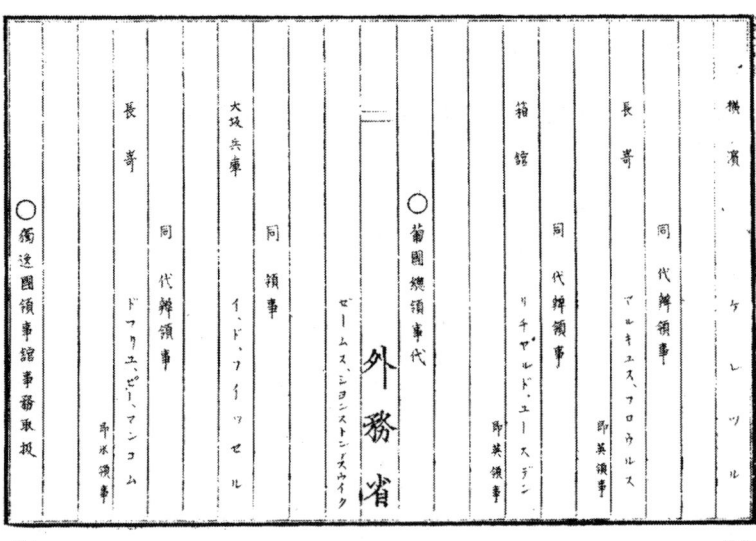

24　　　　　　　　　　　　　　　　23

東京　　　　　アーレンス

横濱　同　領事　イ、デ、サッペー

兵庫　同　領事　フ、ボッケ

大坂兵庫　同　領事當分代理　オスカラフホークト

○獨逸國代辨領事　　　外務省

長崎　同　領事　フォンレーゼン

新潟　同　領事　エ、デ、ライス、ネル

箱館　同　代任領事　リチヤルド、コースデン　兼英領事

25　　26

○瑞西國總領事　シー、ブレンワト

大坂兵庫　同　副領事　シ、ファブルブラント

横濱　○白耳義國副領事　イー、ムルロン

○白耳義國代領事　　　外務省

大坂　白耳義國代領事　ゼ、ファブル、ブラント

長崎　同　代辨領事　エム、シ、ァン、デルデン

長崎　同　代辨領事　ヘルムイウエルゼン

同　一時領事代理

27　　28

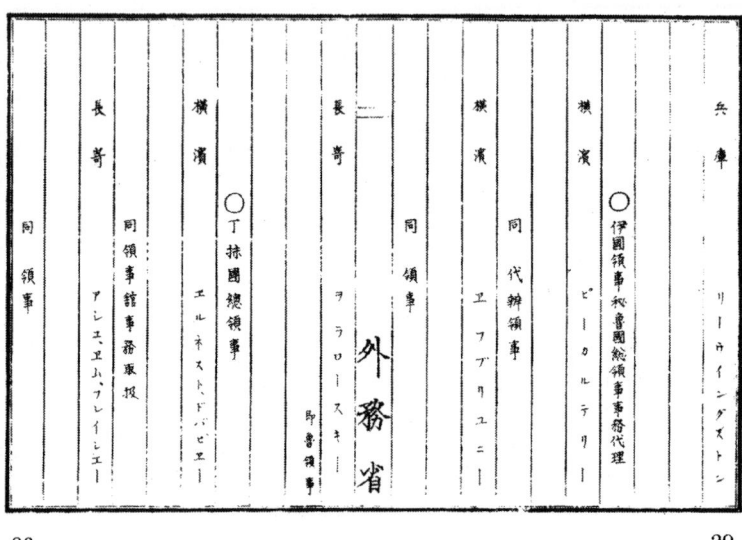

30   29

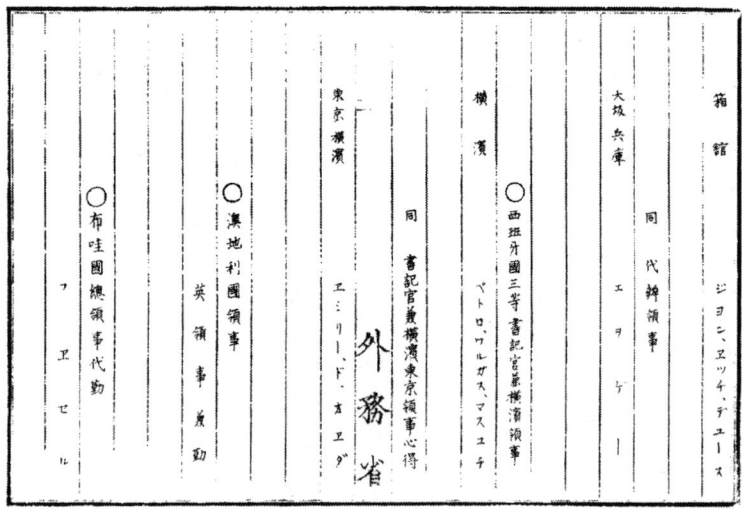

32   31

○秘書國総領事事務代理

横濱

ビー、カルテリー

即伊領事

通商港口七所開市場一所

通商總而徵處于地名錄示

34

横濱

神戸

大坂

長崎

新潟兼港　注波爲

函館

東京　開市場

外務省

33

聖上幸行干何地方而問還宮予錄示

主上行幸興羽地方還　御之期九六十餘日

德川氏以何官今居何地予錄示

德川氏解政權之後如駿州靜國藩事旋又有割
廢藩置縣乃來住東京今無官衛爲有位華族往

時諸疾皆然非獨德川氏也

他國人出仕校賣朝平錄示

36

方今所公私催使各國學士及職工等人員地八

百七拾七人所給興一月俸金九拾五万五千四

百五拾八圓九拾壹錢壹重乃載在另單

外務省

35

丙子六月十四日調

公雇

英國人　貳百七拾七人
佛國人　八拾四人
米國人　六拾五人
伊太利國人　三人
和蘭國人　拾七人
清國人　三拾五人
獨乙國人　四拾貳人
澳地利國人　貳人
葡萄國人　三人
露國人　壹人
瑞西國人　壹人
丁抹國人　七人

外務省

貳人
七人

此拾料　一五百三拾九人

壹ケ月金拾壹萬五千百四拾貳圓五拾三錢四重量

38　　　　37

私雇

英國人　百五拾四人
佛國人　拾六人
米國人　八拾三人
和蘭國人　拾七人
清國人　拾三人
獨逸國人　貳人
澳地利國人　貳人
葡萄國人　壹人
露國人　貳人
瑞典國人　壹人
瑞西國人　三人
丁抹國人　七人
白露國人　三人
各州人　拾人

外務省

此拾料　一三百三拾八人

壹ケ月金四萬三百拾六円三拾七錢六重六

合計金拾五万五千四百五拾八円九拾壹錢壹重

40　　　　39

航韓必携　七

信使滞京日記　乾

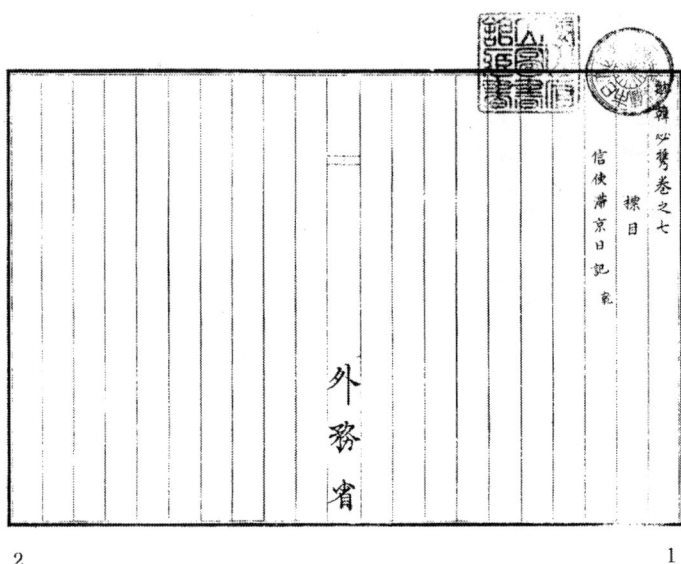

2

1

4

3

五月廿八日

一午後汽車ニテ室田中録奥三等書記生浦湘三
等書記生本多等外
横濱ニ出張相生町山
中傳次郎方ヘ止宿ノ事

一奥浦瀬等熱鬧ニ最趨當處ニ面シ出張ノ趣意
告官本大丞ヨリ野村權令ヘノ照會状差出
ヲ町會所借用ノ旨ヲ申陳候處直ニ町會平ノ
ヲ呼寄セ一談ジテ古當直ヲ者一同町會所
ニ到リ寄順ヲ整頓セリ

一接待ノ案業浦等ハ迄テ傳次郎方ヘ擔當為致
候事

外務省

一紀關ニ到リ當直杉浦権中属ニ面會小汽船浩
用ヲ以シ明廿九日午前六時前ヨリ戴隻ヲ子
配致呉候苦取候候事

一停車場ニ到リ土肥大属ニ面シ第十行合ノ通
リ流車上等一中等一下等義荷車四輌借切ヲ

一野村權令ヲ訪ヒ一寳賓情ノ陳置候事

一車井休息所等ノ設ハ

一輌路三輌ニ奥ヲ擡込ミ候需要ノ奥ノ數不

候趣番頭德兵衛ヨリ申出候事

一接待ノ品々明廿九日午前六時前迄ニ取運休
憩所ヘ運送致候積リ堅ノ約束申開造ニ請員
多井押賀両人ニ擔當為致候事

一人力車拾九挺井陸揚ヶ毎拾壹賀入方等外本
更ニ可申入合申開置候事
車ハ轟輌ニテ事足ルヘシ何レ明朝入港ノ上
相合殊ニ壹等リ壹挺ニ二十七八輌半左スレハ前

五月廿九日

外務省

一午前一時過ヨリ雨天ニテ雷雨ノ悪早暁ヨリ
兩牧リ同六時　分黄龍丸入港ノ趣三菱會
社ヨリ申出ル昨日同會社ヘ申入置候故ナリ

一本省ヘ黄龍丸入港ヌ續ヲ水野少

一録毛關書記生上陸面會貞釜山浦發船以來
ノ事情幷清道巡視ノ說ハ不持東且上陸ノ上
與ニ聚ント下ルト云窗砲致候義ハ彼地ニテ
行十七候得共我國ニ來ラハ決シテ不施行旨
等ヲ承リ候事

一、悦開ヘ汽船波戸場左廻方ヘ申入候處

一、午前六時三十分奥浦瀬室田水野尾間共ニ小
　汽船ニテ黄龍九ニ到リ奥浦瀬先ツ訓導玄昔
　諭船ニテ迎接ス吉ノ陳ヘ夫ヨリ案内ヲ持テ
　運ニ面シ名栗ヲ投シ遠渉無事ヲ賀シ迎接
　使節ニ面シ旨答禮ヲ奥浦瀬返帝更ニ訓導ニ
　ノ罷越ヲ旨答禮ス更上陸可取計吉申述候
　為メ和船ニ乗セ上陸候其他一行
　裏成知ノ旨ヲ促シ候上陸ヲ促シ物井楽器其
　面ニ面ヲ促シ候答禮ヲ奥浦瀬返帝更ニ訓導ニ
　ノ人々和船ニ乗セ上陸ス手順相立候上ニ上
　陸ヲ申入ト小漁船ニテ迎接掛リ共一同上陸
　ノ章

外務省

(9)

一、波戸場ヨリ奥浦瀬人力車ニテ前導シ使節八
　綱ニアリ上官以上八人力車ニ泉ヶ楽器警察
　シテ本町町會所ニ至リ候事
　但シ往来筋両側ニ警察官見張リ且別ニ両
　名行列ニ先々使節ヶ前導セリ
　但シ先々室内使節一人ヘ別ニ設ヶ上
　官以上茶菓待掛リ筆一生暴水菓子荼
　キル是ハ使節ノ目前ニテ上官以上ト難ヘ
　但シ彼ノ望ニテ屏風ヲ以テ使節ノ席中ニ蔽

(10)

一、入泉楽ノ劃限ヲ分リ候ハ室田八先到水
　野ヨリ相渡限轄地ヲテ對話書等ヲ
　接様上報シ為メ九時三十分ノ楽車ニテ
　泉セリ
　但シ迎接船便等外太田等也同行ニ付
　車場ニ着行列整ヶ前ニ同シ

一、午前九時三十五分使第一行休息等ヲ發シ
　野ヨリ迎接船便組便等外太田等也同行ノ
　但シ茶ヲ差出ニ至ラス喫畑スルノミ

一、午前十時四十五分ノ楽車ニテ上京ニ付
　中年ニ依ラセ日本酒壹合ヲ個人ニ候處彼ノ
　ニ喫事ハ不致ナリ
　中官以下徒走一室門第ニ会ヶ一杯宛パン右取
　ニ依ラセ七日本酒壹合ヲ個人ニ候處彼ノ
　時刻ニ關係候處使節ヲ除ニ萬湯ヲ與候
　旨申出候ニ付取寄候得共發車ノ
　益ニ本省及警視廳陸軍省中顕臺等ヘ電報
　セリ

外務省

(11)

梅ニテ茶ヶ朝飯濟マハ廿々国産
　椅子×依ルニ不能ニ出ヨリ且使節一人ヘ陸

一、楽車上等室ニ使節其他上々官蔵人外ニ小童

(12)

武人奥浦瀬水野海軍警崎田﨑海中等室ハ上
官九人次官三人菜荒川中野尾間生徒到る等
下等室ニ中官四十七人下官拾人生徒等家叔
十時四十五分變車正午十二時十七分新橋停
車場ニ着せり

但シ黄龍九ハ品川へ廻リ候テ日荷物取扱
為ノ彼文官童人中官八人我等外原吉也

童人同船ニ来知候事

一新橋停車場中横上ニテ休愁一室内使節ハ別
ニ設ケ幕風ニテ週リ上々官両人一席上官

次合テ一室一席総ヶ茶ヲ出ス

一正午十二時十五分停車場ニ着シ行列前ニ同
シ警備ノ騎兵前列ニリ警察官出張諸事取辨
約行届キ往来聊ノ不躰或無之新橋ヲ渡リ大
通リ石町ヨリ左折川岸ニ出鎌倉川岸ヲ経テ
川岸通リ右折烏町丁目一番地旅館ニ首セ
リ時ニ午後二時十分前列ニ騎兵ヲ整列セ
懐テ外務官米使節ヨリ騎兵ニ対シ一種ニ稍列
官ヘ揖ヲ脱シ使節ハ揮手騎夫夫ヨリ門内ニ
入リ房中ニ誘引前導官ヨリ使節ニ向ヒ熱案

外務省

着京ノ賓シ藩鄙ヶリ

一澤簾ノ史騎兵ヨリ引取候テヲ可然武ト申出
候ニ付使節ヨリ騎兵ニ対シ挨拶トシテ訓導
門前ニ至リ一種ヲ陳ヘ其外務官ヨリ慰等
ヲ聯シテ騎兵ヲ退行セシム

一新橋停車場ニ於テ八使節興ニ東シテ
トシ慶商列ノ騎兵桂セシ欽權丈ヲ行
ニ暇ナリ道行ナシ

一午後二時過古澤權少丞来リ政府ノ命ヲ以テ
使節ヲ尋問ニ應接間ニ於テ對話使節金輪秀

訓導左遷并ニ通年浦瀬出席一種ヲ古澤
ヨリ外務卿ノ命ヲ陳ヘ明三十日午前十時外
務省ニ出頭書簡差出ノ義ヲ申談候處無異議
承諾セシ候事

一本日旅館奥三等書記生浦瀬三等書記生宮
田十二善出仕外ニ三等外米小遣其他使節宮
ノ面々水野少輝荒川六等書記生中野六等書
記生尾間七等書記生御用見習吉副喜八郷生
徒中村庄次郎淺山頼義吉村平四郎武田基太
郎武田邦太郎阿比曽祐作黒岩清美大石又三

外務省

【17】

郎津江直介住永珍三

一本日ヨリ賓畫筆紙苹小遣外ニ生徒業名完ニ
相定候事
但シ生徒ノ義ハ畫ノ内當今ニ問一同旅館ニ
ニ語亡寄明ノ兩人ハ旅宿ニ罷在候事

一午後九時過黄龍丸ヘ家ニ組品川ヘ相廻リ候次
官一人中官八人到着ノ事

【18】

五月三十日

外務省

集義割
浦瀬　裕
岩田　直行
荒川　德滋
中野　許太郎

一品川廻リ荷物到着ノ事

一年前九時使節出省書簡差出方ニ付手續廬々
書簡ハ上々官ヨリ益出○仰信閣帖ハ使節
休息ノ上ニ献ニ集マ十四ヒ使節
ヨリ浦瀬ヘ申出候ニ付宮本森山ヘ宛報知致

量陵事

【19】

一午前十時使節外務省ヘ出頭ニ廿九時五分ヨ
月發途行列對華共ニ昨日ニ同シ組シ人貨検
ニ減セル兩巳十二時過歸館候事

一宗従四位ヨリ信使尋問ノ爲ノ家平問某ノ
來ルノ候節面會ノ事

一午後中官兩人ハ全宗不快ニ由申出候ニ付順
天堂醫師寄治療為致候事
但シ是ヨリ先午奥書記生順天堂ニ到リ醫
師大瀧富三ニ面シ修信使逗留中使貞一行

一病犬引受万依賴申入候呼嗽知致シ猶今

【20】

外務省

日々到送診療致吳候攝申入置候事
順天堂醫師三人話合ニ越其姓名阿久津資
生村上長二大瀧富三亡重病等ノ節ハ尚中

七家吳候積リ尚中ヲ呼候節ハ別ニ其旨ニ
可申入積リ申問置候

一午後宮本大丞森山權大丞入家使節對話ノ事
但シ特別ニ錫見ヲ以テ使節ニ
天皇陛下錫見ヲ賜ハルヘク傳フ可申入ト事十

承諾セリ尤日時ハ明日可申入トノ事
一明三十一日午前

浦瀬中野兩書記生訓喜

外務省

同道ニテ出省ノ車ヲ宮本大丞ヨリ申聞候事

但シ門外馬車上ヨリ名刺ヲ投シ訓導玄昔運門外ニ出テ取次ヽス荒川之ヲ通弁ス

一午後四時過石幡書記生一寸相見浮候事

一午前崎田修海相見得正使ニ面會候事

一午後三時過水野少縣尾関七等書記生出頭ノ車

一午前訓導玄昔運中野書記生共ニ馬車ニテ出

一使節ヨリ維頭酒一陶井藥菓千牛詰合ノ者へ

差出候事

但シ衹ヲ添持参ノ車

21

外務省

五月三十一日　曇雨候齊

奥　義制
浦瀬　裕
岩田直行
荒川德滋
中野許太郎

一午前九時過浦瀬本省へ出頭

但シ昨夜訓導浦瀬寓ニ到リ内話アリシニ二依ル

一回十時外務卿来テ昨日使節出省ノ回禮ヲ陳ヘ

22

外務省

天皇陛下へ獻上品午後一時上官ヲ以テ宮内

省ヘ差出方申来リ依テ奥荒川井上判事玄海

省別副品ヲ持参ノ車

但シ浦瀬ハ院ニ本省ヨリ

一森山ヨリ興荒川ハ既ニ本省ニ到リ

森外ニ中宮両人下官童人獻上物ヲ携へ宮内

23

省ヘ到リ中宮ハ玄關前ニ為ニ玄海森奥荒川

玄關へ上リ案内申入候處藥仕而詞所ニ扣へ

サ七中山權大丞津田少丞面接アリ目錄ノ通

リ相溯ノ受取書ヲ取リ罷歸リ候

但シ中宮モ玄關ニ傭ニ為ニ宮門省ノ有之

候豆玄海崇扣析ニハ茶及氷ヲ差出候事

一宮内省炭リ懸ケ玄海崇氷中宮両人ヲ同道致

シ博物館一見為致緩所甚妾心驚駭ノ趣正使

ニテ委細申論リ候旨申出歸路東京裁判呼前

ヲ經テ旅館へ歸ル

24

【25】

一、外務卿ヨリ信使ヘ書簡壹封到来生徒ノ以テ
　意ニ差出候事

一、安田開拓少判官小牧開拓幹事為尋問罷越使
　節面會ノ事

一、六月一日午前十一時使節參內ニ吹上御庭
　拜見被仰付午前八時半出門ノ橫ニ舟海順書
　"添古通行ノ節誌茉ヲ以テ明日使節祭內ノ
　注意ノ儀懸合達候事

一、義出使館ヨリ岩橋某ヲ於テ人民不致雜沓樣
　路順ヲ尋越候ニ付路順書相渡候事

【26】

外務省

一、古澤權少丞并尾間書記生相見得候事

一、宮內省御門鑑六十五醤ハ中野七十番本多

一、浦瀬ヘ相渡候事

一、七拾醤御門鑑ハ返朔相成候事

六月一日墨

　　　　奧　義制
　　浦瀬　裕
中野　許太郎

【27】

荒川　德滋

一、午前八時二十五分前警視第四方面第一署語
　警部補白阪信　出頭今日使節參內ノ刻限為
　問ニ中關候事

一、浦瀬外務省ヘ立寄リ尾間書記ニ同道ニテ宮
　內省ヘ罷出候事

一、午前八時前出門使書記生車ニテ嚮導信使ハ
　其他人力車ニテ十時前皇宮ニ到ル信使ハ輿
　御車造奧ニテ入ル其他八轎ヲ表御門外ニ
　"下車狀廻リハ中仕切御門外ニテ下轎在使

【28】

外務省

節井上ヘ官兩人尋嚴使第八謁見ヲ賜リ上
々官ハ謁見ナシ外ニ書記官紅二人冠服ニ
テ参內候得其信使ヲ扣處ニ有之印晤關怡ヲ
香守ス儿ノミ

謁見相濟以上衛庭拜見御府西丸大千ニテ
何レモ下家狀廻リ半藏御門內
吹上ニ十三角ニ祭リ官內省出張ノ宴
內ニ趣申出候得共段々紅襪宮造奏候處棄山

，趣中出候共々紅襪宮造奏候處棄山
外務權大丞扣居暫時椅子ニ依テ休惠瀬見離

宮ニ至ケ午餐ヲ取階下時午後一照ニ信使ハ何

分步行難成由ニ付宮内省出張内藤信勝ニ引

會使節ノ心得等ニ託シ人力車拘用候事申談

候處可然旨申出候ニ付裏門通行ハ未々懸合不

當挑差入方取計候處裏門ヨリ歩行可

行届哉ニ付通行不相成夫ヨリ更ニ大手ヨリ

歸ル事ニ次ス取計段々捏立使節ハ人力車ニ

我旨申出直ニ歸路ニ趣ク途中ニテ人力車ニ

逢候得失不承旨ヨリ鈞橋ヲ渡リ大手

ニ出ケ鈞橋ヨリ軍馬局前ヲ過

ニ出ケ總テ大和田倉ヨリ軍馬局前ヲ過

キ市橋門ヲ出ケ旅館ニ歸ル

外務省

一吹上瀧見離宮ニ於ケ警視廳ヘ歸路順次儀ニ

相變リ候旨報知致シ候事

一午後吉澤權少丞來リ明後三日延遼館ニ於ケ

使節及上ケ官兩人年餐饗應同日タ本日使節以下

一同ヘ旅餐ニ於テ同斷ノ旨申且本日使節

一同ハ於テ同斷ノ旨申且本日使節

兩人モ馬車ニ次ス都合馬車三輛用意ノ事

馬車相用月候儀モ申入候處承諾ニ相成リ候事

使車ハ馬車ニ次ス都合馬車三輛用意ノ事

一信使饗應ニ付賄食ノ面々三条太政大臣大木

司法御伴藤工部卿山尾大輔ハ山縣陸軍御伴

上議官河村海軍大輔宍戸教部大輔萬里小路

宮内大輔林内裕少輔持城弐部頼氺外務卿諭

接得拘リ但シ外務御ヨリ三条以下各

應ヘ饗應ノ日時及報告候事

但シ戦島外務大輔義官本大丞森山権大丞

一信使ヨリ黄龍丸船長共同船ヘ索組候海軍兵

崎田鮹海翻逢繁大爲小杉某ヘ贈物ノ儀申出

候ニ付古澤ヨリ官本ヘ問合ニ及候事

但饗應當日着服ノ儀同斷問合ノ事

一明二日午後太神樂ヲ呼入レ使節ニ一覧ノ筈

ニ議定但シ古澤ヨリ取計候事

外務省

六月二日晴

奥　　　義制

浦瀬　裕

荒川　徳滋

中野　許太郎

岩田　直行

一、午前三時過宮本大丞ヨリ古澤奧水野ヘ宛實
慶當日着服並海軍察隊差出方其他拵伴手簿
等中越古澤ヨリ奧ヘ可取計云添書有之本省
當直ヨリ相廻リ候ニ付早朝奧義制外務卿定
ヘ引リ着服ハ小禮服歟尋問服一齊ニ通シ不
相成シテ初テ渡來ノ使節ニテ我事情ニ通セ
ス見ハ氣難ニ見受不都合ニ可有之ニ付宮本
ノ意見ハ添相伺候處着服ハ一樣ニ色々宮不
サレハ着服ハ多分不用ルト
及此ツ小禮服ヲ多分不用ルト相答候樣指圖有之候
出候ハヽ公服ヲ用ルト相答候樣指圖有之候

外務省

33

一、午前宮本大丞ヨリ海軍拯書官ヘ宛明三日迄
邊館ニ於テ朝鮮國使臣饗應有之候間當日午
前十一時近ヨリ宗隊差出方聚合候事
一、森山・權大丞ヨリ処邊館ヘ使節罷出候節ハ延
服可爲用趣申來候事
一、饗應對食着服ノ儀迚其他未决ノ策々有之午
四時頃義制宮本大丞宅ヘ引リ外務卿ノ意見
ノ候處遽然ハ致方無之ノ下倂朝鮮人ノ嬪ヨリ
寒九時ハ先短ニ關セ又此儀ハ可成服色一

外務省

34

樣ニ致慶且森山ノ意見ヲ正シハ今一應森山
ヨリ外務卿ヘ申上候テ可然歟ニ一定致サ
ハ至急對食ノ面ヘヒモ報知可致其使節ヨリ
省長官ヘ參ル候ノ振合ハ其省ニ於テ使節ヨリ
其長官ヨリ彼ノ振合ヲ以テ一兩日中歎館
ヘ回禮有之樣為念前以報知致置候樣申間
候間急報ヲ解レ共夫々書通致候
一、大神樂丸一權ノ人進來リ使節ノ見物ハ庭中
慶族諸致シ庭中屏外ニ於テ濱技使萬ハ庭中
ニテ椅子ニ依リ尤異ノ故兩三板ヲ敷シヽ其
候間ヨリ一覽其他ハ屏外ニ出テ一見候條
外與ニ入リ喜悅ノ事

外務省

35

一、奧義制森山權大丞宅ニ至リ明日梅待ノ模樣
ノ談シ着服ノ儀宮本ノ意見ハ陳ヘ森山ヨリ
直ニ外務卿ヘ呈書致シ候積ノ事
一、使節ヨリ宗從四位ヲ尋問ノ爲メ訓導玄昔運
ヲ浦瀬書記生同行致シ候事
一、黄龍九ノ儀ハ長崎ヘ變納可然乎知長崎ハ
龍九ノ儀ハ爲變納可然乎知長崎ハ
一、黃龍九船長拙ヽ其他ヘ使節ヨリ贈物ノ儀黄
訓導玄昔運目前ニテ相渡候樣小杉井嶋田ノ

外務省

36

義ハ内務海軍両省ヘ彼ヨリ申出タル書面ノ
寫ヲ添開合役否ハ両省ノ見込ニ依ル旨本
ヨリ申来候ニ付其意ヲ以テ訓導ヘ申置候

一水野少録一寸相見得候事

六月三日朝曇午後小雨

　　　　奥　義制
　　　　浦瀬　裕
　　　　荒川　徳滋
　　　　中野許太郎
　　　　岩田　直行

外務省

37

一使節ノ通行ノ区々雑沓ヲ不致様警視廳ヘ申入候
事

追出門延遼館ヘ出頭ノ事
担シ浦瀬荒川岩田接待トシ相詰候

一使節半上々官両人馬車三輛ニ乗リ午前九時
延遼館ヘ罷越候事

一年前八時古澤撰ノ委來テ諸事打合相済ニ

38

俱シ昨日可及懇合奥路順未定ニテ今朝懇
合候ニ付別ニ激館最寄リ方面署ヘ口上ヲ
以テ本廳ヘ申入置タル趣等報知致シ懼事

一午前使節ヨリ各省長官尋問ノ為メ属官差出
ス事

一午前本省ヨリ修信使各省長官尋問ノ儀ニ付
海軍省ヨリ今日十三ヶ午前明日ハ休暇ニ而

明後日尋問取計ノ事申越セシ書面ヲ益越候
事

一淺山頭藏案内ノ事

一信使延遼館ヨリ濱離宮祥見歸路博物館ヘ官

外務省

39

館
本大桑同道ニテ到リ一覧了テ午後六時過繕

一上官以下一同ヘ日本料理ニテ政府ヨリ晩餐
響應且信使及上々官ヘハ日本料理ノ旨申陳
晩餐ニ供シ

六月四日曇

　　　　奥　義制
　　　　浦瀬　裕

40

一、午前荒川德滋病氣欠席
　中野　鉾太郎
　岩田　直行

一、宮本大丞ヨリ本日使節外出ノ場處モ無之樣
　然ルベケレバ寫眞機ヲ可取揃晩景ヨリ相催
　可然旨中來隨テ手品ニ相況候事
　但シ古澤權少丞ヨリモ同斷ノ意甲來候事

一、廣津弘信使節尋問トシテ來リ訓導面會使節
　面會ナシ譯ケハ新惡ヲ午後ヲ澄ニ惟シ居リ候處
　合ニ付廣津ヨリモ他日可蔥出旨申聞罷候事

外務省

41

一、午前宗從四位尋問トシテ來リ
　同上判事高永喜外二人偕使名譽ヲ配當ノ爲
　メ井上議官黑田家議宅ヘ条リ詩路懷物館ニ
　見罷歸候事
　但シ案内馬車ニテ生徒同行ノ事

一、午後六時過手品師柳川一蝶營米リ同七時過
　ヨリ濱技九時過退曲
　但シ使節其他ノ大ニ與ニ入候由

一、司法卿尋問トシテ司法大繇水谷可腹來リ訓
　導玄首選函抔ノ事

42

一、使節ヨリ接待懃リヘ生耐一小陶藥壹一鉢踊
　材一鉢于祝点一鉢美出候事

六月五日晴

　奥　義制
　瀬海　裕
　岩田　直行
　荒川　德滋
　中野　鉾太郎

43

一、中宮四人病氣ノ趣申出順天堂ヘ遣候處大
　瀧某診察トシテ來候

一、興義制荒川德滋一昨日宮本大丞ヨリ申越候
　二付出省挨應ノ筆ヲ承リ且此間中張込
　情况陳遂候惡森山權大丞近ニ徐館ニ罷越シ
　上々官等上野公園ヨリ淺草邊ヘ誘導ノ續
　甘直ニ官ニ可罷歸旨同氏ヨリ申來リ不取敢歸館
　ノ事

一、森山權大丞來リ明六日陸軍練兵一覽爲致候
　二付出張ノ趣申入丑今日上野公園并淺草邊

外務省

44

【45】

遊覽ノ趣中勤ハ候處使節ヨリ練兵操見ノ義
是出候得共今日遊覽ノ儀ハ御斷リ申出候然ラ
バ屬官可被遣旨中入候惡水如致ラ劃普支苦
蓮此ニ拾八人彼方ヨリ茶ノ使節ニ相成リ馬
車裝輛用意致シ上官以上ハ馬車余八人ハ車
矢ヨリ上野公園英淺草本願寺縛ヲ觀音堂門
二東ヶ森山井奥蒐川其把生徒等先ツ妖寮
家ニ觀物花屋敷及廣瀬ノ電氣器械等一覽
事ニ物ヲ賓殿ノ鮮別テ城警衆并廠海器械ノ
心ノ由

【46】

但シ淺草本願寺へ参候處隆原權少正待遇
殊ノ外丁寧ニ取扱茶菓ヲ出シ且訓善ニ句
ニ籠好ク隆へ滯留中使節ヲ招提致シ度抔
懇々對話有之從事

一縣陛軍卿ヨリ使節ヲ尋問トシテ名票ヲ持
セ大尉上領預方來ル

一明日調練ノ儀八使節ヨリ病人ヲ除ノ外一行
不殘引率致候旨中出候事

一古澤雜少丞來リ使節へ音物トシテ目錄持参
使節面會受納謝詞申陳候事

外務省

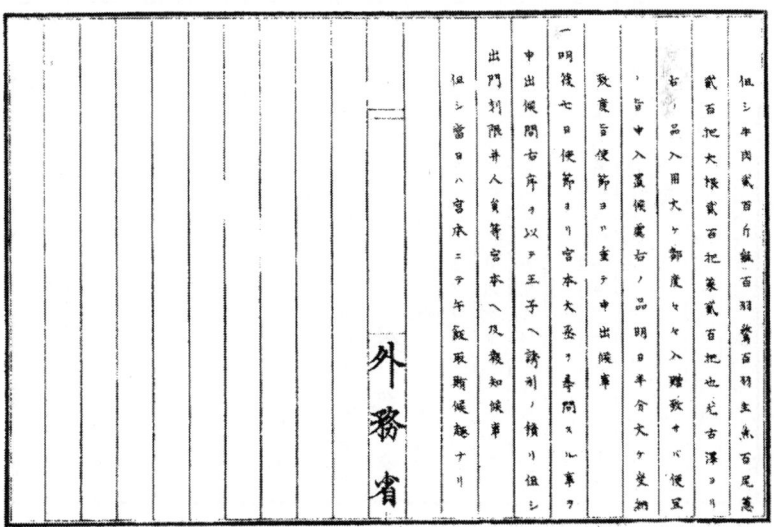

【47】

但シ年內貳百斤鰯百羽簀百羽立魚百尾薧
貳百把大根貳百把簣百把也尤古澤ヨリ
ノ品ニ入用大ヶ御度ヶ入踏致十バ便呈
古來リ中入置候處右ノ品明日半合大ヶ受納
致度旨使節ヨリ重ヶ申出候事

一明後七日使節ヨリ宮本大丞ヲ尋問スル事ヲ
申出候間古庫ヲ以テ宮本大丞へ請別ノ積リ但シ
出門刻限并人貧等宮本へ及報知候事

但シ當日ハ宮本ニテ午餐取期候趣ナリ

【48】

外務省

六月六日晴

奥　義制

浦瀬　裕

岩田直行

荒川德滋

中野許太郎

一午前八時三十分信使一行上下六十六人出門
九時過櫻田外練兵場ニ至リ候處森山權太丞
待受居信使上官ニ至ル迄椅子ニ依ラセ夫ヨ
リ歩兵騎兵砲共三段ニ調練有之一同拜見

外務省

鮫島外務大輔出張ヶ古澤權少丞其他接待掛
リ奥浦瀨荒川中野岩田出京候ヶ饗ノ同意ニ等外
及生徒ニ至ル迄羅越十一時五十分過調練相
濟イゲレニテ外務省ヘ出頭ヶ饗ヲ喫ス午後直
ニ遊覽之場所ヘ相廻ラセ候處使節ノ疲勞
之赴申候ニ付歸路日比谷ヲ拔ヶ東京裁判
研前ヲ經テ吳服橋ヲ渡リ河岸通リ籠閒ヨリ
永富町ヲ通リ眞直ニ錦町ヘ出解舘ノ事
但シ信使門内ニ入ルヘ吾輿ヲ下ラリ主閽
板緣ニ膝ヲ懸ケ大ニ怒聲ヲ發シ通事兩人

外務省

ヲ備取セシノ質ハ露ハサレヌ例ハ通リ捏
ニテ五返ツ打チタリ其件何共開ヶタハ歸路
廻リ路セシヲ其件何共接待掛ヘ申出テ
ス使節ノ疲勞ヲ不顧ルハ失職ナル故罰ス
ルト云梅待掛ヨリ我國ニ於テハ是近海
外ノ使臣初而渡來ノ節ハ往來成ル丈ヶ注
意イタシ往返路ヲ異ニテ其使臣ヲ倦マ
ザラシムルナリト云々使節ニ申入置候樣訓
導ヘ申聞候事

接伴掛ノ評ハ好憤激ハ調練場ニ於テ英公
使パークス幷伊太利公使フエー面會致シ
不備ヨリ生レタル事ナラン
但シ英伊兩公使モ調練拜見ニ來リ居リ
何敷ノ都合ヨリ不意引會候事ニ相成
タリ

一河村海軍大輔ヨリ林海軍大佐ヲ以テ使節ヲ
尋問名票ヲ投シ且明後八日午後一時ヨリ水
雷學校等一覽ニ入レ候ニ付可罷出旨申來
然ニ信使不在ニテ留守上官ニ甲閤出旨申來
何儀ノ都合ヨリ不意引會候事ニ相成
但シ
歸舘後肖無相尋使處水雷ノ義ハ自國ニテ有

之且杯見候テモ只今傳習モ不相成加之眼病
ニ付断リ呉候様申出候事

一使臣前導トレヲ與義割外務官出頭中書籍館
長浦永井久一郎ヨリ大少丞ヘ定書籍館ヘ信
使参候ハ、前々日ヨリ申入候様懸合書到来
ニ付信便罷出候儀ハ未タ目的ノ不相立就テ品
ニ寄リ

一使節ヨリ海軍省江断書井通事ヲ門内ニ於テ
状罷絶行ノ義等上報ノ為奥義割出省候處古澤
中宮本大丞ニ達シ委細申陳宮本ヨリ海軍省

行ノ事寺ニ付古澤権少丞旅館ヘ罷越候答ニ
井同人ト更ニ打合可然旨担剌居候處古澤モ
参リ懸リ候ニ付奥ハ同申レテ旅舘ニ帰ル

一午前八時前篠原権少丞来リ奥義割面接候處
東本願寺ノ義ハ朝鮮使臣ニ對シ田好モ有之
就リ八使者ヲ以テ使節ヘ撰抝申入且乍聊モ
音物イタシ且懸々對話モ仕リ度何日罷出候
ヲ差支無之裁追テ兼リ度合甲出候ニ付使節
對話等ノ義ハ何レ彼方ヘ一應申入候ヲ其都合
申進越相答ヘ置候事

外務省

但眼日本願寺ヘ参リ候節森山ヘ篠原ヨリ
對話中ニモ追々朝鮮国ヘ本願寺ヨリ説教
師モ派出宗教ヲ彼地ニ宣布致度旨申出
候事

一古澤旅館ニ来リ使節ニ評議ノ末古澤ヨリ更ニ使節
ヘ申入候處使節ハ疲方ノ様ニ禄ニテ面接無之訓
導應對問答ヲ重子未定ノ中ニ古澤ヨリ中野
荒川ヘ申含メ古澤話所ヘ退去候處竟ニ海軍
省ヘモ参ル事ニ相成候ニ付海軍省ヘ此旨甲
入置候事

外務省

一使節ヨリ東莱府行書簡送達方申出候ニ付本
省ヘ相渡候事

六月七日　面

奥　義割
浦　瀬裕
中野　許太郎
荒川　徳滋
岩田　直行

一午前九時過ヨリ信使宮本大丞宅ヘ尋問案約
ノ應使来強両亭午飯相尋ムヤ否ヤ直ニ出門
ノ事ニ渋ス

一午後一時通使節并屬官上下部
出門接待撮リ浦瀬中野岩田罷越候事

一内務省八等出仕蟠川式胤赤本省河野權少録
朝鮮人服色其他承調ノ為メニ来リ上官某ト
對話重テ来リタリ約シテ去ル

一外務省ヨリ昨日使節ヨリ依頼イタシ陜東兼
府行書状受領證書到来ニ付使節ヘ相渡ㇲ

外務省

六月八日晴

満足ノ躰ナリ

使ヨリ今日ノ奥実ニ無覺ノ樂ノリト至極

瀬檢校外五人外ニ接待撮外務官貴列應信

席上互ニ詩画ノ奥アリ五曲三絃尺八　八山

本ニ浅田宗伯跡見花溪并同人生徒女子

但シ此日宮本饗應陪負田豊塩田両大丞

一午後九時二十分過使節帰館ノ事

一午前九時前古澤權少丞来リ明日寫真取候儀
使節ヘ申入候兼語候事

一午後一時通別ノ圖ニ出門入ㇼ使節又鐘
官出門海軍省兵學寮ニ至リ大砲空發花火矢
水雷其學校教場等見閲六時頃井上議官宅ニ

外務省

興義制
浦瀬裕
岩田直行
中野許太郎
荒川徳滋

リ候事

ヒメタリ奥并生徒等モ直ニ門前ヨリ罷帰

リ井上ヘ使節着後上官以下大丞帰館セ

同行但シ古澤八本省ヨリ直ニ海軍省ニ至

接待撮古澤權少丞并奥浦瀬荒川中野寺

輔及森公使宮本大丞モ一覧ニ来レリ此日

但シ兵學寮ニテ八海軍太輔寺諸導外器卿

至リ午後九時四十分過帰館ノ事

外務省

航韓必携

八

信使滞京日記　坤

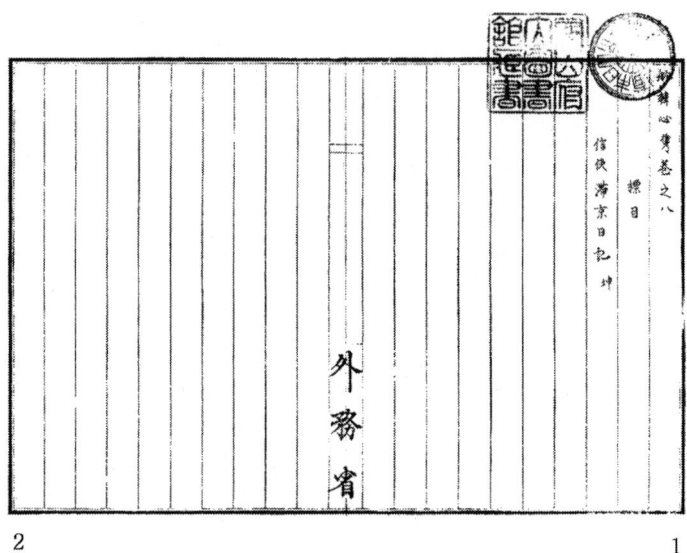

2　　　　　　　　　　　　　　　　　　　1

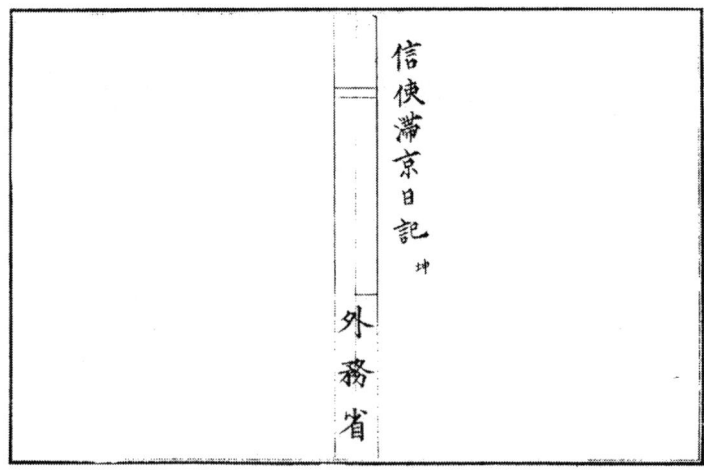

4　　　　　　　　　　　　　　　　　　　3

六月九日午後三時寸時間雨

奥　義制

浦瀬　裕

岩田直行

中野許太郎

一、荒川為氣之趣ニテ欠席

一、午前九時頃古澤惟少佐来リ使節ヲ尋問シ約
一時間ニテ去ル

一、午前寫真師内田九一来リ伏御及屬官大體寫
真ヲ取リ其内ニ八寫真ヲ不好者皆之相添キ
候事

一、午前陸軍大輔平賀義来リ同御之命ヲ以テ来
ル四十二日近衛新兵營益砲兵本版一覧ノ義使節
ヘ申入候處昨今打續戎嚴ニ付只今即答難相
成島一難出度ルル時ハ屬官之同伴是ニ可差
出旨申答候事

一、尾聞書記生未候事

一、午後皇女揆宮揚御堯去ニ付爲拘停止ノ儀候處
仰出銭ニ付使節ヘ申聞諜揆去々申来候旨伏

外務省

六月十日曇天

奥　義制

浦瀬　裕

中野許太郎

岩田直行

一、荒川病氣之趣ニテ欠席

前ニ伺出候事

一、午後使節ヨリ接待掛ノ面々ヘ贈物ハ受納可
致旨答禮ノ儀銘々心得式ヲ以御答ス別段
品物ヲ贈之ニハ不及旨共本省ヨリ御指圖有
之候事

一、前条鳴物停止ノ儀使節ヘ申聞候個出候得
共末タ義國無之尾聞書記生退館ノ度ヲ以
午後六時森山揆大丞退閏含彼處午後九時ニ
十合迄指圖無之ニ付當直ノ昔ハ申含ノ退館
之事
但シ今晩ハ伏節ヘ停止ノ儀不申聞事

外務省

一、干前九時過宗従四位ヨリ本日使節拝謁之為ノ
前導トシテ使者来リ十時十分一行出門小川
町ヘ出テ柳原土迭ヨリ両国橋ヲ渡リ夫ヱ坂
ヱ瀕川来大工町別荘ニ刻ニ午後八時博物館之
事

慨宮本大丞森山権大丞古澤権少丞他県
三等書記生等招キ二ヲ對食セリ時細
始ノ關雲江寺六七名繁慇ノ為ノ席上書画
ノ興アリ
但シ島門ノ節剣ニ懐ハ箸ヲ以立帳ニ貨

一、陸軍省ヨリ期後十二日使節ニ随行之
我採待官同行之人貞事兩度ニ問合越シ後
使節外上官八人次官七人中官七人下官十三
人都合三十三人並接待掛リ七八人ト相答候
事

一、外務卿ヨリ信使ヘ四種音物使投候事
但シ外務卿ヨリ使節ヘ招クヘキ等候ハ此
ヲ々口上ヲ添ラ別段諸並菓子肴三饗候設

外務省

後事

一、午後四時過下宮之者両人門外ヨリノ方ニ和居
懐人力車ヲ強テ借り取リ一人ハ乗リ一人ハ
事キ懐ニ馳驅ノ際其車ヲ碆タル懐人懐ニ
ヲ放キシヨリ直ニ轉霞シテ車ヲ碆損スルニ
至レリ因テ車ヲ夫々遣行慇撃其旨申出候為迷言行末徳

太郎ト差出顯有八分懐人ニ背縛人ノ妣名
承り度慇無差越ノ付示談シ難シ可然哉ノ旨申
關後處罰料七拾五錢相渡無事ニ相濟候

一、午前一時森山ヨリ外務大輔ヘ問ヲ致シ鳴物
停止ノ後使節ヲ可申閉ヲ致シ甘等夏ヲ
り前瀬馬ニ相招候処早朝同人ヨリ到達キ申
關ヲ使節ヘ申入候寒國表之繕ニ初ノヲ承リ
後況ニ八奏繁八圀ヨリ相替リ甲案総テ可相

外務省

羅卸候事

但シ留守ノ黒宮古ノ事ヲ傳閣直ニ其両人
ヶ呼答セ玄閣前ニ於テ制ノ抉原ニ来り

停旨申出候事。

六月十一日晴

一、浦瀬裕病気ニ付一両日養生之旨申出候事

一、昨使信使ヨリ明日八○園尾ニ付一通リ場所ニ
　覧ノ外音楽等差出候儀ハ断リ申出候間陸軍
　工部両省ヘ其旨申入候事

中野許多郎
荒川徳滋
岩田直行
興　義訓

外務省

一、午前宮内省ヘ今般信使ヘ御品下シ賜リ候日
　時等先御後十三日午前九時勅使御差出有之
　度旨並其使人参入御閣近送迎信使ハ
　着城ノ間近送迎信使ハ

一、通日使食一行之内ヨリ御紙差出書家之深等
　次第ニ付宮本ヘ申入置候間萩東状幾ヘ

　半切八枚全織貫教前川道庵ヘ半切拾枚全織
　三枚認方頼入候事

一、本日右午後一時興ヨリ信使並属官其外侍
　侍掛リ附添森山権大丞方ヘ罷越午後入時前

郷詔之事

但シ本日﨑場地原某姶柳園波山等四五人
海上書画ノ興ヶ深本省写真八古澤権少丞

荒川中野両書記生
中野許多郎
荒川徳滋
菅田直行
興　義訓

六月十二日曇

外務省

一、浦瀬裕病気如故

一、古澤権少丞来リ使束謄筆ヲ為十リ

一、午前時分蒼蒼大尉馬車ヲ車ヒ信使ヲ迎ヘ九時
　過出門度ニ近衛兵警之午後工学寮ニ同
　蔵ニ於テ午餐取扱有之午後工学寮ニ
　於テ晩餐取扱有之答尤工部卿宅ニ
　撮製作所一覧夫ヨリ小山ノ伊藤工部卿宅ニ
　於テ晩餐取扱有之答尤工部ヨリ迎ノ馬車小
　万川砲兵本廠差出候讀古澤権少丞並中野
　荒川両書記生同行之事

中野許多郎
外務省

17

一開拓使ヨリ江華府留学趙寅煕武田都換羽副報
官尹滋承列中抽府市中澤及呉慶錫支運ヘ
雜物五箇積巳ニテ本省ヨリ相迎リ候事
一外務卿ヨリ玄昔運ヘ音物贈来候處玄昔運不
在ニ付預リ置候事
一午後八時信侠導館之事
但本日約ノ如ク近衛學リ砲兵本廠年
一砲長本廠ニ信侠立去リ候跡ニ額シ
タル白ノ子内有之處ニテ曲ケ来リ候爭

18

六月十三日時

候事
一與義剖ヨリ申關候ニ付歸濱ノ上夫趣信侠ヘ申入董
ヨリ賜品之為メ八御見合ニ相成派旨官本大丞
ヲ洞纏左出尤製作所ヘ閔御出張誘引相成
相濟工學寮ヘ天ヨリ赤羽根製作所洞忠ニ
候事
一與義剖本省ヘ出頭候處明十三日信侠ヘ胴廷
相濟工學寮ヘ天ヨリ赤羽根製作所洞忠ニ
テ鑄物アリ一覽後小山ノ伊藤工部鄕ニ

外務省

19

荒川徳藏病死第二戸欠市

奥　義剖
中野　許多郎
岩田　直行
浦瀬　裕

一午前父鄉大丞
来リ明十五日午後一
時ヨリ學狀並書籍一覽ノ儀信侠ヘ京ヘ候處
出仕日限ニ迫リ不參モ難計然ル作八屬官可
差出旨ヲ侠節ヨリ答ヘタリ
一午前十時玄昔運本省ヘ出頭出帆日時ヲ候候

外務省

20

馬關神戸ヨリ權益出書狀モ同日時相達侠旨事
籲一轉達六月五日同籲ヨリ別差ヘ相傳ヘ且
五月二十九日長崎縣造電報同縣ヨリ尊梁公
訓導不在ニ付預置候事
一午後本省森山權大丞ヨリ信侠首京之段通ヘ
出候樣本省ニテ訓導ヘ申關ケ候由ノ事
但ニ出發之儀ハ別紙以書面本省ヘ意情申
一午後外務卿ヨリ玄昔運ヘ聘物目錄渡持来
俄趣申出候事

外務省

一荒川徳滋病篤ニテ欠席

奥　義側
清瀬　裕
岩田直行
中野許多郎

六目十四日晴

梁館ヨリ申来候間其旨申告ヶ候様申越即即候
資ヘ相傳ヘ候事
一午後外務卿ヨリ信使ヘ書簡ヲ贈候並贈物有之候事
一金剛丹ヘ武通組浅評商店使ヘ可差出旨易城
十二筆出仕ヨリ申越候二付差出候事
一古澤権少丞来リ信使乗船日限相伺候儀二付
手順打合首之儀事
一官本大丞ヨリ信使並属官ヘ贈物有之候但同人
名代トシテ子息某来リ信使内意ヲ糾ヶ對話
之事

21

一午後六時信使ヨリ外務卿ヘ書簡差出候事
一森山権大丞ヨリ信使並属官ヘ贈物有之候事
一午前九時頃元充兇権大丞藤澤次遠来リ期
後十五日午前十時議事筆一覧之橋信使ヘ申
入候處明日文部ヘ客後慮ヲ以テ天張爲官
可差出旨相答候事
一午後書翰捕其来リ夜間鶏人答間ヨリ故鶏致
候二付古採之爲熱之様止急相成度旨申出候
間使負ヘ申聞置候事

外務省

22

一午前八時頃古澤権少丞来リ期後十六日延達
館ニ松于信使並上々官載人政府ヨリ餞別ノ
裴應午餐饌下賜旨申聞候處卿交申上右序ノ

外務省

23

以テ古澤ヨリ学校並書籍館元充院等ヘ誘導
之儀段々申入候得共不羨知之處書籍館ニハ
孔子朝モ有之事ナレ八是非一覧可然旨申聞
候患孔子朝ヲ羨リ候ナレ八不可不拜況ヤ文學
ノ儀二付一同ヘ拜見可為致旨申答信使二付奥
義制文部省ヘ盆リ辻権大丞二尉書信使ニ今
日羅出候若下侯右八孔廟ヲ拜スル八第一ノ
主意二付孔廟二体裁一層御注意有之度旨ダ
申陳直ヘ同省ヨリ書籍館ヘ申遣候若二取扱
ハ古澤ハ本省ヘ出頭候事

24

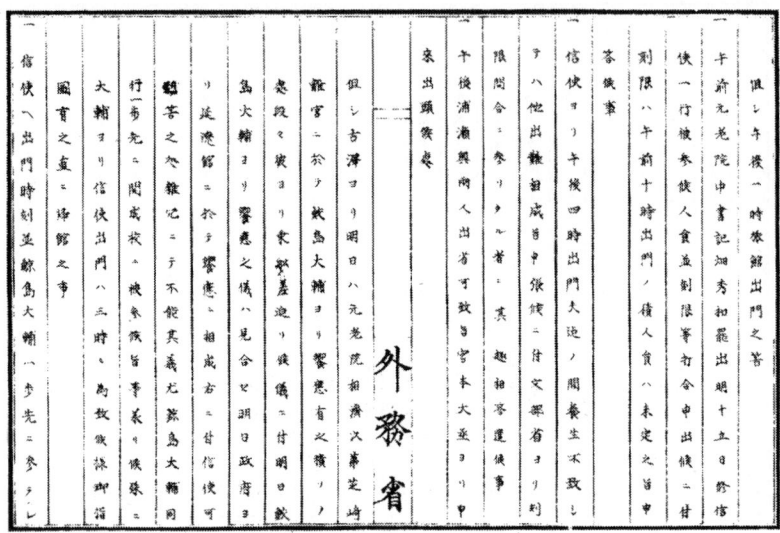

26　　　　　　　　　　　　　　　　25

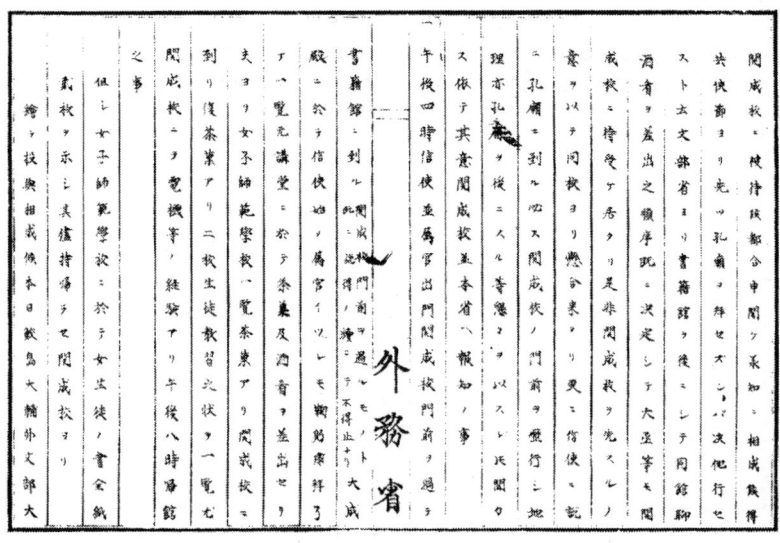

28　　　　　　　　　　　　　　　　27

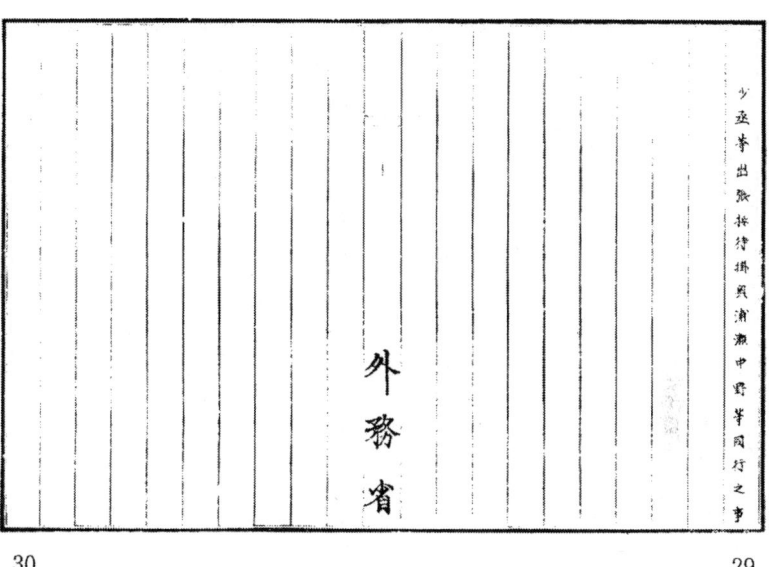

少丞孝出張接待掛兒浦瀬中野等同行之事

外務省

○六月十五日晴

　　　　奥　義制
　　　　浦瀬　裕
　　　　岩田　直行
　　　中野　許太郎

（黒）一荒川痛氣ニテ欠席

一午前十時信使益属官等出門元光院ニ至り議
事堂一覧茶菓ヲ供しテ直ニ延遼館ニ列リ
饗應アリし食菓ヲ奉しテ馬上打
球ニ觀更ニ信使ノ望ニ應り一覽ク終而しテ

裂逮ハ信使外上々官貳人其他属官等ハ辦當
ヲ紀當午後七時過旅館ノ裏

但し對食左ノ如し

太政大臣三條
參議　　黒田
工部卿　伊藤
外務卿　寺島
陸軍卿　山縣
海軍大輔河村
神奈川縣令野村
外務大丞宮本
開拓少判官安田
關拓幹事小牧
外務權大丞森山
外務權少丞古澤

左列　外務省等書記大浦瀬

外務省

一、古裂屋相齊大戎之區より外谷卿等ハ直ニ退辭
黒田參議并ニ町球ハ先其間ニ太政大臣より
宮本大丞なニて咏狀坝丹志姜安寫眞自像
葉封箱ニ入レ信使へ贈り來候ニ付同天亞
ヽ信使ハ差出候事
一、エ、美會社より信使來ル十八日出發ニ付チハ
前横ハ義赏龍先ハ横濱ヘ其趣ヲ置候ニ付豆
利ハ音云々同出候方ハ都西便
川ハ相趣候より同沛ニ付禎出候ニ付古澤掫少丞へ問合之間
其音聞囬旦林韜荷物運輸本舶へ積入之足
 タリ候事

一、縣達候より同築小杉橫大爲ヘ館使より荷
物受取人トシテ書面申未候ニ付直ニ相渡受
取讀吉ニ置候事
一、海軍醫嶋田珍海出頭信使歸國之節其送船ニ
氣り組次儀過日官本大丞殿より御咄も有之
候得共先般大坂丸衛次一件ニ付昨今取關被
申中ヶ音儀ハ身爭テ宗組候義ニ候ハヽ可然旨
遂御懇合有之掫イタし發音出々申出候ニ付

外務省

古澤ハ相町候處古ハ本省ニ於テ既ニ掖合候
音と乘候ニ共朝日萬ト取調候上ニテ同氏取
計候管候事
一、金鋪元より怨聖ニテ藝水米龍以天龍水鋏
此藝鋏之一個ノ微形橫山町ヒ丁目岡崎某ヘ
注文致置候處使より持來候ニ付鋏人化行中
依テ明朝更ニ參り候樣相違候受氾置候事
一、古澤掫少丞來り過ル十三日外務卿より禮曹
判書ヘ吉翰武道本省より岩城十二等出仕ニ
書面掃信使へ可差出音申越セシニ依テ直ニ
差出候由ノ處右ハ全ク間違ヨリ出タル譯ナ
以テ館使ヘ申閊ヶ右吉翰武道取戻レ持歸候
事
附タり明夕ハ上官以下ヘ來松ニ付テノ饗
港使ヘ於テ被下候等越テ着京ノ砌被下候
手順ト同樣ノ音古澤ヨリ申闊候事

外務省

一、本省より奥浦瀨中野寬川四人明後十七日午
前十時正院ヘ出頭不致音申未候事
一、萩原林籌ヘ訊綾擇毫物出來候事
一、橫演ニ於テ綾擇毫物出來候事

六月十六日晴

一荒川徳激尚氣父弟

一午前九時菊尾間古記生来リ三菱會社ヘ荷物
　本松ヘ積入込ノ爲申付然處昨日同社ヘ参リ
　撮合候處先車荷物運輸ノ義ハ三井組ヘ受持

奥　　義問

岩田　直行

浦瀬　　裕

中野許太郎

一横山町志丁目岡崎十八番未續ニ付金纏元ニ
　列會ハ七實地経驗ノ上代金拾四四六拾錢爲
　相排候事

一三井組雪館ヘ出頭ノ趣申聞ノ處
　中間荒衛八幾ヨリ運送普ノ処来及新
　郵具合シテ拾九品今日運送事ニ夫シ積送リ候
　事

後二付横濱元濱町三丁目三菱支社近八同組
　ヘ即申付ヶ有之度音申出其通リニテ令
　朝三井組雪館ヘ出頭ノ趣申聞ヶ候事

外務省

38　　　　　　　　　　　　　　　　　　37

一宮本大丞ヨリ陸軍大少丞ヘ宛明楼十八日午
　前十一時信使歸國出發ニ付爲テ同齋リ通リ
　旅館ヨリ新橋停車場騎矢差出ノ義申入キ二
　工部大少丞ヘ宛同断ノ義ニ付汽車借切及新
　橋横濱停車場中休息所借用等申入楠本東京
　府権知事ヘ宛同断ニ付通行中諸途ニ於テ人
　民不致沙汰候申入川路大警視ヘ宛同断ニ付
　行中人民一覧ニ不至便臣歸國ノ趣ヲ付仲致セ
　プ調速一同ニ不叚省候遠ヲ度音申入且ポン
　野村神奈川縣候令ヘ宛同断ニ付町會所借
　リ右神奈川縣候令ヘ宛同断ニ付町會所借

一通日使臣ヨリ依類省之候擇宛物即宋川逢為
　用ノ上使臣智時味穗爲取候遠等申入候事

英萩原秋蔵ノ書金ヤ二ニ相渡候事

一小牧昌業ヨリ浦瀬ヘ書面添信使及訓善ヨリ
　荒田参議ヘ贈物正使ヘ小目鎮ニ黒田議官ト
　書シ責下ニ梯シタル遣ニ非ルヽ論ニ贈物
　返却致シ来リ其音信使ヘ衛詐ノ義申越シ候

一古澤権少丞来リ出帆前ノ手續如例義ヲリ其
　間鳩然角兵衛獅子門外ヲ通行致候奏信使ヘ

外務省

40　　　　　　　　　　　　　　　　　　39

一覽可然ニ次ニ呼入信使ヘ一覽為致候事

一上官以下一同ヘ日本料理ヲ以テ饗應賜候二
付信使並上々官ヘ養出候樣申入候事

一使賀中病者有之順天堂ヨリ醫師大瀨參候處
書賀補永善ト該次種痘ノ事ニ及ク終ニ大瀨

ニ同行シテ順天堂ニ至リ種痘法ヲ傳習シテ
歸ルヨリ朴永善ト書賀小アレハ恐ラク醫ヲ爲

ルモノト見得タリ獨リ藥品ヲ貯ヘ有之モ
近ノ間政府ヨリ取締具整頓ノ故ヲ

外務省

42

41

一使賀行李松積ノ予須有之依テ明朝ヨリ取松
子ノ間政府ヨリ取締具整頓候事

信使ヘ申入具進ニ相成候事

一金鋪元ノ聖ニテ銀鏡二枚並ハンダ其他燒小
子及鎖鈕鎹合ヒ用硫酸買入差遣候事

六月十七日ゟ

奥義副

岩田直行

一午前九時二十分奥義副院ヘ出頭但シ浦瀨
中野荒川五人ノ名代ノ為ニ候義尾間書記生

一奉先ニ出頭有之同人ゟ名代ニテ皆合書記生
受領書文官ヨリ申闢候間直ニ本省ニ出頭即指

今吉料定候處理集官ト中野荒川ハ本省大丞朝行
二付隨行被命浦瀨中野荒川同新且此浦瀨荒川

中野ハ修信使送松家理リ之綾命候事
但本日朝鮮信使令候人數太ノ通ゟ

河上大錄　奥三等書記生　浦瀨五等書記生

荒川六等書記生　中野六等書記生　石幡四等書記生

仁羅山十四等出仕　尾間七等書記生　外－寺外石川守道

外務省

一午前十時出門信使外務省ヘ出頭二付外務卿
ゟ禮曹判書ヘノ返翰及音物ヲ此期延ゟ信使

ヘ賜リタル御品ヲ相渡シ其他外務省ヨリ爲
判ヘノ返翰及音物並此期延ゟ以テ

但河上奥石幡仁羅山專ラ理事官隨行
尾間石川ハ專ラ蓮松策組浦瀨荒川中

對送松策組理事官隨行候事

官上下ゟ問ハ人々一同ヘ物品ヲ下サレタリ爲

44

43

テ外務卿ヨリ信使ヘ神戸港迄中大坂造番家
一覧ノ事入ヲ廢籍心如矢ヲ以之ヲ詩入外
務卿退席後同卿ヨリ書面ヲ以テ迄番第一覧
可被遂怠ヲ告ケ信使歸館後書容有之若ハ午後
一時過歸卿ノ事
一奧書記生ヨリ陸軍省直ヘ渡珠日宮ニ木大丞
ヨリ陸軍大少丞ヘ宛明日駿長差出方其筋ヘ
今日仕舞切ニ不相成候同殘リ分今晩中整
明早暁積入方依頼申出候事
一運遣方三井組ヘ参リ使業荷物相運ヒ候處逮
遠ヒシヤ否ノ同合セシニ上領大尉ヨリ既ニ
相違置クトノ回答アリ
一午後六時信使ヨリ外務卿ヘ書簡差出候事
一黑田参議ヨリ延却ニ相成候品々今朝史ニ誤
書ノ趣タ謝シ高永喜ヲシテ信使ヨリ持セ遣
ハシ收納相成候事

外　務　省

〇六月十八日晴

奧　義則

一浦橋裕一歩先ニ停車場ニ参候若ニテ出頭不
改暝
一午前十一時貳十五分前信使一行出門歸國ニ
付路筋及警備騎兵等總テ着京ノ節同搬十一
時三十分新橋序車場着小退茶ヲ出入候元
來午前十一時出門午後一時半ヨリ午后一時
半出發ノ積十五足正午十二時ノ汽車ニ犬シ
テ出發ス積

外　務　省

一同横瀆着古澤權少丞第三等書僚車車場ニテ
小憩茶ヲ出入午後一時半少ニ同所ヲ發レ休
想所本町一ノ三到着ノ事
一休憩所ニ於テ茶及菓子ヲ歲菓子如キ
並ニ支麺ヲ釜出シ野村權令尋問トシテ野村權令
了子午後四時十分休憩処ヘ来リ野村權令公用ニテ波戸
四礼トシテ縣廳ニ立寄候処推令公用ニ波戸
出中ニ付訓善玄昔運ヲ以テ口吉中遏キ波
塔ヘ参リ小汽松税國ノ所鮮松ノ二水ヲ尋タレ
出戻タル一人水眼ヨリ二棄組繁隊其化ハ押送松
リ二等水ト上レリ

外　務　省

岩田直行
中野許太郎
荒川德滅

一、家組四時貳十五ニ本船ニ着見送リ一回
　　リ無事衰敬ト賀入
　　但シ松中部麑到上京ノ節同搽ヨリ

一、横須賀遠松遠所一覽為致候處ニ時御搽ノ命
　　ヲ肯之依ヲ遠松長ヨリ遠洋航海ハ時至ニ寄リ
一、遠松ヲ撫養ヲ得ヌ後海可致處信使出發
　　途中ヨリ横須賀ニ暫將寄泊儉盆ヲ愛ケ候越
　　餘リ義惡キ候未タ其子數不相濟扰テ八
　　為中此古澤權少將ヨリモ古ニ對テ八不安
　　心ニ付見面ノ為ノ同行可致肯ヲ信使へ申
一、兢ハ其遠ニ相成於盃古澤及艦ノ外木
野少錄端ノ等外等上陸イタシ五時四十五夈
　　抜錨六時四十五ニ横須賀へ港信使へ松中部
遠松術ニ到官直ニ而シ事情ケ陳シ談処直
　　屋敷之ニ身炎治タ吉ケ古澤與兩人上陸直
ヨリ小使ヲ附レ遠武松書官ノ宅ニ業内儉
　　ヨリ長官寿松少將ハ上京中ノ音中關ヶ當直
　　処同人ケ伸岬へ参リ不在ノ因ヲ滑水甚ヲ
　　ヨリ松岬へ参リ不在ノ因ヲ滑水甚定ニ
濱処是不在ノ浜遠其方ニ參候裁衰宅ニ
　　尢入港ノ次某且遠處以下不在ノ越等ケ諜

外務省

同人へ義諸ト夕期日午前十時歳ヨリ打合ケ松報
金ノ為ノ衷致シ顙某佗一覽ケ手候へ明朝
可打合ノ肯ニ夕古澤與ハ海斥玉藏屋重次市ニ
上編ノ事

一、松中ニ二方普遠ヨリ黄龍丸ニ外國人衷組岳
　　繪此荅遂山廷同行候テハ信使ノ跟環ニ相成
候ニ對遠中ヨリ上陸為致其肯松長へ打合候
出候同人ヨリ申關候ニ付其音松長へ打合候
　　処外國人衷組岳ハ舶海不相成ト申義ニ
ミ之候開神戶ニテ上陸為致候儀本社へ申
無之候開神戶ニテ上陸為致候儀本社へ申
遠候續申出候ニ付午後九時十五分其音驛越

外務省

六月十九日晴

一午前八時前奥義副黄龍九二到リ船檢査時
刻華之義副信使ヘ申入候事
但シ遣船所一覧為致候二付手續昨夜評議
ッ尽候趣意ヲ先ツ浦瀬二申關ヶ信使之ロ
氣相尋候慮上陸ハ到底不致音申關ヶ信使二付
奥八旅宿二帰ヶ古澤二報二更二議ヶ定ム

古澤遣船听ヘ参候事

一午前十時海軍秘書官奥遣船如遠武秀行黄龍
九二到リ上利事主濟歸挨二遠武ヨリ名刺ヲ

外務省

拔シ尋問之趣矣船檢査ノ官實無経罷出候
音申關候慶信使咨辞アリ服痛ニテ引寵居候
間面接ヲ謝スレ音申出タリ依テ遠武ヨリ黄
龍九入港ノ趣海軍省ヘ電報候慮同省河村大
輔ヨリ使船檢査ノ為メ寄港之趣二甘テ八章
二甘策ヶ信使ヘ相吐置候義ヶ育之候得バ暫
時上陸休息ノ儀ヶ入慮ヶ一覧為致候趣不都合
二付面接ヶ断リ候事
強ヶ面接ヲ断リ候事
但シ回穏トシテ屬官ニテヶ差出スハ普通
様接待可致音只今電報到来之趣申入候得共

一ノ交礼とん音ヲ浦瀬二申含ノ同人ヨリ玄
普運ヶ申入候事

一古澤權少丞黄龍九二到リ信使ヘ動静ヲ詩ヒ
候事
但シ此際御船檢査ノ手數アリ

一正午十二時前京普運下官志人ヶ召連ヶ浦瀬
同行遣船慶二来リ遠武秘書官二面シテ回礼
候ヘ赤松少將之先刻罷帰候音二テ面接ア
ヶ陳ヘ茶ヲ批把實ヲ差出ヶ遠武及其他案内ヶテ
遣船ノ場所相視察作ノ其各處ヶ覧午後二時

外務省

過帰船之事
遁送遣候事
但シ玄普運頭二批把實ヲ賞翫二甘船中ヘ

一午後三時過古澤奥信使其他ヘ訣別シテ旅宿
二戻ヶ候慮續ヶ黄龍九船長来リ帰船ノ上直
二抜錨ヶ音ヶ告ヶテ錆リ

一午前四時前出帆ヶ手順相立候處一向抜錨ノ
模様無之バッテーラニテ生徒束組両度上陸
之抑二候得共何事ダルヤ苦シヶ餘リ不審ニ
相考候間両度目ノ前取乳候慮浅山題藏ヨリ

武田知太郎武田甚太郎黒岩清美大石又三郎
四人午前十一時過上陸ノ処末々帰ラス出船
差支候間先刻ヨリ両度慶ト取調候得共不相
分信使ヨリ頻ニ出帆ヲ促シ甚不都合ノ旨
多々申陳候間右ハ致方無之ニ付院ニ一時羊
餘ヲ待々セ候上ハ其侭出帆致シセ徐々放錨
可取計趣申聞候事

一古澤奥直ニ畑京可致慶風雨之上逢刻ニ相成
且乗後ノ者探索旁明朝遣船所ヨリ横濱ヘ
一午後五時十夕黄龍丸抜錨事
ノ通ト小汽船ニ乗組ノ事ニ決セリ

外務省

一午後七時生徒武田知太郎外ニ人旅宿ニ来リ
賣リ後ノ事情ヲ告ケ進退ノ命ヲ待ツノ事
以ナス始末相尋候慶船中ニテ黄龍九両三日
そ此地ニ滞泊スル故ノ説セ有之者
午前十一時過水省小使平石三八共定吉軍医
附爲看病夫中陰德二郎都合六人上陸造船所
一見シテ浴室ニ至リ午後一時過小ノ庵ノ由町
二十咳事担済同五時三十夕三徳太郎両人
次戸塲ニ刻リ黄龍九院ニ出帆ノ事ヲ傳承セ

58　57

ケ小ノ中庵ニ畑報セリ因テ評議ノ上更ニ長嶋
屋料理生ヲ借リ罷在候旨申出候ニ付書面ヲ
以ケ差出候趣申聞候事

一午後八時武田甚太郎前條ノ義ニ甘連退伺之
書面都合六名ヲ差出シ当地ニ於テ命ヲ待慶
音申出候間然ラハ各々当地ニ於テ命ヲ待慶
京ニ於テ待命之事ナリ書面取次可申音申
聞候慶東京ニテ待命且明日出帆ノ小汽船ニ
乗組ノ趣共申出候事

外務省

六月廿日晴暑

一午前八時前古澤奥両人旅寓ヲ発シ同八時出
帆ノ小汽船ニ乗組同十一時過横濱着雑艇ニ
刻リ野村權令ニ達シ信使往返ノ手數ヲ謝シ
且町會所借受候儀ニ甘賣用モアラハ返償可
致旨古澤ヨリ申談直ニ町會所ヘ者呼小使數人
候慶別段賣用等無之候得共
或ハ傭ヲ設ケ或ハ掃除等ニ使役ヘ而已ニテ
外ヨリ傭入候訳ニハ無之候得共折角ノ御趣

外務省

60　59

意ニ付取調可申出旨ニテ金四圓ノ書附差出
候ニ付直ニ相捗候事

但棄後ハ六人ノ前釜小汽船ニテ横濱ヘ參
候ヘ次戸場ニ於テ着京之上旅宿本省ヘ申
出候樣申聞候事

一正午十二時出發ノ汽車ニテ古澤奧著京本省
ヘ出頭信使横須賀投錨迄ノ事情ヲ御聞ノ
二陳ノ退席

為致候處リ驛逓寮懇合濟ノ音數鳥大輔江

但シ黃龍九棄組之外國人ハ馬關ヨリ上陸

タシ若ニ黃龍九ニ出合候ハヽ兼彩候樣追退
何候儀ハ追テ差圖可致旨古澤ヨリ相達候事

一午後三時過神戸貿易會社外務貿官夏ヘ完來
リ候ヘ六人ノ肉生徒ハ明日東京丸ニテ歸去
一付間ニ合ハヽ黃龍九ヘ為東組候樣電報セ
リ

一官本大丞ヨリ海軍秘書官ヘ宛信使送船ノ件
組候實吉申軍醫召連シ着病夫申陳德太
一横須賀寄泊申上陸士ヘ出帆ノ剣限失今
日帰京發候ニ付可然慶置有之度旨申入候事

外務省

相断候事

一生徒等乗リ後レノ次萬宮本大丞ニ申出候處
黨ニ角生徒之多ハ自費ヲ以テ明廿一日午後
四時横濱出帆之東京丸ニテ歸去為致退テ何
夛之處置可然七着病夫ニ海軍省ヘ申入

本省小使之儀之相當之處置可有之音議定之
事

一午後二時過生徒黑岩清美出頭令入町貳拾四
番地金子屋孫八方止宿ノ音届出候閒自費ヲ
以テ明日午後四時横濱出帆ノ東京丸歸去イ

一午前七時生徒武田知太郎始四人奧義割方
參リ今日東京丸ニ付壹人金四圓五拾錢宛ノ船室
之無之困却ニ付壹人金四圓五拾錢宛ノ船室
料借用ノ儀申出候得共義劉ノ力ニテ不及因
テ官本大丞古澤權少丞ヘ申出候處義劉拜借
ノ積ニイタシ廣務ヨリ金拾八圓受取本省ニ
於テ武田知太郎ヘ用立尤生徒ヨリ義劉ヘ
借用證文取置廣務ヘ差出候事

但シ生徒ハ午後一時十五分ノ汽車ニテ横
濱ヘ參候事

外務省

六月廿二日

一、内容大ゾ丞ヨリ修信使歸國之節求坂ノ風聞
有之趣ヲ以得逞抵大坂付ヨリ電信ニテ伺出
ルニ依テ右接待ノ都合本省ヨリ同府ヘ指押
アリ度旨ヲ以テ電報ヲ附シ照會家ル因テ直
ニ大坂府ヘ指揮シテ上陸ノ刻宮員一名出迎

其他接待ノ始議ニ及バスト電報ス

一、同日午前十時四十分浦務珞毛開時次神戸ヨ
リ電信ヲ以修信使横須賀枝軸後大風雨ニテ
枕海ヨリ盤ノ序州沖ニ繋泊本日午前七時三
十分神戸港ニ著如人奉細八公信一戸上申ス
ベレト報シ来ル宮未森山両丞ヘ達ス
ノ同日同刻矢摩縣タリ電信ヲ以同断快御束組
ノ松今朝七時米着港シクリト報シ来ル宮本
森山両丞ヘ達人

外務省

六月廿二日

65

66

一、本日午後一時浦期三等書記生尾間七筆書記
生ヨリ電報到来其報ニ云信使神戸ニ著ノ処
病氣ノ音ニテ上陸セ丈本日午前八時上陸ス
ト難モ大坂疫幣察一見ハ婦退ト旨ヲ述タリ

一、同日午後七時五十五分再ヒ右一名ヨリ電信
信使本日午後十二時神戸抜猫ノ旨ヲ報来ル
宮本森山両丞ヘ達ス

一、長門國赤間關ヨリ裕學次二名ヨリ電信ヲ以
萬事郡合里ク本日午後四時馬關出帆ノ音ノ
粮末ル宮本森山両丞ヘ達ス

外務省

六月廿五日

67

68

航韓必携

九

日本朝鮮修好例規
本省職制文事務章程
草梁公信
測量心得

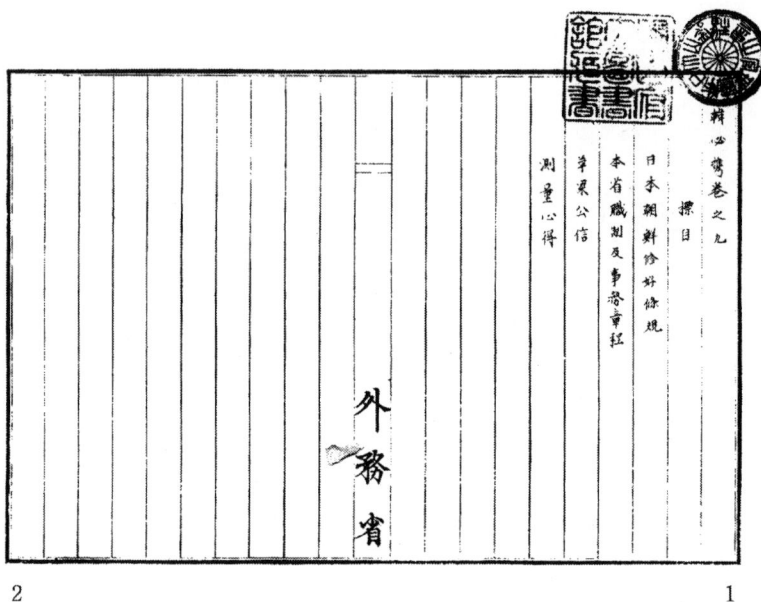

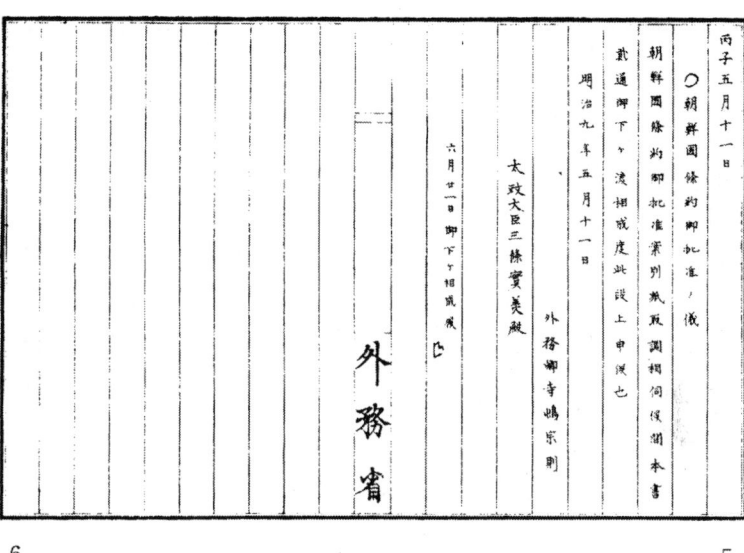

丙子五月十一日

○朝鮮國條約ノ御批准ノ儀

朝鮮國條約ノ即批准案別紙取調相伺候間本書

戲通御下ヶ渡相成度此段上申候也

明治九年五月十一日

外務卿寺嶋宗則

太政大臣三條實美殿

六月廿一日御下ヶ相成候

外務省

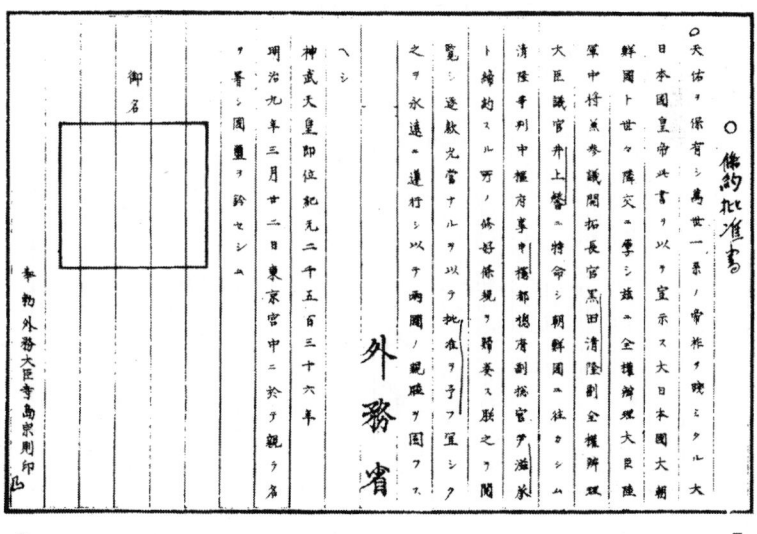

○條約批准書

天佑ヲ保有シ萬世一系ノ帝祚ヲ踐メル大日本國皇帝此書ヲ以テ宣示ス大日本國ト朝鮮國ト世々修交ヲ尋ネ益々親睦ヲ全植辨理大臣陸軍中將兼參議開拓長官黑田清隆副全權辨理大臣議官弁上等ニ特命シ朝鮮國ニ往カシム

清陸奉判中樞府事申櫶都惣府副惣官尹滋承之ヲ締約スル所ノ修好條規ヲ眹親シク閲覽シ逐敍允當ナルヲ以テ批准ヲ予フ之ヲ永遠ニ遵行シ以テ兩國ノ觀睦ヲ固フシ之ヲ誓シ國讓ヲ鈴セシム

神武天皇即位紀元二千五百三十六年

明治九年三月廿二日東京宮中ニ於テ親ラ名ヲ署シ國璽ヲ鈐セシム

御名

奉勅外務大臣寺島宗則印

外務省

○修好條規

大日本國

大朝鮮國ト素ヨリ友誼ニ敦ク年所ヲ歷有セ
リ今兩國ノ情意未ダ洽カラザルヲ視ルニ
因テ重テ舊好ヲ修メ親睦ヲ固クセント欲ス
是ヲ以テ日本國政府ハ特命全權辨理大臣陸
軍中將兼參議開拓長官黑田清隆特命副全權
辨理大臣議官井上馨ヲ簡ミ朝鮮國江華府ニ
詣リ朝鮮國政府ハ判中樞府事申櫶都摠府副
摠管尹滋承ヲ簡ミ各奉スル所ノ諭旨ニ遵
ヒ議立セル條款ヲ左ニ開列ス

外務省

○第一款

朝鮮國ハ自主ノ邦ニシテ日本國ト平等ノ權
ヲ保有ス嗣後兩國和親ノ實ヲ表セント欲ス
ルニハ彼此互ニ同等ノ禮義ヲ以テ相接待
シ毫モ侵越猜嫌スル事アルヘカラス先ツ
從前交情阻塞ノ患ヲ爲セル諸例規ヲ悉ク革除
シ務メテ寬裕弘通ノ法ヲ開擴シ以テ雙方ト
モ安寧ヲ永遠ニ期スヘシ

10　　　　　9

○第二款

日本國政府ハ今ヨリ十五個月ノ後時ニ隨ヒ
使臣ヲ派出シ朝鮮國京城ニ到リ禮曹判書ニ
親シク交接シ交際ノ事務ヲ商議スルヲ得ヘシ該
使臣駐留ノ久暫ハ共ニ其時宜ニ任ス
朝鮮國政府モ亦何時ニテモ使臣ヲ派出シ日
本國東京ニ至リ外務卿ニ親接シ交際事務ヲ
商議スルヲ得ヘシ該使臣駐留ノ久暫ハ亦
其時宜ニ任ス
或ハ直ニ歸國スルモ亦其時宜ニ任ス

○第三款

嗣後兩國往復スル公用文ハ日本ハ其國文
ヲ用ヒ今ヨリ十年間ハ別ニ漢譯文ヲ添ヘ
文一本ヲ具シ朝鮮ハ眞文ヲ用フヘシ

外務少

○第四款

朝鮮國釜山ノ草梁項ニハ日本公館アリテ年
來兩國人民通商ノ地タリ今ヨリ從前ノ慣例
及歲遣船等ノ事ヲ改革シ今般新立セル條欵
ヲ憑準トシ貿易事務ヲ措辨スヘシ且又朝
鮮國政府ハ第五欵ニ載スル所ノ二口ヲ開キ

12　　　　　11

日本人民ノ往来通商スルヲ准聴スヘシ右ノ
場所ニ就キ地面ヲ貸借シ家屋ヲ造営シ又ハ
所在朝鮮人民ノ屋宅ヲ貸借スルモ各其意
ニ任スヘシ

○第五欵

京畿忠清全羅慶尚咸鏡五道ノ沿海ニテ通商
ニ便利ナル港口二個所ヲ見立タル後地名ヲ
指定スヘシ開港ノ期ハ日本暦明治九年二月
ヨリ朝鮮暦丙子年正月ヨリ共ニ数ヘテ二十
個月ニ当ルヲ期トスヘシ

外務省

13

嗣後日本国船隻朝鮮国沿海ニ在リテ或ハ大
風ニ遭ヒ又ハ薪糧ニ窮場ニ指定シタル港口
ニ達スル能ハサル時ハ何レノ港湾ニテモ船
隻ヲ寄泊シ風波ノ險ヲ避ケ要用品ヲ買ヒ
船具ヲ修繕シ柴炭類ヲ買求ムルヲ得ヘク
論其供費用ハ船主ヨリ賠償スヘシ
難モ是等ノ事ニ就テハ地方官人民ヲ以テ
用難ヲ體察シ真実ニ憐恤ヲ加ヘ救援至ラ
ニ無ク補給散テ各惜スルナシ偶又両国

14

ノ船隻大洋中ニテ破壊シ乗組人員何レノ地
方ニテ漂着スル時ハ其地ノ人民ヨリ船剝
救助ノ手護ヲ施シ各人ノ性命ヲ保全セシメ
地方官ニ届出テ該官ヨリ各本国ヘ護送スル
又ハ其逓傍ニ在留セル本国ノ官員ヘ引渡ス
ヘシ

○第七欵

朝鮮国ノ沿海島嶼岩礁従前審検ヲ経サル
極メテ危険トス之ニ因リ日本国ノ航海者自
由ニ海岸ヲ測量スルヲ准シ其位置浅深ヲ審

外務省

15

ニシ圖誌ヲ編製シ両国船客ヲシテ危険ヲ避
ヒ安穩ニ航通スルヲ得セシムヘシ

○第八欵

嗣後日本国政府ヨリ朝鮮国指定各口ヘ時宜
ニ随ヒ日本商民ヲ管理スルノ官ヲ設ケ置ク
ヘシ若シ両国ニ交渉スル事件アル時ハ此官
ヨリ其所ノ地方長官ニ會商シテ辨理セン

○第九欵

両国既ニ通好ヲ経タリ彼此ノ人民各自己ノ
意見ニ任セ貿易セシムヘシ両国官吏毫モ之

16

ニ關係スルコト又ハ貿易ノ限制ヲ立テ或

ハ禁沮スルヲ得ス倘シ両國ノ商民欺罔衒賈

又ハ賃借償ハサルコトアル時ハ両國ノ官吏嚴

重ニ議遹商民ヲ取糺シ債欠ヲ追辦セシム

但シ両國ノ政府ハ之ヲ代償スルノ理ナシ

○第十款

日本國官員ノ朝鮮國指定ノ各口ニ在留中若シ朝鮮國

人民罪科ヲ犯シ日本國人民ニ交渉スル事件ハ総テ

科ヲ犯シ朝鮮國人民ニ交渉スル若シ朝鮮國

日本國官員ノ醫斷ニ歸スヘシ若シ朝鮮國

人民罪科ヲ犯シ日本國人民ニ交渉スル事件ハ総テ

八均シク朝鮮國官員ノ査辦スヘシ尤變

方トモ各其國律ニ據リ裁判シ遺モ回護庇

シテ拾メテ公平允當ノ裁判ヲ示スヘシ

○第十一款

両國既ニ通好ヲ經タレハ別ニ通商章程ヲ設

立シ両國商民ノ便利ヲ與フヘシ且現今議立

セル各欸中更ニ細目ヲ補添シテ以テ遵照ニ

便ニスヘシ俟件共自今六個月ヲ過クシテ両

國別ニ委員ヲ命シ朝鮮國京城又ハ江華府ニ

外務省

會シテ尚議定立セン

○第十二款

右議定セル十一款ノ條約ハ此日ヨリ両國信守

遵行シ始トス両國政府復之ヲ變革スルヲ

得スシテ永遠ニ及ホシ両國ノ和親ヲ固フス

ヘシ之ガ為ニ此約書二本ヲ作リ両國委任

ノ大臣各鈐印シ相互ニ交付シ以テ憑信ヲ昭

ニスルモノナリ

大日本國紀元二千五百三十六年明治九年二月二十六日

外務省

大日本國特命全權辦理大臣陸軍中將兼參議開拓長官黑田清隆　印

大日本國特命副全權辦理大臣議官井上馨　印

大朝鮮國開國四百八十五年丙子二月初二日

大朝鮮國大官判中樞府事申櫶　印

大朝鮮國副官都摠府副摠官尹滋承　印

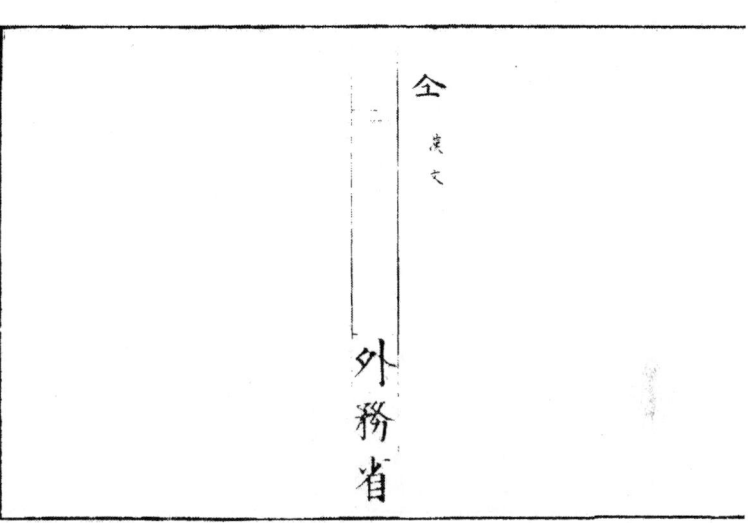

全
巖文

外務省

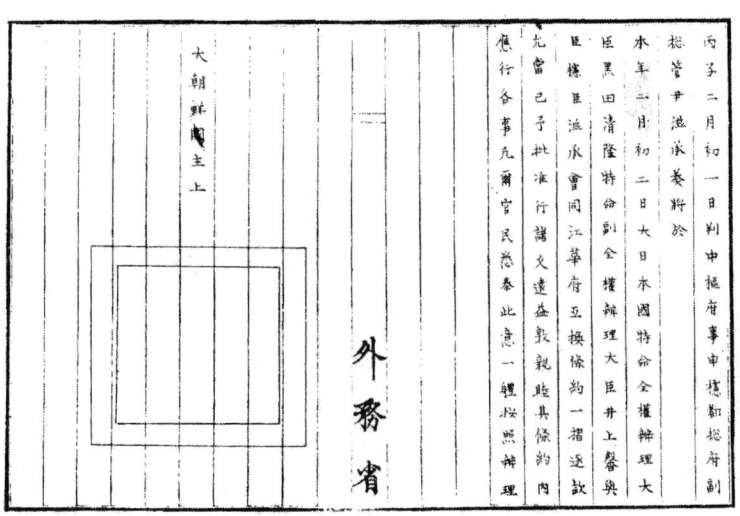

丙子二月初一日判中樞府事申櫶勤練府副
總管尹滋承奉勅於
本年二月初二日大日本國特命副全權辨理大
臣黑田清隆特命副全權辨理大臣井上馨與
臣櫶臣滋承會同江華府互換條約一摺逐款
九當已予批准行諸文遠益敦親眭其條約內
應行各事宜爾官民恭奉此意一體按照辦理
大朝鮮國主上

外務省

大日本國與

修好條規

大朝鮮國素敦友誼歷有年所今因視兩國情
意未洽欲重修舊好以固親睦是以日本國政
府簡命全權辨理大臣陸軍中將兼參議開
拓長官黑田清隆特命副全權辨理大臣議官
井上馨諸朝鮮國江華府朝鮮國政府簡列中
樞府事申櫶副揔官尹滋承各遵所奉論旨
立條款開列于左

第一款

朝鮮國自主之邦保有與日本國平等之權嗣
後兩國欲表和親之實須以彼此同等之禮相
待不可毫有侵越猜嫌宜先將從前為交情阻
塞之患諸例規一切革除務開擴寬裕弘通之
法以期永遠相安

25

第二款

日本國政府自今十五個月後隨時派使臣到
朝鮮國京城得親接禮曹判書高議交際事務
該使臣駐留久暫任時宜朝鮮國政府亦隨
時派使臣到日本國東京得親接外務卿商議

外務省

26

交際事務該使臣駐留久暫亦任時宜

第三款

嗣後兩國往來公文日本用其國文自今十年
間別具譯漢文一本朝鮮用真文

第四款

朝鮮國釜山草梁項立有日本公館久已為兩
國人民通商之區今應革除從前慣例及歲遣
船等事應准新立條款措辦貿易事務且朝鮮
國政府須別開第五款所載之二口准聽日本
國人民往來通商就該地貸借地基造營家屋

第五款

式僑寓所在人民屋宅各隨其便

外務省

27

京圻忠清全羅慶尚咸鏡五道中沿海擇便通
商之港口二處指定地名開口之期日本曆自
明治九年二月朝鮮曆自丙子年二月起算共
為二十個月

第六款

嗣後日本國船隻在朝鮮國沿海或遭大風或
薪糧窮匱不能達指定港口即得入隨處沿岸
支港避嶮補缺修繕船具買求柴炭等其在地

28

方供給費用心由船主賠償凡是等事地方官
民復將別如意憐恤救護無不至補給勿散否
惜倘兩國船隻在洋破壞舟人漂至隨處地方
人民即時救恤保全裏地方官護還其水
國或交付其就近駐留本國官員

第七款
朝鮮國沿海島嶼巖礁從前無經審撥極爲危
險深聽日本國航海者隨時測量海岸審其位
置深淺編製圖志俾兩國船客以得避危就安

第八款
嗣後日本國政府於朝鮮國指定各口隨時設
置管理日本國商民之官遇有兩國交涉案件
會商所在地方長官辦理

外務省

第九款
兩國既經通好彼此人民各自任意貿易兩國
官吏毫不干預又不得限制禁阻倘有兩國商
民欺罔衒賣貸借不償等事兩國官吏嚴拏
通商民令追辦償欠似兩國政府不諉代償

第十款
日本國人民在朝鮮國指定各口如其犯罪交

涉朝鮮國人民皆歸日本官審斷如朝鮮國人
民犯罪交涉日本國人民均歸朝鮮官查辦各
據其國律訊斷毫無回護秪庶昭公平允當

第十一款
兩國既經通好須另設立通商章程以便兩國
商民且併現下議立各條款中更應補添細目
以便遵照條件自今不出六個月兩國另派委
員會朝鮮國京城或江華府會議定立

第十二款
右十一款議定條約以此日爲兩國信守遵行
之始兩國政府不得復變革之永遠信遵以敦
和好爲此作約書二本兩國委任大臣各鈐
印互相交付以昭憑信

大朝鮮國開國四百八十五年丙子二月初二
日

大官判中樞府事申櫶

外務省

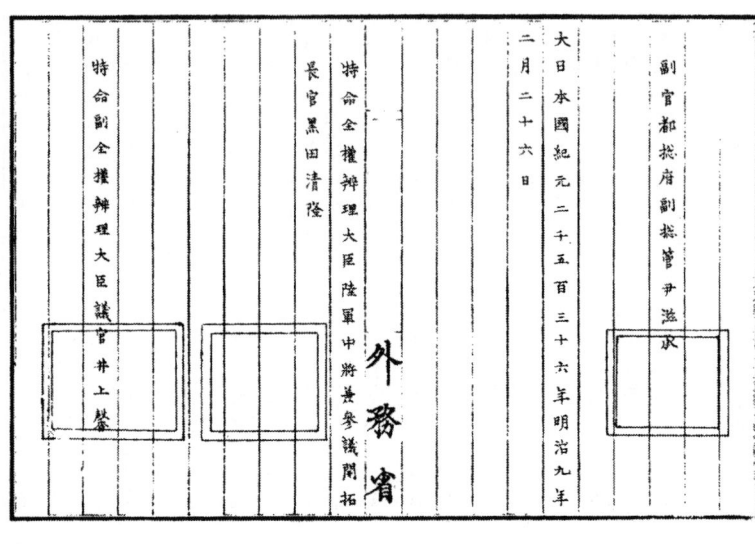

34

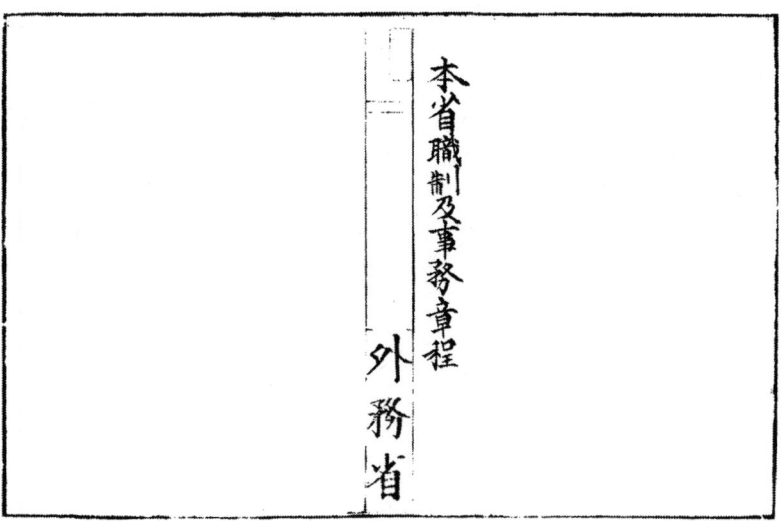

36

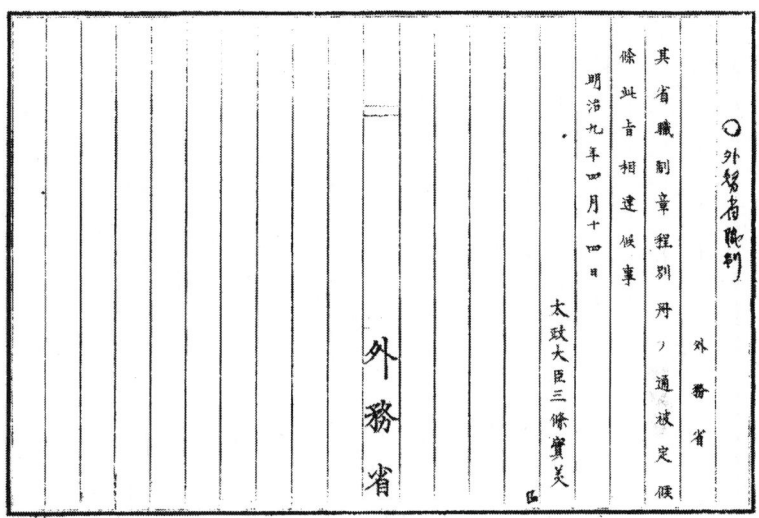

○外智者脁判

外務省

其省職制章程別冊ノ通被定候
條此旨相達候事

明治九年四月十四日

太政大臣三條實美

外務省

外務省

外務省職制及事務章程

外務省ハ外國交際ノ事務ヲ管理シ國內在留
外國交際官吏ヲ欸接シ內外交涉訟ヲ暢達
シ在外我國人ヲ保護スルノ所トス

職制

卿　一人

第一　本省官吏ヲ統率シ外國交際ノ事ヲ
總判ス

第二　本省官吏ノ進退黜陟八卷佐八之ヲ專行ス

第三　外國君主ニ寄贈スル國書遣外使臣
及領事ニ付與スル委任狀及各國領
事ニ付與スル認可狀ニ加印シ各國
公使其他外國人ノ公私觀謁ヲ裁決ス

少輔

卿ノ職掌ヲ輔ケ卿事故アル時ハ一切ノ事
務ヲ代理スルヲ問

大輔

大丞

權大丞

少丞

權少丞

卿ノ命ヲ受ヶ庶務ヲ整理シ公文受付ヲ提

大錄

權大錄

中錄

權中錄

少錄

省掌

筆生

權少錄

省掌

特命全權公使

辨理公使

代理公使

各外國ニ駐在シ兩國ノ交際事務ヲ擔任シ

締約條款ニ従ヒ好誼ヲ保全スルヲ掌ル

總領事

外務省

41

42

領事

副領事

各外國ニ駐在シ兩國締約條欵ニ従ヒ貿易

事務ヲ管理シ兼テ我國人ノ某國ニ在留ス

ル者ヲ保庇スルヲ掌ル

書記官

公使ニ随從シ庶務ヲ掌ル

書記生

公使領事ニ随從シ庶務ヲ掌ル

事務章程

省中事務分ヲ上下二欵ト為ス上欵ハ卿ノ

意見ヲ具シ上裁可ヲ経テ弐ル後施行ス

下欵ハ卿ノ意見ヲ以テ事行ス上下二欵

ニ卿其責ニ任ス

上欵

第一條 外國派遣ノ使臣又ハ領事ニ賞與ス

外務省

43

44

45

ニ　訓條ヲ撰定スル事

第二條　郷ノ名ヲ以テ往典スル委任状ヲ課

可状ヲ撰定スル事

第三條　在外公使領事館慶邊ノ事

第四條　御國部難破ノ節外國人ノ救恤ヲ受

ケタル時謝儀ヲ行フ事

第五條　本省肥定ノ費額ヲ増減スル事

第六條　本省官員ヲ海外ヘ派遣スル事

第七條　在外國公使領事ニ婦朝ヲ命シ反婦

國頭ヲ許可スル事

46

以上

下欵

第八條　成規ニ照シテ外國使臣ノ敦待スル事

第九條　外國旅行并海外航行ノ規則ヲ剏立

又茂正シ及規則ニ照シテ處分スル事

第十條　外國ニ於ケ公使領事館ヲ催ヘ入ル事

第十一條　本省及在外國公使領事館ニ外國人

ヲ雇ヘ又ハ放免スル事

第十二條　本省定額ノ豫算ヲ具状スル事

第十三條　諸費ヲ計算シ之ヲ公報スル事

外務省

47

第十四條　他廳交渉ノ事件ハ該廳ヘ照會ヲ經

ヲ施行スル事

第十五條　省中ノ諸局ヲ慶置スル事

第十六條　委任以下ノ官員ヲ國内各地ニ派出

スル事

第十七條　在外國書記官書記生ニ婦朝ヲ命シ

及歸國頭ヲ許可スル事

以上

外務省

48

外務省

艸梁公信

外務省

50　　　　　　　　　　　　　　　　　　　49

丙子四月廿一日

在靑山之城四等書記生ヘ送致ノ公信

抜萃

木月廿日尾間書記生着京八号来信報見朝鮮
國ヨリ修信使渡来ノ義ニ付書類添御申越尾
間書記生口陳候ハ長官ヘ陳述委細了兼被致
候就テ八今般駅逓寮ヨリ汽船黄龍丸ヲ迎
船トシテ被差遣隨テ水野外務少録並尾間氏
川両書記生其他一等原吉也同太田芳出
司三等今井孝衛外ニ小遣貳人同船ヘ為東姐

外務省

候委細ノ義ハ水野尾間等ヘ爲ト御示談無不
都合様御取計有之度候
一其館在勤中野書記并御用見習吉副善八卽其
他語學生徒中村庄次卽以下拾名今数迎船ヘ
爲東姐上京申分候間御遣有之度聽此遣八水
野少録ヘ爲申含置候事

一今便黄龍九二荒銅六千斤熟銅九千斤差送候
間宗氏員噴却イタシ又從ヨリ受取可
米又大豆八之ヲ受取其与受ノ節相渡候書類
貳通共從ヨリ可差出證書ノ認根雖形共別紙

52　　　　　　　　　　　　　　　　　　　51

一、二ヶ御廻申候夫々御注意御取計有之度宏與
受ノ義ハ使員奏紙後ニテモ不苦候得共訓導
玄昔運出帆前ニ其手續談判イタシ同人不在
ニテモ落着候様有之度候依テ証書面ニ態ト
月日ヲ除置候ニ付御加筆有之度候

一、嚴原向花田孫兵衛渡韓頭件在館商人家族別
腔願ノ儀ハ追ヲ指圖可申入儀ニ付先ツ其侭
卜候リ送還從官吏ヘ引渡シ候趣兼知致候

一、慶尚道開城居氏三名對州瀬村ヘ漂着長寄縣
ニ可戒差置候

一、日誌新聞紙類御廻シ申候
右申入候也

明治九年四月廿六日
在韓
外務大丞田邊太一
外務四等書記生山之城祐長殿

外務省

一、宗氏圖書三顆印義達印以副廳印萬松院印
入候
田納海亮名為榮組申候此段御心得迄ニ申
「追ヶ使給一行意者ノ用意トシテ中軍匯編

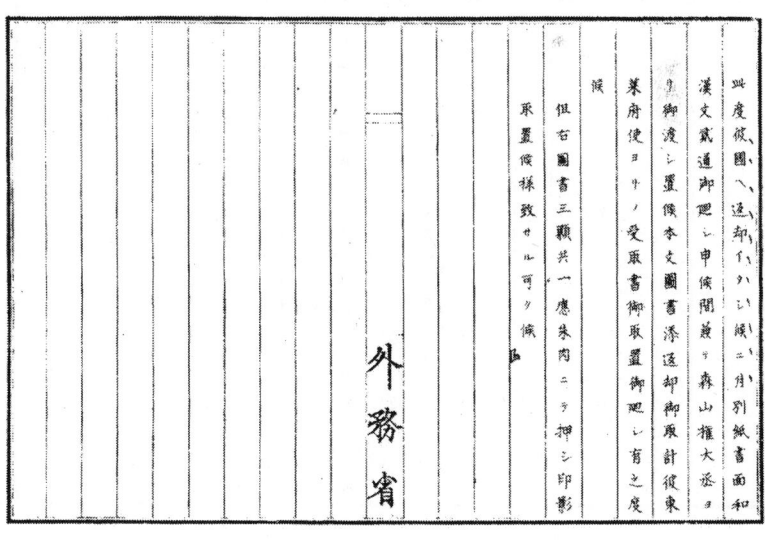

此度假ニ國ヘ遠却仕ルニ候上ニ月別紙書面和
漢文貳通御廻シ申候間疊ヲ森山權大丞ヲ
奧御渡シ置候本文圖書添送却御取計彼東
兼府使ヨリノ受取書御取置御廻シ有之度
候

但右圖書三顆共一應朱肉ニテ押シ印影
承置候様致サル可シ候

外務省

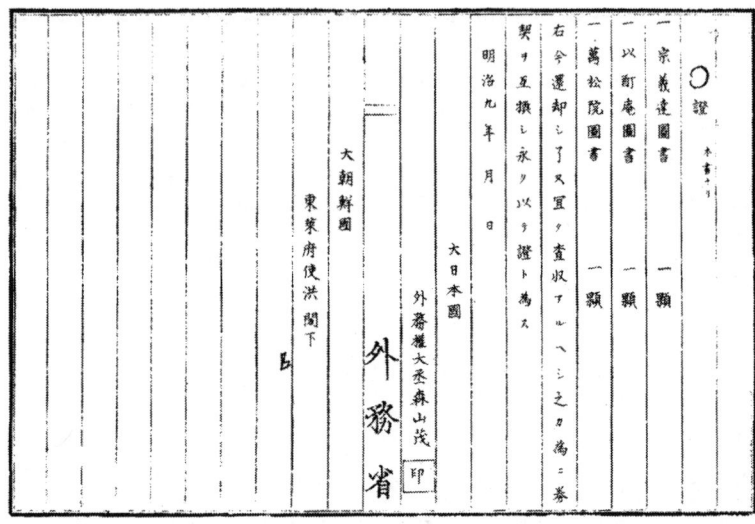

58   57

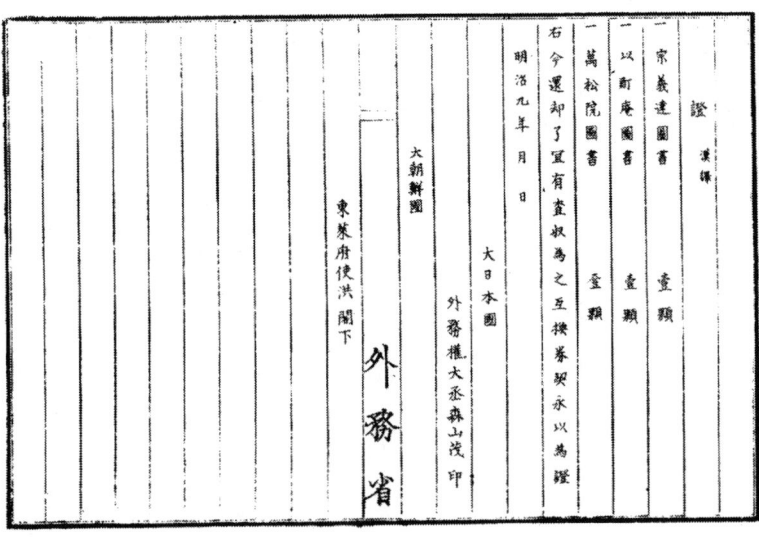

60   59

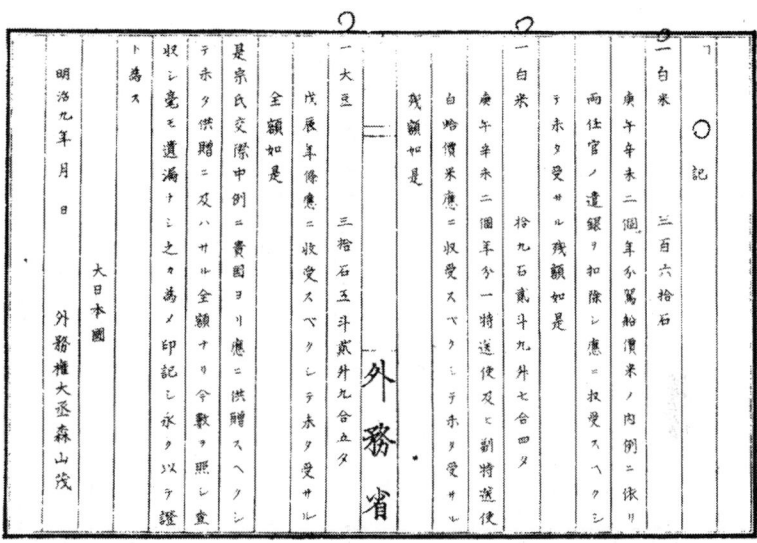

「

○記

一白米

二百六拾石

庚午年末二個年分篤船價米ノ内例ニ依リ
兩住官ノ遺銀ヲ扣除シ應ニ牧受スヘクシ
テ未タ受サル残額如是

一白米

拾九石貳斗九升七合四夕

庚午年末二個年分一特送使及ヒ勅特送使
白晴價米應ニ牧受スヘクシテ未タ受サル
残額如是

一大豆

三拾石五斗貳升九合立夕

戊辰年得應ニ收受スヘクシテ未タ受サル
全額如是

是ハ宗氏交際中例ニ貴國ヨリ應ニ供贈スヘクシ
テ未タ供贈ニ及ハサル全額ナリ今數ヲ照シ査
收シ竟ヲ遺漏十シ之ヲ爲ノ印記シ永タ以テ證
ト爲ス

大日本國

外務權大丞森山茂

明治九年　月　日

外務省

62　　61

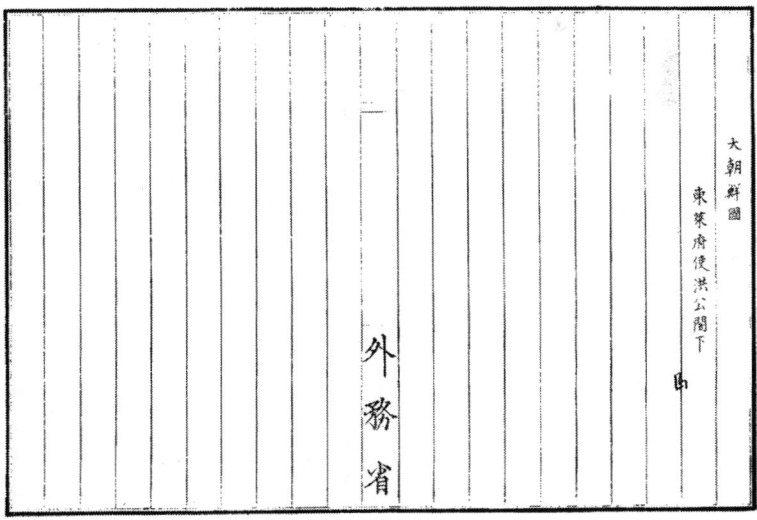

大朝鮮國

東萊府使洪公閣下

外務省

64　　63

記

一白米　　三百六拾石

一白米　庚午辛未二個年駕船價米内依例扣除面往
　　　　官遺銀應収受而未受殘額如是

一白米　庚午辛未二個年一特送使及副將送使白蛤
　　　　拾九石貳斗九升七合四勺

一大豆　價米應収受而未受殘額如是
　　　　三拾五斗貳升九合五勺

　　　戊辰年條應収受而未受全額如是

是係宗氏交際中例賣國應供贈而未及供贈全額

今照數査収無毫遺漏爲之印記永以爲證

　　　　　大日本國
　　　　外務權大丞森山茂

明治九年　月　日

　　　　　大朝鮮國
　　　　東萊府使洪闓下

外務省

記

一生銅　　五百四千五百六拾壹斤
一熟銅　　九千斤
一丹木　　七千五百九拾斤
一胡椒　　四千七百零七斤
一白礬　　貳拾六百斤
一蒔繪大硯匣　貳拾貳箇
一蒔繪箋匣　拾三箇
一蒔繪無趺中圓墨　貳輕
一蒔繪文匣　壹箇
一蒔繪七寸鏡　五面
一蒔繪大礬匣　三次
一蒔繪中礬匣　三次
一黑漆華匣　壹箇
一黑漆中硯匣　壹箇
一扇子　四十五箇
一紋紙　九百斤
一手燭　三箇
一朱苧烟器　壹百五拾箇

外務省

結

是條巳巳年至辛未年宗氏貿易上可償物品今照
戴送致無筈遺漏宜有更査収爲之印記永以爲證

明治元年月日

大朝鮮國

外務權大丞森山茂印

大日本國

東莱府使洪閣下

外務省

是ハ巳巳年ヨリ辛未年ニ至リ宗氏貿易上
ニ可ニ二償フ可キ物品ニ條ケ今數ヲ照シ
テ送リ其意ヲ以テ毫モ遺漏ナシ宜ク更ニ査
收爲之印記シ永ク以テ證トナス可シ

右ハ如之ノ方ニ可書文体ナリ

外務省

朝鮮國ヨリ差出スヘキ前件物品ノ受取

証書案

記

一　生銅　　　　　五万四千五百六拾壹斤
一　熟銅　　　　　九千斤
一　丹木　　　　　七千五百九拾斤
一　胡椒　　　　　四千七百零七斤
一　白蠟　　　　　貳千六百斤
一　蒔繪大硯匣　　貳拾貳箇

外務省

一　蒔繪筆匣　　　　　拾三箇
一　蒔繪無跌中圓鑼　　貳輯
一　蒔繪文匣　　　　　壹箇
一　蒔繪七寸鏡　　　　五面
一　蒔繪大瞥匣　　　　三次
一　蒔繪中瞥匣　　　　三次
一　蒔繪中醫匣　　　　三次
一　黑漆筆匣　　　　　壹箇
一　黑泰中硯匣　　　　壹箇
一　簀子　　　　　　　四十五箇
一　敕紙　　　　　　　九百片

外務省

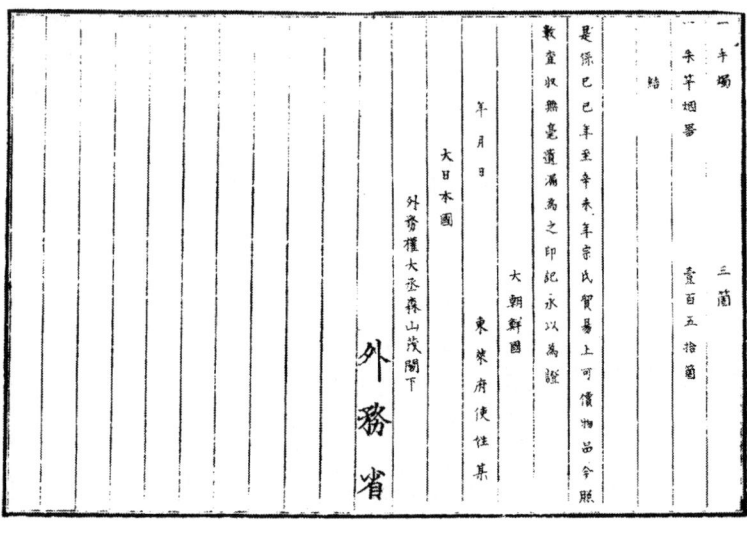

（右・73）
一千楊
一朱苧烟署　結　　壹百五拾箇　三蘭
是係巳年至辛未年宗氏貿易上可償物品令照
敷查収無毫遺漏爲之印紀永以爲證
年月日
　大朝鮮國
　　東萊府使任集

（左・74）
大日本國
外務權大丞森山茂閣下
外務省

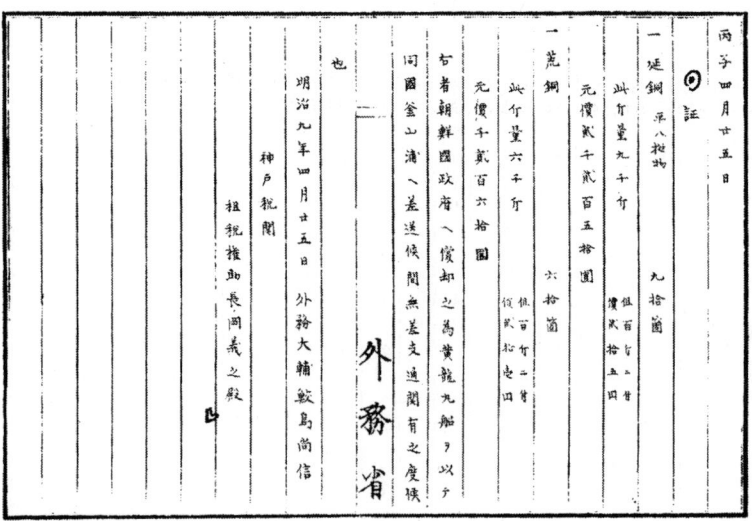

（右・75）
丙子四月廿五日
○証
一延銅　平八拋物
此介量九千斤
元價貳千貳百五拾圓　　九拾箇
一荒銅
此介量六千斤
元價千貳百六拾圓　　六拾箇

（左・76）
二
右者朝鮮國政府ヘ償却之爲黄龍九船ヲ以テ
問國釜山浦ヘ差送候間無差違運關有之度候
也
明治九年四月廿五日
　神戸税關
　租税權助長岡義之殿
外務大輔敷島尚信
外務省

丙子五月

我四月十日接到

貴國東萊府使洪公汳丙子三月十五日翠蘭及玄

列導像陳書現今

貴國爲添脩信便於我邦要賞用我火輪船乃便

在本館爲添深喜貴國之遠有此舉也即發遣火輪

朝廷朝廷深喜貴國之遠有此舉也即發遣火輪

船一隻搭載伴外務官貴敷夫妻名既已到達此港

矣貴信使啓行日時往其便若在船及京地抵

館等諸項一切要需觀樓千別蘭章勿勞貴憂歟

具

明治九年丙子五月

在釜山大日本公館長代理

外務四等書記生山之城祐長

外務省

――

(3)

朝鮮國脩信使一行去月二十九日晩京道ヘ無

事着干後一時入京直ニ蒙ク設置シテ神田錦

町旧今川邸之旅館ニ止宿翌三十日信使一行

陸下ニ出頭被仰付濱ニ月午前十時官中ヘ出頭

信使御拜謁被仰付濱ニ下来上之名之ニ從テ御

次ニ間延人ハ武頭官員ヲ為ニ其揖拝ノ正服ニ改メ

此間ニ信使御揖拝ヲ為ニ其揖拝ノ正服ニ改メ

白木石帶着ケル之正服ヲ着ケタリ外務大輔官内

外務省

御式新頭出席延蒙了外務大輔副ニ信使一

人ヲ延テ述ル信使ハ外務大輔副ニ信使一

三人ヲ又拝伏シ御座前ニ於テ又拝伏シ此時

外務大輔式部頭其左右ニ立蒙テ行フ

御照答ハ關内ニ於テ又進行御座前ヨリ

ニ付替首ニ關内ニ扣ヘ蒙ニ蹌テ六揖首ヨリ

譯官ハ此時關路外ニ扣ヘ蒙ク蹌ク候フ

菓子ヲ賜ハ脩路吹上先丸ニ於テ午餐ヲ

森山推大丞誘引シテ上下先丸ニ於テ午餐ヲ

賜ワ同二日主上奏羽御退行御發蒙信使ハ終

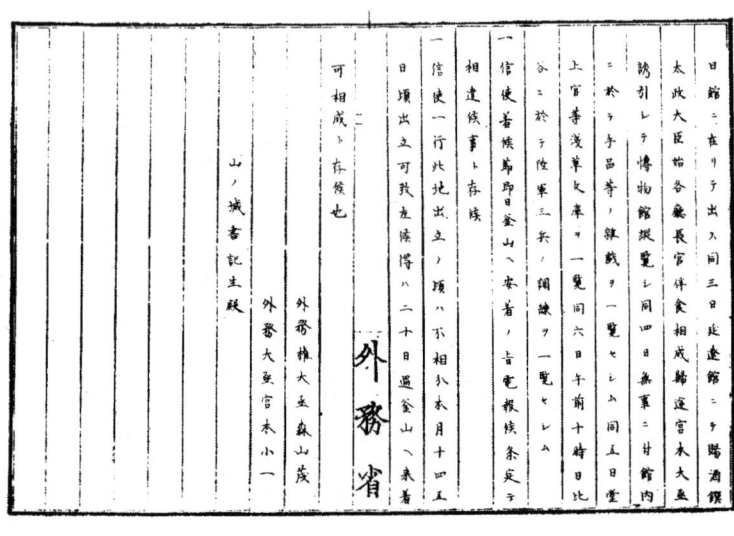

日隔ニ在リテ出ス同三日延遼節ニテ賜酒饌
太政大臣始各廳長官伴食相成歸途官木大丞
誘引レテ博物館擬覽ス同四日無事ニ廿館内
ニ於テ手品等ノ綠戲タ一覽とレム同五日當
上官等淺草文庫ニ一覽同六日午前十時日比
谷ニ於テ陸軍三兵ノ調練タ一覽とレム
一信使著候著候著日釜山へ安著ノ吉電報候条定テ
相達候事ト存候
一信使一行此此出立ノ項ハ不相扎木月十四五
日項出立可致在候得ハ二十日過釜山へ表着
可相成ト存候

山ノ城書記生殿

外務省

外務大丞官木小一
外務權大丞森山茂

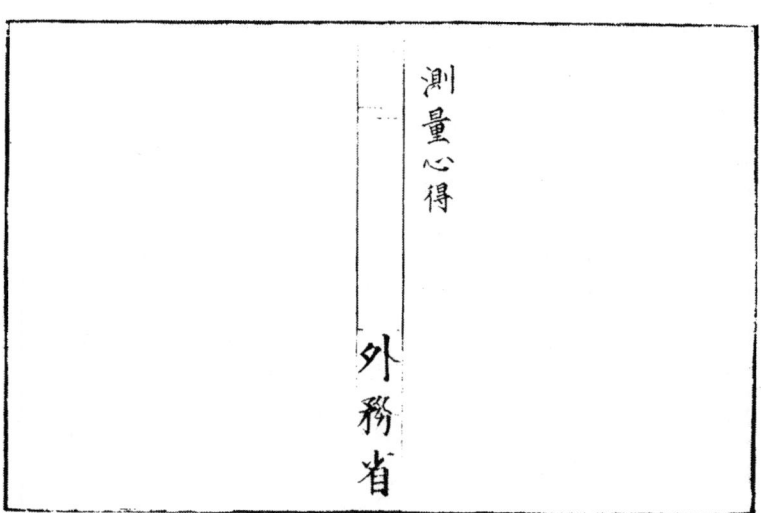

測量心得

外務省

両子五月廿五日

◯朝鮮國沿海我邦ヨリ測量船ヲ差出候

儀ニ付別紙測量規則書相添上申

朝鮮國沿海我邦ヨリ測量船ヲ出シ測量セシ

メ候章ハ同國修好條規第七欵掲載スルコニ

付渡政府ニテ是ヲ拒ムヤ得ルハ期了ナリ

ト云未開化ノ國風一旦勝約ハ上ヨリ其施

覓地方官民ヘ貫徹セス或ハ我所忘ト齟齬ス

ルコナキヲ期シ既ニ黒田井上西御理大

臣ヨリ右測量ノコニ付テハ委細上申致置候

外務省

通向後ノ象測量規則ヲ設立シ測量士官ヲ

ヶ嚴ニ運本高致度備別紙規則案取調差出候

萬一右等双方情実不貫徹ナルヨリ又々窒揚

艦ノ一蹇ノ類ヘ此擧動ヨリ八阻ニ結

藍セシ終好條規モ画鮮ニ屬シ可申候等前以

其爲ヘ御達相成度此段上伸仍也

九年五月九日

太政大臣三條實美殿

外務卿寺嶋宗則

伺ノ趣ハ別紙ノ通海軍省ヘ相達候事

但規則書ハ心得書ト改正候事

9年五月九日

外務省

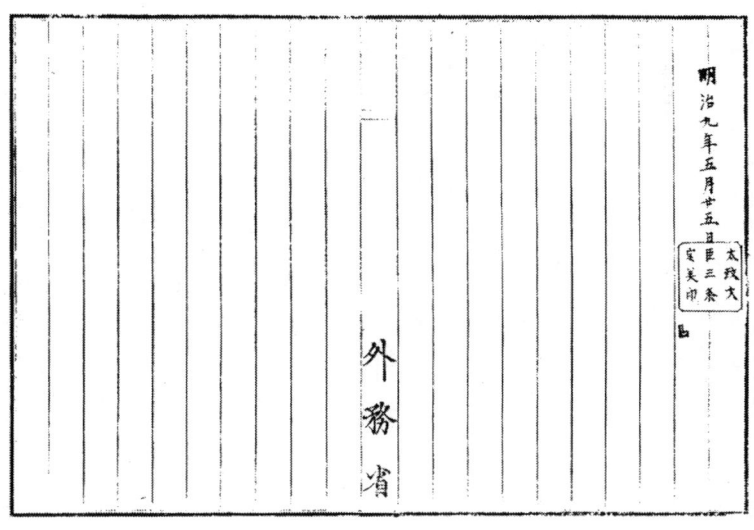

明治九年五月廿五日

太政大臣三條實美印

外務省

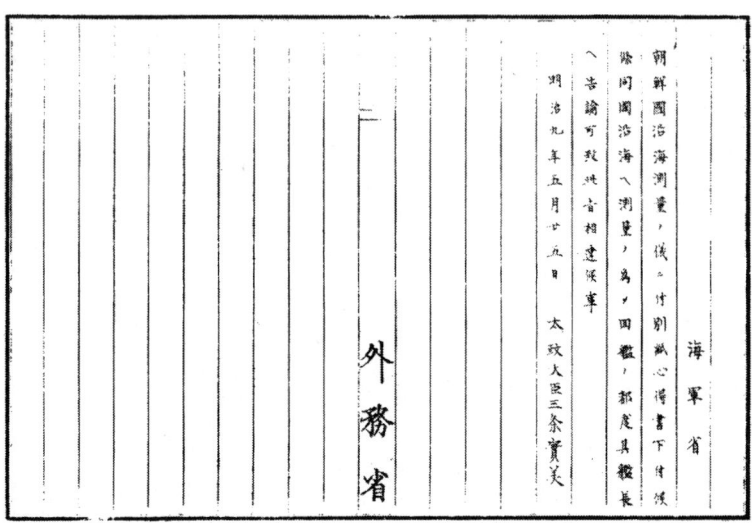

朝鮮國沿海測量ノ儀ニ付別紙心得書下付候
條同國沿海ヘ測量ノ為ノ回艦ノ船尾其艦長
ヘ告諭可致此旨相達候事
明治九年五月廿五日　太政大臣三条實美

海軍省

二

外務省

89

90

○朝鮮國沿海嶋嶼測量心得

海軍省官部ヲ以朝鮮國沿海及島嶼ヲ測量
セントス次ニスル時ハ其趣ヨリ十二ヶ月以前其趣
外務省ヘ報知スヘシ

（黒）其儀如ク次第ハ測量セント欲スル朝鮮沿
海又ハ概要河トノ測ノ海界ヨリ起リ河トノ測海
岸又ハ島嶼ニ於ル目的ノ十ル旨ト其時限ハ何
月ヨリ起ツテ何ヶ月ニ終ル目的ノ十ル旨トヲ前
定スル事

一　同時ニ測量部名及其種類徽長ノ名ヲ委細ニ
報知スヘシ

附去外國人ヲ宜入ニ測量スヘシ丁ハ不相應
若シ止ムヲ得ス彼ヲ東理セント欲スル時
ハ閣ノ上東理スヘシ亡外國人ニ限リ上陸
ハ決テ不相成事

一　右ノ如ク海軍省ヨリ外務省ヘ報知シタル時
ハ外務省ヘ報知シ設官ヨリ更ニ朝鮮政府ヘ
ハ外務官員ハ連ニ擧ニ擧之ノ趣音ヲ在釜山ノ

特告シ同政府ヨリ測量スヘキ地方ヘ布令ク

外務省

二

91

92

一、ルフヲ望ムヘシ且海軍省ハ外務卿ヨリ渡ス
ヘキ乾海公證ヲ請取リ測量艦長ヘ渡ク可シ
古ノ頃銳ヲ經タル後測量船ハ一ト先釜山浦、
一ニ至リ同所在勤ノ韓語生徒又ハ一名ヲ雇入レ時
宜ニ寄リ渡水導者又ハ人民ノ音ヲモ雇
入レ船ニ搭載シ各地方官ノ音ヲモ雇
九時必方ノ言語情實縣ルコトヲ要
一、ルトキハ其地方官ヘ諭シ地方官ヘ
九時必方ノ言語情實...
可シ

一、測量船朝鮮海岸ノ測量スヘキ地方ニ至ラハ
士官上陸シ外務卿ノ公證ヲ示シ該地方官ヘ

外務省

一、測量ハ時測量ノ地方ヲ指示シ以テ其地名後
我ノ心得方差誤十ヲ寒ニ且時證ニ寄リ上
陸シ目的ノ為假リニ海岸ニ標記ヲ立ツル「
アリ音或ハ其上陸中暴風雨ニテ本船ヘ歸ル
能ハサルトキハ一時其地ニ民家ヲ借用シテ
陷泊スヘキ音竟ハ音ヲ以テ申入レ一應ノ禮義ヲ
尽ルヘク音或ハ薪水食糧ヲ
水ルルコトアルヘキ音ヲモ申入レ一應ノ禮義ヲ
尽シ置ヘシ

一、附ニ古ノ如ク蔣銭買入ノコトアルヘケレ
ハ釜山ニテ蔣銭ヲ適宜ニ町へ買渡ク民

外務省

九ノ採注意スヘシ

一、測量地方ニハ上陸スルコトアルモ深ク内地ニ
入ルハ緊令ニハ要用ナラハ海岸附近ノ地境又
ハ河江ノ上流ニ深ニ論スルハ要用ナラハ其地ニ入
ルノ要ナシト雖測量ハ不要用ノ地又ハ淺
ルヲ禁スヘキ地へ入ルヘカラス

一、廟祠ハ官廟アルヘシ又ハ門閨ノ該ケタル地
式ハ祠廟傳ヘ守スヘキ士民衆徵スル地へ置リ
ニ立ヘ可ラス

一、測量ノ爲上陸從者暴風波ニテ本船ヘ歸ト能リ
ハル時ハ朝鮮人民ノ安ニ止宿スヘカリ

外務省

一、當用ノ物品ヲ買求ルハ外一切士産ヲ買へ
ルハ右貿易悅一閨ヘシ物品
ハ素買ヲ以後ヨリ偏及ヒ
ラレ比是ヲ說明スルハ時ハ客ト買ヲ以後ヨリ知ルヘ

一、測量終リタルハ其地方官ヘ報告シ置ヘシヲセ
ラレ時置不便ニシテ苦ル能ワルル時ハ見ト
昼スルモ妨ナシ

一、歸艦ノ時ハ釜山ヘ前泊シ譯官ヲ上陸セシ
測量シ了リタルヲ以テ地名ヲ在同所外務官ヘ報知
シ沈官ハ其事ヲ更ニ次ノ時宮ヘ報告スヘシ

附タ此時前途測量センル地方ノ宮員ヘ引掛
方ノ報告ヲ委シタル時ハ其忿ヲ申ヘシ
ヘシ

一、測量終リタラハ測量中ノ報告ト圖誌ヲ二ヶ
月中ニ上伸ス可シ但圖誌ハ朝鮮政府ヘ一本
ヲ返ル為メ都合二部ヲ出ス可シ

一、測量中朝鮮人ヘ對シ粗暴ノ
擧動アルヘカラ
ス

外務省

ナルヘシ綸ヲ俟テト雖萬一彼ノ官吏人ヘ
民ヨリ我測量ヲ拒ムヿ或ハ拒マクヿ雖ハ
畏スル事ヲ遣セシメス又ハ我ニ敵礼ヲ大ス
ル等ノ事アラハ小事ハ釜山在勤ノ外務官員
ヘ告ケ其不便ヲ彼ノ申掛ヲ妨碍ヲ除去スル
ノ忿令ヲ求ム可シ若シ地方ノ官民我ニ對スル
擧動慈シキ暴戻ニシテ忍フヘカラサル家ア
ル時ハ其證憑ヲ以ハ將朝上伸ス可シ又ノ其地
一、批ハ直ニ復ニ船来組ノ官ヘ厚官或シ還可シ
右ノ際ニ雖長又一船来組ノ官ヘ厚官或シ還可シ

「朝 鮮 策 略」

金 弘 集 自 筆 文

一. 本論文에 揭載한 「朝鮮策略」原文은 金弘集이 自筆한 글인데 高麗大
學校圖書館所藏寫本과 對照하여 보메 往往 다른 곳이 있으므로 兩本
의 相異点을 다음과 같이 摘示하였다.

　　가. 金弘集自筆文 곁에 間間 括弧內 글자로 記入한 箇所는 高麗大學
　　校圖書館所藏寫本에 依하여 金弘集文에 없는 것이 있거나 또는
　　다른 글자로 쓰여 있을 경우 이를 對照並示하였다.

　　나. 金弘集文에 記錄되어 있는 字句가 寫本에 記載되어 있지 않은 部
　　分에는 ○符로 標示하였다.

朝鮮策略

廣東黃遵患私擬

　　地球之上 有莫大之國焉 曰俄羅斯 其幅圓(員)之廣 跨有三洲 陸軍精
兵百餘萬 海軍巨艦二百餘수艘顧以立國在北 天寒地瘠 故狨然思啓其封
疆 以利社稷 自先世彼得王以來 新猺疆土 既踰十倍至於今王 更有囊括
四海 幷吞入荒之心 其在中亞細亞回鶻諸部 蠶食殆盡 天下皆知其志之不
少往往合縱而(以)相距 土耳其一國 俄久欲吞(並)之 以英法合力維持 俄
卒不得逞志 方今泰西諸大若德若英(奧) 若奧(英) 若意 若法 皆耽耽虎視
斷不可尺寸之土以與人 俄既不能西略 乃翻(幡)然變計 欲肆其東封 十餘
年來 得樺太洲於日本 得黑龍江之東於中國 又屯戍圖們江口 據高屋建瓴
之勢 其經之營之 不遺餘力者 欲得志於亞細亞耳 朝鮮一土 實居亞細亞
要衝 爲形勝之(所)必爭 朝鮮危則中東之勢 日亞 亞(俄)欲略地 必自朝鮮
始矣 嗟夫 俄爲遞狼不秦 力征經營 三百餘年 其始在歐羅巴 繼在中亞
細亞 至於今日 更在東亞細亞 而朝鮮適承其弊 然則策今日之急務 莫急
於防俄 防俄之策。如之何曰 親中國 結日本 聯美國 以圖自强而己 何謂
親中國 東西北 皆與(背)俄連界者 惟中國 中國(之)地 大物搏 據亞洲形

勝 故天下以爲能制俄者莫中國若 而中國所愛之國 又莫朝鮮若 朝鮮爲我
藩屬 已歷千年 中國綏之以德 懷之以恩 未嘗有貪其土地人民之心 此天
下之所共信者也 況我(大)淸 龍興東土 先定朝鮮而後代(伐)明 二百餘年
字小以涖(德) 事大以禮睦 當康熙 乾隆朝 無事不以上聞 已無異內 地郡
縣 此非特文字同 政敎同 情誼親而己(已也) 仰亦形勝(勢)昆連 拱衛神京
有女左臂 休戚相關而患難與(相)共 其與越南之疏遠 緬甸之偏僻 相去固
萬萬也 嚮者朝鮮有事 中國 必糜天下之餉 竭天下之力以爭之 泰西通例
兩國爭戰 局外之國 中立其間 不得偏助 惟屬國則不在此例 今日朝鮮之
事中國 當益加於舊 務使天下之人曉然於朝鮮 與我 誼同一家 大義已明
聲援自壯 俄人 知其勢之不孤 而稍存顧忌 日人量其力之不(足)敵 而可
與連和 斯(期)外釁潛消 而國本益固矣 故曰親中國何謂結日本 自中國以
外 寂與朝鮮密邇者 日本而已 在昔先王 遣使通聘 載在盟府 世世職守
至於近日 則有北豺虎同据肩背 日本苟或失地 八道不能自保 朝鮮有一變
故 九州 四國 亦恐非日本所(能)有 故日本與朝鮮 實有輔車相依之勢 韓
趙 魏合從 秦不敢東下 吳・蜀相結 魏不敢南侵 彼以強隣交迫 欲聯脣
齒之交 爲朝鮮者自當捐小嫌而圖大計 修舊好而結外援 苟使他日者 兩國
之輪舶鐵船 縱橫於日本海中 外侮自無由而入 故曰結日本 何謂聯美國
自朝鮮之東海而往 有亞美利加者 卽合衆國之所指都也 其土本爲英屬
百年之前 有華盛頓者 不願受歐羅巴人苛政 發奮自雄 獨立一國 目是以
來 守先王遺訓 以禮儀立國 不貪人土地, 不貪人人民, 不強與他人政事
與其(其與)中國 立約十餘年來 無纖芥之隙(國) 而與日本往來 誘之以通
商 勸之以練兵 助之以改約 尤天下萬國(之)所共知者 蓋其民主之國 共
和爲政 故不利人有 而立國之始 由于英政醋虐 發憤而起 故常親於亞細
亞 常疎於歐羅巴 而其人 實與歐羅巴同種 其國之强盛 常與歐羅巴諸大
(地) 馳驟於東西兩洋之間 故常能扶助弱小 維持公議 使歐人不敢(能)肆
其惡 其國勢偏近大東洋 其商務獨盛大東洋 故又願東洋 各保其國 安居
無事 則使其使節不來爲朝 爲朝鮮者(常) 當遠泛萬里之中(重)洋 而與之
結好 (而) 況其迭遣史臣 (旣) 有意維繫朝鮮乎 引之以爲友邦之國 可以
結援 可以紓禍 吾故曰聯美國 夫曰親中國 朝鮮之所信者也 曰結日本
朝鮮之可將信將疑者也 曰聯美國 則朝鮮之所深疑者也 疑之者曰 日本
自平秀吉興無名之師 蕩搖我邊疆 陵夷我城郭 荼毒我人民 賴明師攻守而

後退 近年日本 變從西出 鷹瞬鶚視 益不可測 江華之役 西鄉隆盛志在
生釁 亦因巖倉‧大久保諸人 力爭而後己 彼其志 曷嘗須臾忘郋哉 條約
之結 亦要盟 不得不從耳 及與之暗 是何異閉門而揖盜乎 曰西鄉之議攻
朝鮮(也) 二三大臣 獨排衆議 執不可 彼非不欲薦食邊鄙 以厚自封殖 顧
度德量力 有所不能 則不如其已耳 朝鮮立國數千來 未嘗無人 未嘗無兵
無論改之 未必勝 卽萬一獲勝 撤兵則復叛 留兵則無力 況日本有事 朝
鮮‧中國 勢在必爭 伯相告以必爭, 又勸以徒傷和氣(爾時日本, 遣其使臣
謁李伯相, 故其謀不行 毫無利益) 彼知以日本攻朝鮮 旣難操必勝 況加
以中國之助 左提右挈 東征西討 而日本必不支 故西鄉之說 卒不得行,
旣不敢行, 又以朝鮮密邇近隣 存無滋他族 實逼處此之心 故汲汲然講信
修睦者 其意欲朝鮮自强而爲海西屛蔽也 揣時度勢 爲日本計 必不能不出
於此 況又今日之日本 外强(彊)中乾 朝野乖隔 府帑空虛 自謀之不暇乎
兵家有言 知己知彼 故必知日本所以結朝鮮之故 無所疑 然後知朝鮮之結
日本 亦無可疑

　疑之者又曰 繪圖測地(我) 險旣失 仁川一港 乃我帷闥 容彼往來 藩籬
盡撤 非志圖人國 安用測安沿海之暗礁 侵畿輔之要地爲哉 曰古有禁販賣
地圖於他國者 殺之無赦者 古有引外國使臣繞道往來 不使知其我險要者
今非此之謂矣 今天下萬國 互相往來 近而東中 遠而歐美 凡沿海巖(暗)
礁 皆編爲圖志 布之天下 以便航海 而遠則海濱 近則國都 皆有外使 終
年駐剳 此通例也 盖力不足 雖拒之戶外 法取越南之邊鄙 英與緬甸之國
政 亦不克自保 力足以自强 雖延之臥榻 英之民 偏(編)居彼得(俄都)俄之
民 偏居倫敦(英京) 亦無足爲害也 自强之道 在實力 不在虛飾 況日本
旣不能謀人則俾熟吾道 乃可以資救援 朝鮮索未知航海 則自識共險 亦可
以自守護 從前日本 因兵庫開港 使臣駐京 抵死堅拒 至於一戰再(二)戰
而後 蟠(幡)然改圖 今行之(亦)六十餘年矣 王公守國烏繫(擊)乎此哉 疑
之者又曰 朝鮮風氣 未與外熟 見彼東人異言異服 或厚(群)聚觀看 或偶
爾詬辱 維(惟)彼日人志在恫愒 至於管理之官 亦敢拔(抆)刀以殺 苟和好
出於眞誠 豈漫無約束 竟肆惡以呈毒哉 或曰日本性情好勝而不讓 貪利而
寡恥 見小而昧遠 往往如此 特如此事 則(往)兩國細民猜嫌之未淺(泯) 非
彼政府之意也 從前草梁一館 難曰通商 而朝鮮所以困辱而禁制之者 實無
所不備 彼心懷憤怒 非伊朝夕 加以釜山所居 類多對馬窮民 彼輩無賴之

徒 祇求自利 安知大体 鬪歐鎖事 固非約束之所則(易)及 觀日本政府 於
拔(抴)刀一事 撤去山之城 亦可知其志矣 爲朝鮮者 但當恪守條約於彼之
循理者 力加保護 然彼後於彼之無禮者 嚴請究辨庶情(政) 誼(意)相孚輯
俱無猜矣 苟拘拘(之)於薄物細故 不能捐棄而坐失至計 非知(智)者之所宜
出此也 疑之者又曰 日本 與我壤地相接 種類相同 自(不)言結日本 吾固
信之矣 若夫歐美諸國 去我數萬里 飮食衣服不與我同 嗜幣通 言語不達
彼亟亟然欲與我結盟者 非圖(鄙)利而何 彼利則我害而(自)子(不)言聯美國
此鄙人之所(大)惑者也 曰美之爲國 分國施政 而合三十七邦 爲合衆國
統而(以)統領 故得土不加廣隣 其南方(邦) 有名檀香山國者 意求內附 彼
且拒絶 (而)其國尙多曠(廣)土 其土多産金銀 其人善於工商 爲天下首富
之國 故得土不加富 其不貪人土地 不貪人人民 此天下萬國之所共信者
而顧(與)英法 德 意諸國 迭來乞盟 此則泰西所謂均勢之說也 今天下萬
國 縱橫搏噬甚於戰國 而列國星羅棊布 欲保無事 必求無甚弱無甚强 互
相維持而(後)可 苟有一國焉 行其倂呑則力厚 力厚則勢强 勢强則他國亦
不克自安歐洲 一土 群雄角立 彼俄(我)之耽耽虎視者 旣無間可乘 故天
下 知其志必將東向 東向必自朝鮮始(視)俄 苟有朝鮮 則亞細亞全勢 在
其掌握 惟意所欲 而狹亞細亞全局之勢 反而攻歐羅巴 勢殆不可敵 泰西
公法 母(無)得剪滅人國 然苟非條約之國 有事不得與聞 此泰西諸國 所
以欲與朝鮮結盟 欲與朝鮮結盟者 欲取俄國一人欲佔之勢 與天下互均
而維持之也 保朝鮮 卽所以自保也 此非獨美爲然 然英 法 德 意 以朝
鮮地瘠 必賴戰勝攻取 迭有創傷以劫盟約 尙非其所願 惟美國 自以爲信
義所著 久爲中東兩國所信服 欲以玉帛 不以兵戎(車) 故其來獨先 然則
美國之來 非特無害我之心 且有利我之心 彼以利我之心來 反疑爲圖利
疑爲害我 是不達時務之說也

　疑之者又曰 朝鮮國小民貧 而與諸大國結盟 誅求無厭 供億無度 藝不
將疲於奔命乎 風俗旣殊禮節亦異 接之非其道 不將疑而滋釁乎 曰古所謂
犧牲玉帛 陳於境上 以待强國 以庇吾民者 古人以小事大之禮也 而今則
無是 今之小國 若比利時 若瑞士 若荷蘭國 皆自立 未聞諸大國 督責之
苛求之也 卽使臣聘問 領事駐劄 資糧匪屢(皆) 彼自供 初到不過一朝見
終歲不過一宴饗 擧凡郊勞贈賄 皆無有也 安有旣無所供 安有疲應 至於
儀文之末 酬應之細 彼亦猶(有)人情 但知我無輕慢鄙夷之心 彼尙有何督

過 況朝鮮貧瘠 無所利於通商 彼今者但欲締盟而已 尙未必遣使臣設領事
乎 而又奚疑焉 疑之者又曰 傳敎之士 煽誘小民 干預國政 稍稍以法裁
抑 則動啓鬭爭 或激事變 旣與結約 應許傳敎 深(後)患安有窮乎 曰天主
敎之橫天下所共知 顧其敢於橫行者 恃法蘭西左袒之耳 自法敗於普 撤歸
護衛敎主之兵 意大利遽以偏師 取羅馬 逐其敎王(主) 敎王失所依倚 勢
邃驟弱 至於近日 法亦屢抑敎士(主) 國勢變而敎門益衰矣 但於立約之始
聲明傳敎之士 須遵國法 若有違犯 與齊民同罪 彼敎士不得肆志 則吾民
不知(至)滋事 至於美國所行 乃耶蘇敎與天主敎 根源雖同 党派各異 猶
吾敎之有朱陸也 耶蘇宗旨向不干預政事 其人亦多純良 中國自通商來 錢
(戕)殺敎士之案 層見疊出 無一耶蘇敎者 亦可證其不如(爲)患也 彼敎之
意 亦在勸人爲善 顧吾中土周孔之道 勝之何啻萬萬 朝鮮服習吾敎 漸摩
旣深 卽有不肖之徒(道)從之 萬不至下喬木而入幽谷 然則令其傳敎亦復
何害 斯又不必疑也 疑之者又曰 誠如子言 天下有疏歐親亞 素稱禮儀之
美國 聯以爲交 未嘗不可 顧英 法 德 意 從而(以)效尤 接踵而至 則苦
之何 曰苟欲防俄 正利英 法 德 意諸國之結爲盟約 互相牽制耳 且朝鮮
卽不利諸國之來 能終禁其不來乎 今地球之上 無論大小國 以百(千)數
無一國能閉聯絕人者 朝鮮一國 今日鎖港 明日又開 明日鎖港 後日必開
萬不能閉關自守也必矣 萬一不幸俄師一來 力不能敵 則誠恐國非己有 英
法 德 意 不顧俄人之專有其土 則群起而爭 潰壞決裂 殆不可收拾 前此
有波蘭一國 俄 德 奧取而收分之 去年土耳其之役 俄師未撤 諸國交起
亦割分邊地 與澳 與英 與德而後已 朝鮮苟爲之續 非吾之所忍言也 卽
曰 仗(使)先王先公之靈群祀(群神)之福 天祚朝鮮 必無此事 而英 法 德
意迭遣兵船 要劫盟約 不戰則不勝其擾 戰而不勝 則如緬甸之受制於英
安南之受制於法 亦事之所常有 幸不至此 則結一不公不平之條約 百福
(端)要求 百端剝削 (非) 經歷十數(餘)年 兵强國富 不能更改 亦不知何
以爲國 正爲防俄之倂(佽)吞 憚英 法德 意之要挾 聯美國乃不得不亟亟
哉 誠使趁美國使者(之)來 而議一公平之條約 則一例泰西之友邦 卽可援
萬國之公法 旣不容一人之專噬 又何(可)爲諸國之先導 爲朝鮮造福 卽爲
亞細亞造福 此之不爲尙疑乎哉 羣疑旣釋 國是一定 於親中國 則稍變舊
章 於結日本則亟守(修)條規 於聯美國 則急締善約 而卽奏請 陪臣常(奏)
北京又遣使居東京 或遣使駐華盛頓 以通信息 而卽奏請 推廣鳳凰廳貿易

令華商船來釜山 元山津 仁川港各口通商 以防日本商人之壟(隴)斷 又令
國民來長崎 橫濱 以習戀遷而卽奏請海陸諸軍 襲用中國龍旗 爲全國徽幟
又遣學生往京師同文館 習西語 往直隷 淮軍習兵 往上海製造局 學造器
往福州船政局 學造船 凡日本之船廠 炮局 軍營 皆可往學 凡西人之天
文算(等)法 化學 鑛學 地學 皆可往學 或以釜山等處 開學校 延西人敎
習 以廣修武俗 誠如是 朝鮮自强之基基此矣 盖於無事時 結公平條約
一利也 中東西(兩)國 與泰西所締條約(結約條) 皆非萬國公例 其侵我自
主之權 奪我自然之利 虧(鏏)損過多 此固由來諸(諳)情形 抑亦威逼勢 坈
使之然也 今朝鮮 趁無事之時 與外人交結 彼自不能多所要挾 卽曰 歐
亞兩土 風俗不同 法律不同 難遽合利(令外)來商人 歸地方管轄 然第與
聲明 歸領事館暫管隋時由我酌攻 又立定領事權限 彼無所護符印 不敢多
事 而其他 絶毒藥輸入之源 杜敎土蔓延之禍 皆可妥與商量 明示限制
(此) 自强之基也 於通商亦有利焉 或亞細亞居天地正帶 物産甚富 中國
自唐宋以來 設市舶司 與外人通商 所用金錢 皆從外國輸入 數百年來
不可勝數 至於今日 金錢稍有流(添)出 則以食鴉片烟之故也 日本受通商
之害 則以易洋服用洋貨之故也 苟使不食洋藥 不用洋貨 則通商皆有利無
害 朝鮮一國 雖曰貧瘠 然其地産金銀 産稻麥 産牛皮 物産固未嘗不饒
吾稽去歲 與日本通商之數 輸入之貨值六十二萬 輸出之貨值六十八萬 是
歲得七八萬矣 苟使善爲經營 稍梢拓克 於百姓似可得利 而關稅所入 又
可稍補國用 此又自强之基也 於富國亦有利焉 英國三島 止産煤炭 法國
止産葡萄 秘魯 止産金銀 皆以富(聞)於天下 他若印度之然(絲)茶 古巴之
糖 日本之綿 皆古無而今有 以人力創興之 竟得大利 朝鮮土尙膏腴物産
亦饒有 其人又多聰(聽)明善工作 彼極南之奧大利亞 極(北)之監察加 皆
從古人跡不到之地 尙可開關蓁莽(無) 化爲沃壤 況於朝鮮之素居正帶者
乎 苟使從事於西學 盡力以務財 盡力於訓農 盡力而(以)惠工 所有者廣
植之 所無者移種之 將來亦可爲富國 又況地産金銀 人所共知 若得西人
開鑛之法 隨地摧(尋)夐 隨時採堀 地不愛寶 民無遊乎 利益更無窮也 此
又自强之基也 於練兵又有利焉 中國聖人之道 不尙武 不尙巧 誠以自治
其國 但求守(修)文守質 以期安靜 不欲以囂凌之習 機械之器 導民以啓
爭 然但使他人 不狹其所長 我亦可守舊而不變 今强隣(鄰)交逼 日要狹
我 日侮慢我 同一乘舟 昔以風帆 今以火輪 同一行車 昔以騾馬 今以鐵

金道 同一郵遞 昔以驛傳 今以電線 同一兵器 昔以弓矢 今以鎗礮 使兩
軍有事 彼有而我無 彼精而我粗 不及交綏 而勝負利鈍之勢旣判然(焉)矣
朝鮮旣喜外交風氣日開 見聞日廣 旣知甲冑戈予之不可恃 帆檣艣櫓之無
可用 則知講修武俻 考求新法 可以固疆(强)圉壯屛蕃 此又自强之基也
旣可以圖利又可以圖强 國無寡小 但使有人 有財有兵 卽卽以自立 彼瑞
士 比利時 犬牙交錯於諸大之中 尙能爲國 況以朝鮮之素稱名都 獨當一
面者乎 朝鮮旣能强 將來歐亞諸大 必將(且)與合縱(從)以拒俄 苟其不然
坐視俄師之長駈 坐聽他人之瓜分互解 而害可勝言哉 語有之曰 兩利相衡
則取其重 兩害相衡則取其輕 況利害相去之甚遠 而可不早決計乎

　嗟乎 朝鮮一國 三面海濱(濱海) 古稱天險 (惟)西北壤地與我相接 數千
年來 仰戴聲靈 傾慕德化 惟知 有中國 中國爲政之體 極不願疲 中以事
外 凡在藩服 惟翼其羈縻勿絶 服我王靈 但不敢箕踞向漢 卽不願損一兵
折一矢以立威 而朝鮮因是之故 朝野上下 皆修文學(守)體儀 中國之衣冠
禮樂 屢世怡守 而莫敢失墜 老子所謂 雖有舟奧 無所乘之 雖有甲兵 無
所陳之 至老死不相往來 誠天下一樂國矣 譬之家有慈父 其子飽食安居無
所事 此朝鮮之所大幸也 而不幸至於今日 乃忽有天下莫强之俄羅斯 與
之爲隣(鄰) 而海道四闢 又無險之可拒 然猶賴其國 僻處海(東)隅 民貪土
瘠 故未至如印度之納土與英 如越南之割地與法 如南洋 加喇巴 小呂宋
諸國之幷(並)於荷蘭 幷於西班牙 彼俄羅斯者 又立國偏小 有諸大國 與
之牽制 未暇東顧 逐得如天之福 世世相承 以至(於)今日 防俄之策 其不
得不亟亟然竭朝鮮一國之力 以防俄 小固不可以敵大 寡固不可以敵衆 弱
固不可以敵强 以又幸而有中國 可以親 有同受俄患 力不足制 朝鮮之日
本 可以結有 疎歐親亞 (亞)侵人國之美利堅 可以和斯 盖自先世箕子以
來 殆(迨)乎今代 世宗立國 群后在天之靈 所呵護而庇佑之 乃有此一機
也 期所以乘此機者 其正在今矣 前此三十年 中國以焚烟故議罷互市 而
一戰於廣東 再(二)戰於江寗 今此通商者十九處 結約者十四國矣 前此二
十年 日本以紉盟故志於在(於)攘夷 以一戰於(駈)馬關 再(二)戰於鹿兒島
今則徧地皆西人 擧國學西法矣 當一二(二三)十年前東西諸國 泰(東)西諸
國 船舶猶未堅(猶槍械猶未精) 槍械猶未精 英 法 美諸國之要求者 不過
通商 故雖戰而敗 敗而成和 雖所締條約 所傷實多 而尙無大實 今則俄
人之所大欲 專在闢利 其船堅礮土 又遠勝於前 長崎, 購煤五十銀, 運往

琿春, 又遣號, 派來太平洋(俄(佛)國近將樺太洲屯兵, 移駐琿春, 又於大
兵船, 二十餘)

而朝鮮鎖港之稅(說)仍興 二三(十)年前之中國日本相類 苟不知變計 恐
欲求戰而敗 敗而和 不可復得也 嗟乎嗟乎 時勢之逼 危乎其危 機會之
來 微乎其微 過此以往 未之(知)或知 舉五大部 或親或疎之族 咸爲朝鮮
危而朝鮮切膚之災 乃反無聞知 是何異處堂之燕雀 遨遊以嬉乎 惟智慧
能乘時惟君子 能識微 惟豪傑 能安危 是所望朝鮮之有人 急起而圖之而
己 急起而圖之 舉吾策所謂親中國 結日本 聯美國(案) 力行之 策之上者
也 躊躇不決 旣忍(而)需時 親中國不過守舊典 結日本不過行新約 聯美
國不過極飄風之船 受印關之書 第求不激變 第求不生釁 策之下者也 第
虞我詐 自剪其羽 丸泥封關 深(除)閉固拒 斥爲蠻夷不屑與伍 迨乎事變
之來 乃始卑屈以求全 倉皇之失措 則可謂無策矣 朝鮮立國千數百載 豈
謂無人 能悉利害 而顧甘於無策乎 決計 在國主 輔謀 在樞府講求時務
無立異同 在廷臣 力破積習 開導淺識 在士夫 發奮興起 同心合力 在國
民 得其道則强 失其道則亡(正) 一轉移間 而朝鮮之宗杜繫(係)焉 亞細亞
之大局繫焉 忠言逆耳 利於行 良藥苦口 利於病 豈故爲危悚之言 以聳
人聽哉 吾借著而對(籌)此策 非吾心所忍 顧以時勢之所逼 不得不出於此
乃不殫强顏以代謀 攖悠以苦諍 若夫吾策旣行 濟之以智勇 持之以忠信
隨時以(而)變通 隨事而因應 下孚其群黎 內修其庶政 斯又環海生靈之慶
非此策之所能盡者矣.

◈ 저자약력 ◈

조 항 래
(趙恒來)

1931년 慶北 星州 龍巖 出生.
서울大學校 文理科大學 史學科 卒業. 文學博士(한국사).
大邱大學・慶一大學校・曉星女子大學校・淑明女子大學校(정년퇴임). 平澤大學校 敎授.
淑明女子大學校 中央圖書館長・韓國學硏究所長. 平澤大學校 피어선기념관장. 한국민족
운동사학회장. 조선총독부건물철거촉진위원회 총무・홍보위원.
현 숙명여자대학교 한국사학과 정년퇴임교수. 삼균학회학술연구위원장. 독립기념관 한국
독립운동사연구소 운영위원. 학교법인 동인교육재단 이사. 한국민족운동사학회 평의원.
동학학회・고문. 6・10만세운동기념사업회 자문위원
. 皮漁善學術賞(1999).

주요저서

韓末社會團體史論攷(螢雪出版社, 1972), 開港期對日關係史硏究(螢雪出版社, 1973)
韓國史槪說(共)(探求堂, 1980, 韓國傳統思想과 現代社會(共)(螢雪出版社, 1987)
韓國現代社會와 思想的인 諸問題(共)(正音文化社)
1900年代의 愛國啓蒙運動硏究(編)(亞細亞文化社, 1993)
韓國民族運動史의 諸問題(共)(범우사, 1993), 講座韓日關係史(編)(玄音社, 1994)
日帝의 經濟侵略과 國債報償運動(共)(亞細亞文化社, 1994)
日帝의 對韓侵略政策史硏究(編)(玄音社, 1996), 國債報償運動史(共)(大邱商工會議所, 1997)
第2 6・10獨立萬歲運動記念碑誌(編)(平澤大學校, 1999)
韓國史의 理解(亞細亞文化社, 2000)
韓末日帝의 韓國侵略史硏究(亞細亞文化社, 2004)

● 開港期 對日關係史研究

◈초판 발행	1973년 4월 15일
◈재판 인쇄	2006년 1월 2일
◈재판 발행	2006년 1월 2일
◈지 은 이	조항래
◈펴 낸 이	채종준
◈펴 낸 곳	한국학술정보㈜
	경기도 파주시 교하읍 문발리
	파주출판문화정보산업단지 526-2
	전화 031) 908-3181(대표)・팩스 031) 908-3189
	홈페이지 http://www.kstudy.com
	e-mail(e-Book사업부) ebook@kstudy.com
◈등 록	제일산-115호(2000. 6. 19)
◈가 격	22,000원

ISBN   89-534-4210-9 93900 (Paper Book)
        89-534-4211-7 93900 (e-Book)